Compilerbau

Hanspeter Mössenböck ist Professor für Informatik an der Johannes Kepler Universität Linz und beschäftigt sich seit vielen Jahren mit Programmiersprachen und Compilern. Er war Mitarbeiter von Professor Niklaus Wirth an der ETH Zürich, einem der Pioniere des Compilerbaus, der unter anderem die Programmiersprache Pascal entwickelt hat. Seit über 20 Jahren kooperiert er mit Oracle Labs auf dem Gebiet der dynamischen Compileroptimierung für Java und andere Programmiersprachen. Viele der an seinem Institut entwickelten Techniken werden heute weltweit in Java-Systemen eingesetzt. Hanspeter Mössenböck ist Autor von Büchern über Java, C#, .NET sowie über compilererzeugende Systeme.

Hanspeter Mössenböck

Compilerbau

Grundlagen und Anwendungen

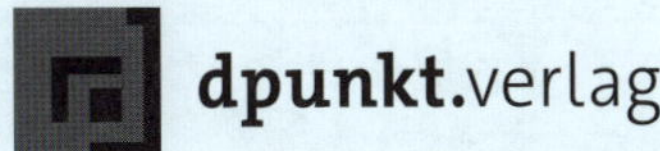

Hanspeter Mössenböck
hanspeter.moessenboeck@jku.at

Lektorat: Christa Preisendanz
Lektoratsbüro: Julia Griebel, Friederike Demmig
Copy-Editing: Ursula Zimpfer, Herrenberg
Satz: Hanspeter Mössenböck
Herstellung: Stefanie Weidner, Frank Heidt
Umschlaggestaltung: Eva Hepper, Silke Braun
Druck und Bindung: mediaprint solutions GmbH, 33100 Paderborn

Bibliografische Information der Deutschen Nationalbibliothek
Die Deutsche Nationalbibliothek verzeichnet diese Publikation in der Deutschen Nationalbibliografie; detaillierte bibliografische Daten sind im Internet über *http://dnb.d-nb.de* abrufbar.

ISBN:
Print 978-3-98889-008-5
PDF 978-3-98890-145-3
ePub 978-3-98890-146-0

1. Auflage 2024

Wieblinger Weg 17
69123 Heidelberg

Hinweis:
Dieses Buch wurde mit mineralölfreien Farben auf PEFC-zertifiziertem Papier aus nachhaltiger Waldwirtschaft gedruckt. Der Umwelt zuliebe verzichten wir zusätzlich auf die Einschweißfolie. Hergestellt in Deutschland.

Schreiben Sie uns:
Falls Sie Anregungen, Wünsche und Kommentare haben, lassen Sie es uns wissen: *hallo@dpunkt.de*.

5 4 3 2 1 0

Geleitwort

Programmiersprachen spricht man nicht – es sind formale Systeme. Programme, die die Texte, die in Programmiersprachen formuliert sind, in Folgen von Computerinstruktionen übersetzen, nennt man Compiler. Es handelt sich dabei um komplexe Programme. Am Anfang der Compilertechnologie standen die Sprachen Fortran (1957) und Algol (1960). Die Fertigung ihrer Compiler beschäftigte große Teams von Programmierern über Jahre. Durch die Systematisierung des Compilerbaus, wie sie in diesem Buch vorgestellt wird, konnte diese Arbeit für Einzelpersonen jedoch auf wenige Monate reduziert werden. Dies war ein gewaltiger Fortschritt.

Grundlegend neue Programmiersprachen gibt es heute eher selten und völlig neue Computerarchitekturen ebenfalls. Compilerbau scheint daher eine spezielle Sparte zu sein, die wenigen Spezialisten in großen Firmen vorbehalten bleibt. Wozu also dieses Buch?

Der Grund ist einfach. Jedes Programm, jede Anwendung, ist nach Regeln aufgebaut, die spezifizieren, wie Anweisungen und Datendeklarationen auszusehen haben. Wenn diese Regeln formalisiert werden, erhöht das die Klarheit und Verständlichkeit der Anwendung. Der Schlüssel dazu beruht auf Formalisierung, also auf der Spezifikation einer Syntax für die Eingabe. Dadurch wird eine Syntaxanalyse ermöglicht, die die Grundlage des Compilerbaus darstellt. Die Syntaxanalyse und weitere in diesem Buch beschriebene Techniken sind aber nicht nur zur Verarbeitung von Programmiersprachen nützlich, sondern lassen sich auch auf viele andere Probleme anwenden, bei denen es um die systematische Verarbeitung strukturierter Eingaben geht. Diese Techniken tragen maßgeblich zur Korrektheit und zum Verständnis solcher Anwendungen bei.

Möge dieses Buch bei dieser vielversprechenden Entwicklung behilflich sein!

Prof. em. Dr. Niklaus Wirth
Zürich, im Dezember 2023[1]

1. Prof. Dr. Niklaus Wirth verstarb völlig unerwartet eine Woche nach Abfassung dieses Geleitworts im 90. Lebensjahr.

Vorwort

Compiler bauen? Das machen doch nur große Firmen wie Microsoft, Google oder Oracle. Das stimmt, aber fast alle Informatikerinnen und Informatiker scheinen irgendwann einmal den Wunsch zu verspüren, eine eigene Programmiersprache zu entwerfen, und sei es nur eine domänenspezifische Sprache oder eine Kommandosprache für spezifische Zwecke. Natürlich möchte man dann auch einen Compiler dafür schreiben. Dieser Wunsch scheitert oft daran, dass das nötige Compilerbau-Wissen fehlt oder die in einschlägigen Büchern beschriebenen Techniken zu kompliziert sind und sich vor allem mit fortgeschrittenen Themen wie Optimierung, Registerallokation oder den Details der Codeerzeugung beschäftigen.

Dabei sind die Grundlagen des Compilerbaus einfach – jeder kann sie erlernen und zu seinem Methodenrepertoire hinzufügen. Während Compiler für Programmiersprachen wie Java oder C/C++ tatsächlich nur von großen Firmen entwickelt werden, gibt es viele Aufgaben (auch außerhalb des eigentlichen Compilerbaus), die sich mithilfe elementarer Techniken einfach und elegant lösen lassen. Im Prinzip kann man diese Techniken immer dann anwenden, wenn eine strukturierte Eingabe vorliegt, die durch eine Grammatik beschrieben werden kann. Beispiele dafür sind einfache Kommandosprachen, aber auch die Verarbeitung von Konfigurationsdateien, Logdateien, Stücklisten oder Messdatenreihen.

Dieses Buch zeigt, wie es geht. Es behandelt die praxisrelevanten Grundlagen des Compilerbaus, von der lexikalischen Analyse über die Syntaxanalyse bis zur Semantikverarbeitung und zur Codeerzeugung. Weitere Themen sind die Beschreibung von Übersetzungsprozessen durch attributierte Grammatiken sowie der Einsatz eines Compilergenerators zur automatischen Erzeugung der Kernteile eines Compilers. Gerade diese letzten beiden Themen sind in der Praxis höchst relevant, obwohl man sie in vielen Compiler-Büchern nicht findet.

Zur Syntaxanalyse wird in diesem Buch der rekursive Abstieg verwendet, ein einfaches Top-down-Verfahren, das auch per Hand (d.h. ohne Werkzeuge) implementiert werden kann. Zur Abrundung wird allerdings am Ende des Buches auch die Bottom-up-Syntaxanalyse vorgestellt, die zwar mächtiger, aber auch aufwendiger ist als der rekursive Abstieg.

Techniken versteht man erst so richtig, wenn man sie auf ein konkretes Beispiel anwendet. Daher wird im Buch als durchgängiges Fallbeispiel ein Compiler für *MicroJava* – eine einfache Java-ähnliche Programmiersprache – entwickelt, der ausführbaren Bytecode – ähnlich dem Java-Bytecode – erzeugt. Der vollständige Quellcode dieses Compilers kann von [Download] heruntergeladen und studiert werden. Als Implementierungssprache für den Compiler sowie für alle Beispiele in diesem Buch wird Java verwendet.

Als Zielmaschine des Compilers wird eine vereinfachte *Java Virtual Machine* (JVM) verwendet, nämlich die *MicroJava Virtual Machine* (μJVM), die einfach genug ist, um nicht in Details zu ersticken, aber auch realistisch genug, um damit die Techniken der Codeerzeugung zu erlernen. Die μJVM besitzt als Instruktionssatz einen Bytecode, der sich an den Bytecode der JVM anlehnt. Ein Interpreter für diesen Bytecode wird ebenfalls zur Verfügung gestellt. Durch das Studium der Codeerzeugung lernt man auch viel über die Funktionsweise eines Rechners, was ein weiterer Grund ist, sich mit Compilerbau zu beschäftigen.

Am Ende jedes Kapitels gibt es Übungsaufgaben zu den behandelten Themen. Musterlösungen dazu sind unter [Download] zu finden. Man sollte versuchen, die Übungen zu bearbeiten, weil man dadurch die behandelten Techniken besser versteht. Aber selbst wenn man nicht die Zeit findet, die mehr als 70 Übungsaufgaben selbst zu lösen, sollte man sich zumindest die Musterlösungen ansehen, weil sie zusätzliche Beispiele zu den einzelnen Kapiteln darstellen.

Das Buch entstand aus einer Compilerbau-Vorlesung, die ich seit vielen Jahren an der Johannes Kepler Universität Linz sowie an der Oxford Brookes University in England halte. Es kann als begleitende Unterlage zu einer einführenden Compilerbau-Vorlesung verwendet werden, an die sich dann eine fortgeschrittene Vorlesung mit Themen wie Optimierung oder Registerallokation anschließen kann. Die Powerpoint-Folien der diesem Buch zugrunde liegenden Vorlesung werden unter [Download] zur Verfügung gestellt. Das Buch kann aber auch zum Selbststudium verwendet werden, da es alle Techniken beschreibt, die für den Bau compilerähnlicher Werkzeuge in der Praxis benötigt werden.

Ich möchte an dieser Stelle meinem ehemaligen Lehrer und Kollegen Prof. Niklaus Wirth (ETH Zürich) für das Geleitwort zu diesem Buch danken. Er ist ein Meister des Compilerbaus, von dem ich viele Techniken übernommen habe. Ebenfalls bedanken möchte ich mich beim dpunkt.verlag für die wie immer hervorragende Begleitung dieses Buchprojekts und den ausgezeichneten Lektoratsservice.

Hanspeter Mössenböck
Linz, im Dezember 2023

[Download] *https://ssw.jku.at/CompilerBuch/*

- Vorlesungsfolien
- Quelltext des MicroJava-Compilers
- Musterlösungen zu den Übungsaufgaben
- Weitere Materialien

Inhaltsverzeichnis

1 Überblick

Ein Compiler ist ein Werkzeug, das ein *Quellprogramm* (z.B. in Java, Pascal oder C) in ein *Zielprogramm* übersetzt. Die Sprache des Zielprogramms ist meist Maschinencode (z.B. Instruktionen eines Prozessors oder Java-Bytecode). Das Übersetzungsziel kann aber auch eine andere Quellsprache sein. In diesem Fall spricht man von einem *Cross-Compiler.*

Neben Compilern im engeren Sinne gibt es auch compilerähnliche Werkzeuge, die eine beliebige syntaktisch strukturierte Eingabe in etwas übersetzen, das keine Sprache im engeren Sinne ist. So ein Werkzeug könnte zum Beispiel eine Logdatei in eine Tabelle übersetzen, die Informationen aus der Logdatei in aggregierter Form darstellt.

Man mag sich vielleicht fragen, wozu Compilerbau-Kenntnisse eigentlich nützlich sind. Schließlich entwickeln nur große Firmen wie Microsoft, Google oder Oracle Compiler. Das ist zwar richtig, aber es sprechen mehrere Gründe dafür, Compiler zu studieren:

- Compiler gehören zu den am häufigsten benutzten Werkzeugen der Softwareentwicklung. Daher sollten wir verstehen, wie sie aufgebaut sind und wie sie funktionieren.
- Wenn wir und mit Compilern beschäftigen, lernen wir auch, wie ein Computer auf Maschinenebene funktioniert. Wir müssen uns mit seinem Instruktionssatz, seinen Registern, seinen Adressierungsarten sowie mit seinen Datenbereichen wie dem Methodenkeller oder dem Heap befassen. Das schafft eine Brücke zwischen Hardware und Software.
- Wer weiß, in welche Instruktionen bestimmte Sprachkonstrukte übersetzt werden, bekommt ein besseres Gefühl für die Effizienz von Programmen.
- Im Compilerbau müssen wir uns mit Grammatiken beschäftigen. Strukturierte Daten durch Grammatiken zu beschreiben, gehört so wie das Programmieren zum Handwerkszeug der Softwareentwicklung.

Darüber hinaus sind Compilerbau-Kenntnisse aber auch im allgemeinen Software Engineering nützlich. Während nur wenige Leute Compiler im engeren Sinne bauen, sind die meisten von ihnen im Laufe ihres Berufslebens irgendwann einmal mit der Aufgabe konfrontiert, compilerähnliche Werkzeuge zu entwickeln. Dies reicht von der Auswertung von Kommandozeilenparametern über die Verarbeitung von Stücklisten oder Dokumentbeschreibungssprachen (z.B. PDF oder Postscript) bis hin zur statischen Programmanalyse, die aus einem Quellprogramm Kennzahlen wie zum Beispiel seine Komplexität berechnet. In all diesen Fällen sind Compilerbau-Techniken nützlich.

Das vorliegende Buch beschäftigt sich mit dem Compilerbau im engeren Sinne, obwohl die vermittelten Techniken auch im allgemeinen Software Engineering eingesetzt werden können. Es beschreibt die vollständige Implementierung eines Compilers für eine einfache Java-ähnliche Programmiersprache (*MicroJava*), der ausführbaren Bytecode (ähnlich dem Java-Bytecode) erzeugt. Dabei richtet es sich an Fachleute aus der Praxis. Formale Grundlagen werden nur so weit behandelt, wie sie zum Verständnis der angewandten Techniken nötig sind. Das Buch deckt auch bewusst nicht alle Feinheiten des Compilerbaus ab, sondern nur jene Techniken, die in der Praxis benötigt werden. Insbesondere geht es kaum auf Optimierungsverfahren ein, die ein eigenes Buch füllen würden und nur für Leute relevant sind, die Produkt-Compiler schreiben. Ferner behandelt es lediglich Compilerbau-Techniken für imperative Sprachen. Funktionale oder logische Programmiersprachen benötigen zumindest teilweise andere Techniken, die aber im praktischen Software Engineering auch seltener zum Einsatz kommen.

Bücher über fortgeschrittene Techniken des Compilerbaus gibt es in großer Anzahl (z.B. [ALSU08], [Appe02], [Coop22], [FCL09], [Much97]). Sie behandeln vor allem Techniken der statischen und dynamischen Codeanalyse, das umfangreiche Gebiet der Compiler-Optimierung sowie Feinheiten der Codeerzeugung und der Registerallokation. Sie sind allerdings nur für Leute relevant, die Produkt-Compiler für Sprachen wie Java oder C++ entwickeln wollen. Für Einsteiger sind sie oft eher verwirrend.

Das vorliegende Buch entstand aus einer zweistündigen Vorlesung über die Grundlagen des Compilerbaus und kann als Lehrbuch für diese Zwecke eingesetzt werden. Es richtet sich aber auch an Leute aus der Praxis, die die Arbeitsweise eines Compilers besser verstehen und ihr Methodenrepertoire erweitern wollen.

1.1 Geschichte des Compilerbaus

Die ersten Compiler entstanden Ende der 1950er-Jahre. Damals war der Compilerbau eine Geheimwissenschaft, ja ein Hype, den man durchaus mit dem heutigen Interesse an künstlicher Intelligenz vergleichen kann. Nur wenige wussten darüber Bescheid, und es gab auch noch kaum Techniken zur Übersetzung von Programmiersprachen. Die Entwicklung der ersten Compiler kostete viele Personenjahre. Heute ist der Compilerbau eines der am besten erforschten Gebiete der Informatik. Es gibt ausgereifte Techniken für die Syntaxanalyse, die Optimierung und die Codeerzeugung, sodass Studierende heute einen (einfachen) Compiler in einem einzigen Semester implementieren können.

Dieses Kapitel gibt einen kurzen (und notwendigerweise unvollständigen) Abriss der Geschichte des Compilerbaus, die gleichzeitig auch eine Geschichte der Programmiersprachen und ihrer Konzepte ist. Dabei werden die Erkenntnisse und Fortschritte an exemplarischen Sprachen festgemacht, die als Meilensteine gelten und die Entwicklung der Compilerbau-Techniken in diesem Zeitfenster repräsentieren.

1957: Fortran. Eine der ersten höheren Programmiersprachen war Fortran [Back56]. John Backus, der damals für IBM arbeitete, leitete ein Team, das sich zum Ziel gesetzt hatte, die damals übliche Assembler-Programmierung durch eine höhere Programmiersprache zu ersetzen und einen Compiler dafür zu implementieren, der Maschinencode erzeugte, der es mit der Effizienz handgeschriebener Assembler-Programme aufnehmen konnte. Viele der Grundtechniken des Compilerbaus wurden hier entwickelt. So war es anfangs alles andere als klar, wie man arithmetische Ausdrücke (z.B. a + b * c) so in Maschinenbefehle übersetzen konnte, dass die Vorrangregeln der Operatoren beachtet werden. Auch die Übersetzung von Verzweigungen und Schleifen in Maschinenbefehle musste erst erarbeitet werden, ebenso wie die Mechanismen zum Aufruf von Prozeduren oder zum Zugriff auf Arrays.

1960: Algol. Algol60 [Naur64] war ein Meilenstein in der Geschichte der Programmiersprachen. Es wurde von einem Konsortium von Experten aus Europa und den USA entwickelt, die teilweise von Universitäten kamen, teilweise aber auch aus der Industrie. Wichtige Neuerungen waren die Blockstruktur mit lokalen und globalen Variablen sowie das Konzept der Rekursion, das es ermöglichte, dass Prozeduren ihre Variablenwerte über rekursive Aufrufe hinweg beibehielten. Algol60 war aber auch deshalb bemerkenswert, weil es die erste Programmiersprache war, deren Syntax formal durch eine Grammatik definiert wurde. John Backus und Peter Naur entwickelten dafür die Backus-Naur-Form (BNF), die heute in zahlreichen Varianten zum Rüstzeug jedes Compilerbauers gehört.

1970: Pascal. Ein Nachfolger von Algol60 war die Sprache Pascal [JW75], hinter der Pioniere wie Niklaus Wirth und Tony Hoare standen. Obwohl Pascal als einfache Unterrichtssprache konzipiert war, führte sie wichtige Neuerungen ein, die auch im Compilerbau ihren Niederschlag fanden. Während ältere Sprachen nur vordefinierte Datentypen wie integer oder real kannten, konnte man in Pascal eigene Datentypen definieren, die man dann zur Deklaration von Variablen verwenden konnte. Neben Arrays als Tabellen gleichartiger Elemente wurden Records (auch Structs genannt) eingeführt, die Daten unterschiedlichen Typs zu einer neuen Einheit zusammenfassten. Obwohl die Idee von Records bereits in Cobol auftauchte, wurden Records als Datentyp erst in Pascal eingeführt. Der Zugriff auf Elemente solcher strukturierten Datentypen erforderte neue Compilerbau-Techniken. Außerdem erzeugten die ersten Pascal-Compiler nicht Maschinencode, sondern sogenannten »P-Code«, der dem heutigen Bytecode von Java ähnelte. P-Code war wesentlich kompakter als Maschinencode, wodurch Pascal-Programme auch auf Mikrocomputern mit ihren damals sehr beschränkten Speicherkapazitäten liefen. Das förderte die Verbreitung von Pascal, hatte allerdings den Nachteil, dass P-Code nicht direkt auf einer Maschine ausführbar war, sondern interpretiert werden musste, was Laufzeit kostete.

1985: C++. C++ [Stro85] ist ein Nachfolger der Sprache C, die etwa zur gleichen Zeit wie Pascal entstand und ebenfalls ein Nachfolger von Algol60 war. In C++ wurde das damalige Wissen im Bereich der Programmiersprachen und des Compilerbaus konsolidiert. Es wurden unter anderem Konzepte wie Objektorientierung, Ausnahmebehandlung oder generische (d.h. parametrisierbare) Datentypen eingeführt, die es zwar auch schon in anderen Sprachen gab, die aber erst mit C++ populär wurden. Insbesondere die Objektorientierung erforderte neue Techniken im Compilerbau, wie zum Beispiel die Darstellung von Vererbungshierarchien oder die Übersetzung dynamisch gebundener Prozeduraufrufe.

1995: Java. Auch Java [AGH00] war keine völlig neue Sprache, sondern fasste Konzepte existierender Sprachen zusammen. Ein neuartiges Prinzip war allerdings die *Just-in-time-Compilation* (JIT-Compilation), die Java-Programme portabel machte. Java-Programme werden in Bytecode-Instruktionen übersetzt (ähnlich dem P-Code von Pascal), die auf jedem Rechner ausgeführt werden können, auf dem es einen Bytecode-Interpreter gibt. Besonders häufig ausgeführte Programmteile werden dabei zur Laufzeit (just in time) in Maschinencode des jeweiligen Rechners übersetzt.

2005: Scala. Scala [Oder08] ist eine Weiterentwicklung von Java und benutzt als Ausführungsumgebung die Java-Plattform (d.h. einen Bytecode-Interpreter samt JIT-Compiler). Wie viele der heute gängigen Sprachen integriert Scala Konzepte funktionaler Sprachen mit imperativen Konzepten. Zu den funktionalen Konzepten gehören Lambda-Ausdrücke (Funktionen, die als Daten betrachtet werden und anderen Funktionen als Parameter mitgegeben werden können), Lazy Evaluation (Auswertung von Ausdrücken erst wenn diese benötigt werden) oder Pattern-Matching (Erkennen von Mustern in Folgen oder Baumstrukturen). Natürlich erfordern diese Mechanismen ebenfalls spezielle Compilerbau-Techniken.

Die Geschichte der Programmiersprachen und des Compilerbaus ist damit noch lange nicht zu Ende. Auch heute werden noch laufend neue Sprachkonzepte erfunden, die dann zu neuen Compilerbau-Techniken führen. Sie gehen aber weit über die Intention dieses Buches hinaus, nämlich eine Einführung in die grundlegenden und heute gängigen Techniken des Compilerbaus zu geben. Wer an der Geschichte von Programmiersprachen interessiert ist, findet Hintergrundinformationen in den Tagungsbänden der Konferenz »History of Programming Languages« ([HOPL-I], [HOPL-II], [HOPL-III]).

1.2 Dynamische Struktur eines Compilers

Als ersten Überblick über die Funktionsweise von Compilern sehen wir uns ihre dynamische Struktur an, also die Phasen, in denen eine Übersetzung abläuft (Abb. 1.1).

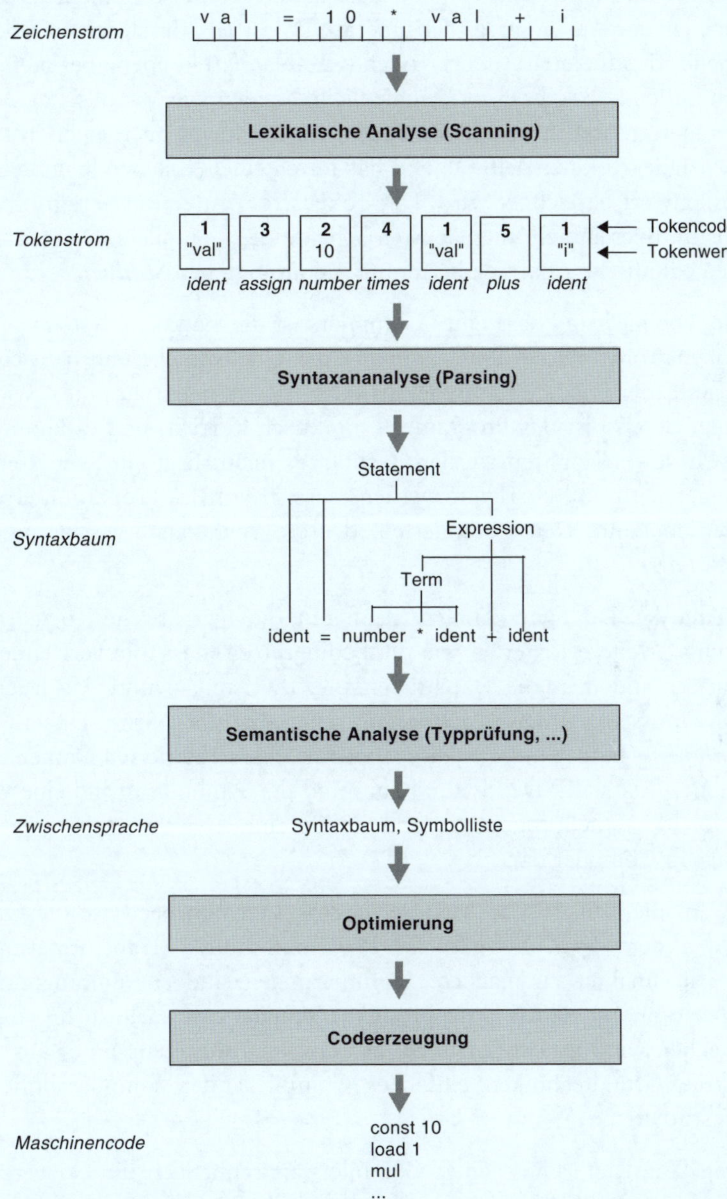

Abb. 1.1 *Dynamische Struktur eines Compilers*

Lexikalische Analyse. Die lexikalische Analyse ist die erste Phase eines Compilers. Sie transformiert den Zeichenstrom des Quellprogramms in einen Tokenstrom. Dabei eliminiert sie bedeutungslose Zeichen (z.B. Leerzeichen) und fasst andere Zeichen zu Symbolen zusammen (z.B. Namen, Zahlen oder Operatoren), die *Token* genannt werden. Jede Tokenart wird durch einen eindeutigen Tokencode identifiziert (z.B. 1 für Namen (*identifiers*), 2 für Zahlen etc.). Bei manchen Token gibt es nur eine einzige Ausprägung (der Operator "*" ist z.B. durch seinen Tokencode ausreichend identifiziert). Andere Token (z.B. Namen) können aber mehrere Ausprägungen haben (z.B. gibt es unterschiedliche Namen wie "val" oder "i"). Man braucht daher hier zusätzlich zum Tokencode (z.B. 1 = ident) auch einen Tokenwert (z.B. "val"). Jedes Token ist ein Objekt, das durch einen Tokencode und einen optionalen Tokenwert bezeichnet wird. Der Tokenstrom ist eine Abstraktion des Zeichenstroms und vereinfacht die nächsten Schritte des Compilers. Den Compilerteil, der die lexikalische Analyse übernimmt, nennt man den *Scanner*.

Syntaxanalyse. Die nächste Phase eines Compilers ist die Syntaxanalyse. Sie analysiert den Tokenstrom anhand der Grammatik der Quellsprache und baut einen Syntaxbaum auf, der die syntaktische Struktur des Quellprogramms widerspiegelt. Gelingt das, so ist das Programm syntaktisch korrekt, und es kann mit der nächsten Phase fortgefahren werden. Gelingt es nicht, liegt ein Syntaxfehler vor, der gemeldet wird und korrigiert werden muss, bevor das Programm erneut compiliert werden kann. Den Compilerteil, der die Syntaxanalyse übernimmt, nennt man den *Parser*.

Semantische Analyse. Die Syntaxanalyse prüft nur die syntaktische Korrektheit eines Programms. Weitere Kriterien wie die Bedingungen, dass alle verwendeten Namen deklariert und dass die Datentypen in Zuweisungen und Ausdrücken kompatibel sein müssen, werden in der semantischen Analyse geprüft. Dabei wird auch eine *Symbolliste* aufgebaut, die ein Verzeichnis aller deklarierten Namen und ihrer Eigenschaften darstellt. Der Syntaxbaum und die Symbolliste sind eine weitere Abstraktion des Quellprogramms und stellen eine Zwischenrepräsentation des Programms im Compiler dar.

Optimierung. An die semantische Analyse schließt sich üblicherweise die Optimierung an, bei der versucht wird, das Programm durch Transformationen schneller oder kompakter zu machen. Optimierungen sind ein umfangreiches Thema, das ganze Bücher füllt und für Produkt-Compiler essenziell ist. Im vorliegenden Buch gehen wir aber bewusst nicht auf Optimierungen ein, da es uns nur darum geht, die Grundtechniken einfacher Compiler oder compilerähnlicher Werkzeuge zu studieren.

Codeerzeugung. Die letzte Phase eines Compilers ist schließlich die Codeerzeugung, bei der aus der Zwischenrepräsentation des Programms der Zielcode erzeugt wird.

Einpass- und Mehrpass-Compiler

Die Phasen eines Compilers können entweder miteinander verzahnt oder strikt nacheinander ablaufen. Im ersten Fall spricht man von einem Einpass-Compiler, im zweiten Fall von einem Mehrpass-Compiler.

In einem *Einpass-Compiler* (Abb. 1.2) liefert der Scanner das jeweils nächste Token, der Parser prüft, ob es an der aktuellen Stelle in die Grammatik passt, die semantische Analyse verarbeitet das Token, indem sie zum Beispiel Typprüfungen durchführt, bevor der Codegenerator Instruktionen der Zielmaschine erzeugt. Solange das Quellprogramm noch nicht zu Ende ist, beginnt dieser Zyklus anschließend von vorne.

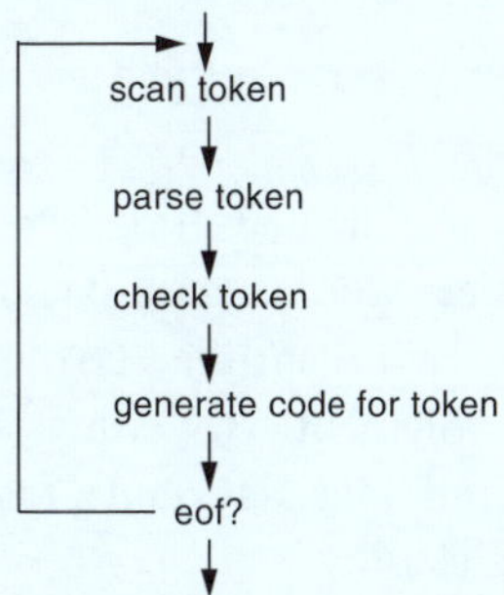

Abb. 1.2 *Einpass-Compiler*

In einem *Mehrpass-Compiler* (Abb. 1.3) sind die einzelnen Phasen Programmteile, die nacheinander ablaufen. Der Scanner liest die Quelldatei und erzeugt einen Tokenstrom, der Parser prüft dessen syntaktische Korrektheit und erzeugt einen Syntaxbaum, die semantische Analyse führt weitere Prüfungen durch und erzeugt eine Symbolliste, bevor der Codegenerator daraus den Zielcode erzeugt.

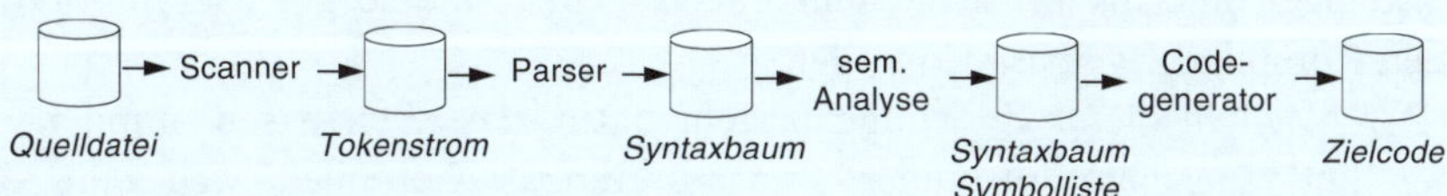

Abb. 1.3 *Mehrpass-Compiler*

Mehrpass-Compiler waren früher oft nötig, weil der Hauptspeicher klein war oder die Programmiersprache so komplex, dass eine Aufteilung in kleinere Programmteile nötig erschien. Beides ist heute irrelevant. Daher baut man heute oft Einpass-Compiler. Allerdings wird in optimierenden Produkt-Compilern meist ein Zweipass-Verfahren gewählt, bei denen ein sogenanntes *Frontend* den Scanner, den Parser, die semantische Analyse und einen einfachen Codegenerator enthält, der eine Zwischensprache erzeugt, die anschließend vom *Backend* in den Zielcode übersetzt wird (Abb. 1.4).

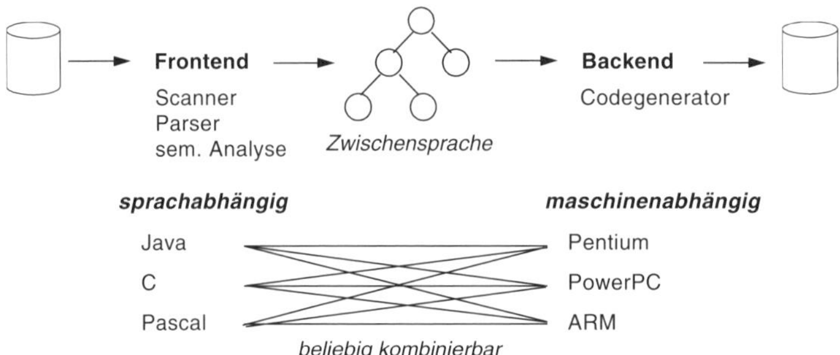

Abb. 1.4 *Zweipass-Compiler mit Zwischensprache*

Das Frontend ist sprachabhängig, denn für Sprachen wie Java, C oder Pascal müssen unterschiedliche Scanner und Parser implementiert werden. Das Backend ist hingegen maschinenabhängig, denn für Prozessoren wie Pentium, PowerPC oder ARM müssen unterschiedliche Codegeneratoren implementiert werden. Alle Frontends erzeugen aber dieselbe Zwischensprache und alle Backends transformieren dieselbe Zwischensprache in den jeweiligen Zielcode.

Diese Zerlegung bietet mehrere Vorteile. Zum einen erreicht man eine bessere Portierbarkeit. Wenn man einen Compiler für eine neue Sprache wie Python implementieren möchte, muss man lediglich ein Frontend dafür schreiben. Mit den verschiedenen Backends hat man dann sofort Python-Compiler für alle Zielmaschinen, für die es ein Backend gibt. Generell kann jedes beliebige Frontend mit jedem beliebigen Backend kombiniert werden, um Compiler unterschiedlicher Quellsprachen für unterschiedliche Zielmaschinen zu erhalten. Der größte Vorteil ist aber, dass Optimierungen auf der Zwischensprache wesentlich einfacher zu bewerkstelligen sind als auf der Quellsprache. Daher sind so gut wie alle optimierenden Compiler Zweipass-Compiler.

Der Nachteil dieser Zerlegung besteht darin, dass Zweipass-Compiler langsamer und speicheraufwendiger sind als Einpass-Compiler, weil eine Zwischensprache erzeugt und im Hauptspeicher verwaltet werden muss. Mit den heutigen schnellen Rechnern und großen Speichern ist das aber kein wirkliches Problem. Da wir allerdings im vorliegenden Buch nicht über Optimierungen sprechen, wird unser MicroJava-Compiler ein Einpass-Compiler.

Compiler und Interpreter

Ein Compiler übersetzt ein Quellprogramm direkt in Maschinencode, der dann geladen und ausgeführt werden kann (Abb. 1.5).

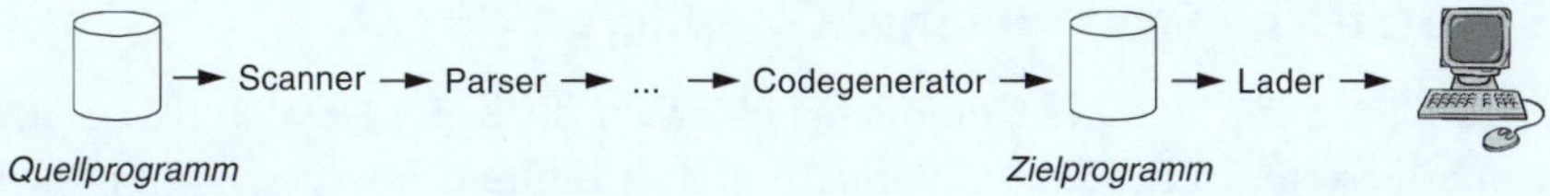

→ Scanner → Parser → ... → Codegenerator → → Lader →

Quellprogramm Zielprogramm

Abb. 1.5 *Compiler*

Ein Interpreter führt hingegen ein Programm »direkt« aus, ohne es vorher in Maschinencode zu übersetzen. Allerdings muss das Programm auch hier vorher analysiert werden, d.h., man braucht zumindest einen Scanner und einen Parser, der die Struktur des auszuführenden Programms erkennt. Sobald diese Struktur aber bekannt ist, wird das Programm ausgeführt, d.h. interpretiert (Abb. 1.6).

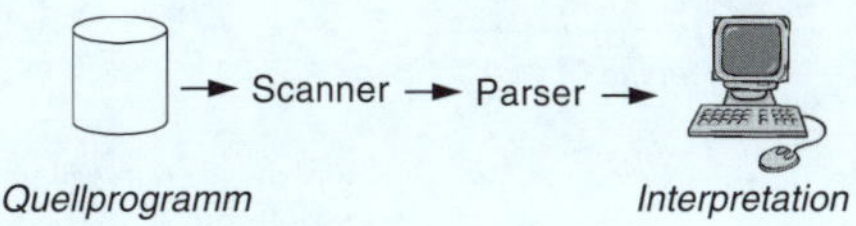

Abb. 1.6 *Interpreter*

Bei einem Interpreter spart man sich die vollständige Compilation. Benutzende haben den Eindruck, dass ihr Programm sofort ausgeführt wird. Allerdings ist die Interpretation wesentlich langsamer als die Ausführung eines compilierten Programms. Anweisungen in einer Schleife müssen zum Beispiel bei jedem Schleifendurchlauf erneut vom Scanner und vom Parser verarbeitet werden, bevor sie interpretiert werden können. Daher wird in vielen Sprachen (z.B. in Java und auch in MicroJava) ein Compiler eingesetzt, der allerdings keinen Maschinencode erzeugt, sondern Code einer »virtuellen Maschine« (VM). Java-Programme werden zum Beispiel in *Bytecode* übersetzt – ein einfaches Instruktionsformat, das dann von der Java-VM interpretiert werden kann (Abb. 1.7).

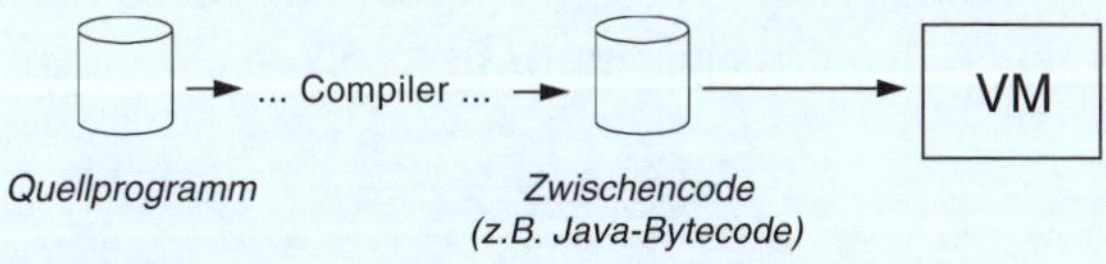

Abb. 1.7 *Interpretation von virtuellem Code*

Auf diese Weise muss jede Anweisung des Quellprogramms nur ein einziges Mal analysiert und übersetzt werden, während die Interpretation des Bytecodes effizienter abläuft als die Interpretation von Quellcode. Die VM »simuliert« dabei eine physische Maschine, indem sie Bytecode anstatt Maschinencode ausführt. Das hat auch den Vorteil, dass der Bytecode auf jeder Maschine ausgeführt werden kann, auf der es einen entsprechenden Interpreter gibt. Programme werden dadurch portabel.

1.3 Statische Struktur eines Compilers

Die statische Struktur eines Compilers beschreibt die Komponenten (Klassen), aus denen er besteht. In Produkt-Compilern gibt es zahlreiche solcher Komponenten, aber die wichtigsten, aus denen jeder Compiler (auch der MicroJava-Compiler) besteht, werden in Abb. 1.8 dargestellt.

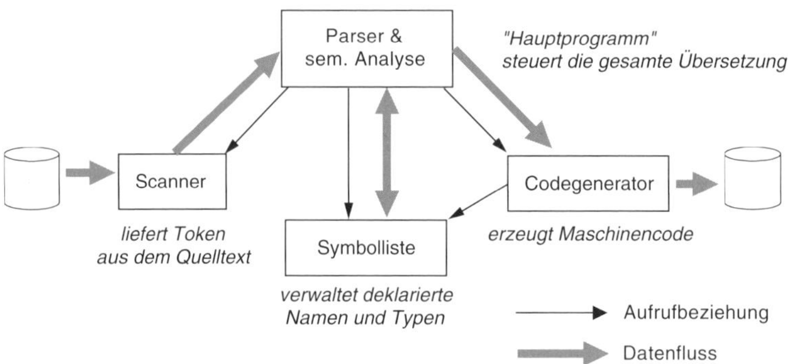

Abb. 1.8 *Statische Struktur eines Compilers*

Der Parser, in den auch die semantische Analyse integriert ist, übernimmt die Rolle des Hauptprogramms und steuert die gesamte Übersetzung. Wann immer er ein Token benötigt, ruft er den Scanner auf, der das nächste Token aus dem Quelltext schält und es an den Parser liefert, der es syntaktisch und semantisch analysiert. Deklarierte Namen und ihre Eigenschaften werden vom Parser in die Symbolliste eingetragen und bei ihrer Verwendung aus der Symbolliste abgerufen. Schließlich ruft der Parser Methoden des Codegenerators auf, um Instruktionen des Zielcodes zu erzeugen.

Auch der MicroJava-Compiler ist nach diesem Schema aufgebaut. In Kapitel 2 werden wir uns den Scanner ansehen, in Kapitel 3 den Parser, in Kapitel 5 die Symbolliste und schließlich in Kapitel 6 den Codegenerator.

1.4 Grammatiken

Programmiersprachen haben wie natürliche Sprachen eine syntaktische Struktur, die durch eine Grammatik beschrieben werden kann. Eine Grammatik besteht aus Regeln, die angeben, wie die einzelnen Sprachteile aufgebaut sind. Das folgende Beispiel zeigt eine Regel, die die Struktur einer while-Anweisung beschreibt:

```
WhileStatement = "while" "(" Condition ")" Statement.
```

Eine while-Anweisung beginnt also mit dem Schlüsselwort "while", gefolgt von einer geklammerten Bedingung (Condition) und einer Anweisung (Statement), die den

Rumpf der Schleife bildet. Im Allgemeinen bestehen Grammatiken aus folgenden vier Teilen:

- **Terminalsymbole:** Eine Menge von Symbolen (Token), die nicht weiter zerlegt werden und sozusagen die »Atome« der Sprache darstellen. Dazu gehören Schlüsselwörter wie "while" oder "if", Operatoren wie "+" oder "-", Sonderzeichen wie ";" oder "," und schließlich Symbole wie Namen oder Zahlen, die aus Sicht der Grammatik atomar sind.
- **Nonterminalsymbole:** Eine Menge von Symbolen, die größere Sprachteile darstellen und daher in weitere Terminal- oder Nonterminalsymbole zerlegt werden müssen. Dazu gehört zum Beispiel das Nonterminalsymbol WhileStatement aus dem obigen Beispiel, aber auch Condition oder Statement.
- **Produktionen:** Eine Menge von Grammatikregeln, die die Zerlegung von Nonterminalsymbolen in weitere Terminal- und Nonterminalsymbole beschreiben. Das obige Beispiel zeigt die Produktion (und somit die Zerlegung) des Nonterminalsymbols WhileStatement.
- **Startsymbol:** Das oberste Nonterminalsymbol, aus dem alles andere (also die gesamte Sprache) abgeleitet werden kann.

Terminal- und Nonterminalsymbole bilden zusammen das *Alphabet* der durch die Grammatik beschriebenen Sprache, also den Symbolvorrat, aus dem die Grammatik zusammengesetzt ist.

EBNF-Schreibweise von Grammatiken

Für die Schreibweise von Grammatiken gibt es verschiedene Notationen. Wir verwenden in diesem Buch die EBNF (*Extended Backus Naur Form*) [Wirt77], die nach den Compiler-Pionieren John Backus und Peter Naur benannt ist. Sie ist eine Erweiterung der reinen BNF, auf die wir in Abschnitt 1.5 zurückkommen.

Eine EBNF-Produktion besteht aus einer linken und einer rechten Seite, die durch ein Gleichheitszeichen getrennt sind. Jede Produktion wird durch einen Punkt abgeschlossen:

```
WriteStatement = "write" ident "," Expression ";" .
```

Auf der linken Seite steht ein Nonterminalsymbol. Die rechte Seite besteht aus einer Folge von Terminal- und Nonterminalsymbolen. Terminalsymbole können Namen sein (z.B. ident) oder Literale (z.B. "write", ",", ";"), die sich selbst bedeuten. Nonterminalsymbole sind immer Namen. Per Konvention schreiben wir Terminalsymbole mit kleinem Anfangsbuchstaben (z.B. ident) und Nonterminalsymbole mit großem Anfangsbuchstaben (z.B. Expression).

Die rechte Seite einer Produktion kann in EBNF-Schreibweise außerdem Metasymbole enthalten, die Alternativen trennen, optionale oder wiederholbare Teile darstellen oder mehrere Alternativen durch Klammern gruppieren:

Metasymbol	Zweck	Beispiel	Bedeutung
|	trennt Alternativen	a | b | c	a oder b oder c
(...)	gruppiert Alternativen	a (b | c)	ab | ac
[...]	Option	[a] b	ab | b
{...}	Wiederholung (0..unendlich oft)	{a} b	b | ab | aab | aaab | ...

Beispiel: Grammatik der arithmetischen Ausdrücke

Als Beispiel betrachten wir eine EBNF-Grammatik der arithmetischen Ausdrücke, in der als Operanden Namen und Zahlen vorkommen können:

```
Expr   = ["+" | "-"] Term {("+" | "-") Term} .
Term   = Factor {("*" | "/") Factor} .
Factor = ident | number | "(" Expr ")" .
```

Ein Ausdruck (Expr) beginnt mit einem optionalen Vorzeichen ("+" oder "-"), auf das ein oder mehrere Terme folgen können, die durch "+" oder "-" voneinander getrennt sind. Ein Term besteht aus einem oder mehreren Faktoren, die durch "*" oder "/" voneinander getrennt sind. Ein Faktor besteht schließlich aus einem Namen (ident), einer Zahl (number) oder einem geklammerten Ausdruck. Beachten Sie, dass die runden Klammern in Factor Terminalsymbole sind, die in der Eingabesprache vorkommen (deshalb stehen sie in Hochkommas), während die runden Klammern in den Produktionen für Expr und Term Metasymbole sind, die lediglich Alternativen zusammenfassen.

Man kann Grammatiken auch grafisch durch *Syntaxdiagramme* darstellen (Abb. 1.9), die die Symbole der Grammatik durch Linien verbinden, denen man folgen kann, um die aus einem Nonterminalsymbol ableitbaren Symbole zu ermitteln. Solche Diagramme sind zwar einfach zu lesen, nehmen aber viel Platz ein und sind außerdem schwer maschinell zu verarbeiten. Daher bleiben wir in diesem Buch bei der textuellen Grammatiknotation.

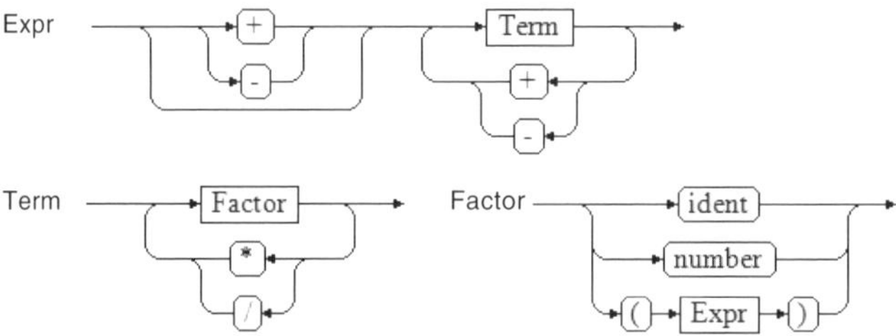

Abb. 1.9 *Grammatik als Syntaxdiagramme*

Die Nonterminalsymbole der obigen Grammatik sind Expr, Term und Factor. Bei den Terminalsymbolen unterscheiden wir zwischen *einfachen Terminalsymbolen* ("+", "-", "*", "/", "(", ")"), von denen es nur eine einzige Ausprägung gibt, und *Terminalklassen* (ident, number), von denen es mehrere Ausprägungen gibt (Namen können zum Beispiel x, y oder sum sein; Zahlen können zum Beispiel 1, 10 oder 355 sein). Das Startsymbol dieser Grammatik ist Expr.

Mit Grammatiken lassen sich auch *Vorrangregeln* von Operatoren ausdrücken. Wenn man zum Beispiel den Ausdruck

```
-a * 3 + b / 4 - c
```

nach obiger Grammatik analysiert, wird der Zeichenstrom zuerst in Terminalsymbole umgewandelt, die dann schrittweise zu Nonterminalsymbolen zusammengefasst werden (Abb. 1.10).

```
    - ident * number + ident / number - ident
⇨   - Factor * Factor + Factor / Factor - Factor
⇨   -     Term        +     Term        - Term
⇨                     Expr
```

Abb. 1.10 *Analyse des Ausdrucks - a * 3 + b / 4 - c*

Wie man sieht, bezieht sich das Vorzeichen hier auf den gesamten Term (a * 3) und nicht nur auf die Variable a. Möchte man das ändern, muss das optionale Vorzeichen in die Produktion von Factor verschoben werden, sodass - ident zu einem Faktor zusammengefasst wird, bevor Faktor * Faktor als Term erkannt wird:

```
Expr   = Term {("+" | "-") Term}.
Term   = Factor {("*" | "/") Factor}.
Factor = ["+" | "-"] (ident | number | "(" Expr ")").
```

Durch Ändern der Grammatik kann man also die Vorrangregeln beeinflussen. Allgemein gilt, dass Operatoren auf niedrigeren Grammatikebenen Vorrang vor Operatoren auf höheren Grammatikebenen haben. In der zuletzt angegebenen Grammatik hat also das unäre Vorzeichen in der Produktion von Factor Vorrang vor den binären Operatoren "*" und "/" in der Produktion von Term und diese wiederum haben Vorrang vor den binären Operatoren "+" und "-" in der Produktion von Expr.

Terminale Anfänge von Nonterminalsymbolen

Für die Syntaxanalyse ist es wichtig, die terminalen Anfänge von Nonterminalsymbolen zu kennen, also die Terminalsymbole, mit denen ein Nonterminalsymbol beginnen kann. Für unsere ursprüngliche Grammatik

```
Expr   = ["+" | "-"] Term {("+" | "-") Term}.
Term   = Factor {("*" | "/") Factor}.
Factor = ident | number | "(" Expr ")".
```

stellen wir fest, dass die Produktion von Factor drei Alternativen hat. Die erste beginnt mit ident, die zweite mit number und die dritte mit "(". Die terminalen Anfänge von Factor sind also:

First(Factor) = **ident, number, "("**

Die Produktion von Term beginnt mit Factor, dessen terminale Anfänge wir bereits kennen. Es gilt also:

First(Term) = First(Factor) = **ident, number, "("**

Die Produktion von Expr kann schließlich mit einem Vorzeichen ("+" oder "-") beginnen. Weil das Vorzeichen aber optional ist, kann sie auch mit Term beginnen, dessen terminale Anfänge bereits bekannt sind:

First(Expr) = "+", "-", First(Term) = **"+", "-", ident, number, "("**

Terminale Nachfolger von Nonterminalsymbolen

Ähnlich wie die terminalen Anfänge muss der Syntaxanalysator auch die terminalen Nachfolger von Nonterminalsymbolen kennen, also die Terminalsymbole, die auf ein Nonterminalsymbol in beliebigem Kontext folgen können. Um die terminalen Nachfolger von Expr zu ermitteln, müssen wir uns ansehen, wo Expr auf der rechten Seite einer Produktion vorkommt und welche Terminalsymbole dort folgen können. Expr kommt in der Produktion von Factor vor und wird dort von ")" gefolgt. Da Expr aber das Startsymbol unserer Grammatik ist, wird es auch von einem speziellen Symbol eof (*end of file*) gefolgt, das das Ende des Eingabestroms (d.h. des Ausdrucks) kennzeichnet. Die terminalen Nachfolger von Expr sind also:

Follow(Expr) = **")", eof**

Das Nonterminalsymbol Term kommt an zwei Stellen in der Produktion von Expr vor. Beim ersten Vorkommen folgt eine Iteration ({...}). Wenn diese betreten wird, folgt "+" oder "-". Iterationen können aber auch nullmal ausgeführt werden; in diesem Fall folgen die Nachfolger der Iteration, hier also die terminalen Nachfolger von Expr, die wir bereits kennen:

Follow(Term) = "+", "-", Follow(Expr) = **"+", "-", ")", eof**

Ähnlich ist es beim Nonterminalsymbol Factor, das an zwei Stellen in der Produktion von Term vorkommt. Beim ersten Vorkommen folgt wieder eine Iteration, die mit "*" oder "/" beginnen kann. Wenn die Iteration übersprungen wird, folgen die terminalen Nachfolger von Term, die bereits bekannt sind:

Follow(Factor) = "*", "/", Follow(Term) = **"*", "/", "+", "-", ")", eof**

Weitere Begriffe der formalen Sprachen

Programmiersprachen sind aus Sicht der Theorie formale Sprachen. Obwohl wir in diesem Buch nur so viel Theorie verwenden, wie wir für den praktischen Compilerbau brauchen, gibt es doch einige Begriffe, die man kennen sollte.

Wir haben bereits erwähnt, dass die Menge der Terminal- und Nonterminalsymbole einer Grammatik das *Alphabet* der Grammatik bildet.

Mit dem Begriff *Kette* bezeichnet man eine endliche Folge von Terminal- oder Nonterminalsymbolen aus einem Alphabet. Ketten werden durch griechische Buchstaben bezeichnet. Beispiele von Ketten aus dem Alphabet unserer Expr-Grammatik sind:

α = ident + number
β = - Term + Factor * number

Die *leere Kette*, die aus keinem Symbol besteht, bezeichnet man mit ε.

Wenn man in einer Kette α ein Nonterminalsymbol durch die rechte Seite seiner Produktion ersetzt, erhält man eine neue Kette β. Man nennt das eine *direkte Ableitung* und schreibt $\alpha \Rightarrow \beta$. Im folgenden Beispiel wird Factor durch ident ersetzt:

- Term + **Factor** * number ⇒ - Term + **ident** * number

Wenn die Ableitung über mehrere Zwischenstufen erfolgt,

$$\alpha \Rightarrow \gamma_1 \Rightarrow \gamma_2 \Rightarrow \ldots \Rightarrow \gamma_n \Rightarrow \beta$$

nennt man das eine *indirekte Ableitung* und schreibt $\alpha \Rightarrow^* \beta$. Wird in einer Ableitung $\alpha \Rightarrow \beta$ das linkeste Nonterminalsymbol ersetzt, spricht man von einer *linkskanonischen Ableitung*; wird das rechteste Nonterminalsymbol ersetzt, spricht man von einer *rechtskanonischen Ableitung*.

Die Umkehrung einer Ableitung nennt man *Reduktion*. Findet man in einer Kette β eine Symbolfolge, die der rechten Seite einer Produktion entspricht, und ersetzt man diese Symbolfolge durch das entsprechende Nonterminalsymbol, so hat man β zu einer Kette α reduziert.

Parser arbeiten entweder *top-down*, indem sie aus dem Startsymbol einer Grammatik einen Satz der Sprache ableiten (siehe Abschnitt 3.2), oder *bottom-up*, indem sie einen Satz der Sprache zum Startsymbol reduzieren (siehe Abschnitt 8.1).

Eine aus einem Nonterminalsymbol direkt oder indirekt ableitbare Kette nennt man eine *Phrase* dieses Nonterminalsymbols. Aus Term lassen sich zum Beispiel folgende Ketten ableiten, die somit Term-Phrasen sind:

Factor
Factor * Factor
ident * Factor
...

Eine aus dem Startsymbol abgeleitete Phrase nennt man eine *Satzform*. Aus Expr lassen sich zum Beispiel folgende Satzformen ableiten:

```
Term + Term - Term
Term + Factor * ident - Term
...
```

Besteht eine Satzform nur aus Terminalsymbolen, so spricht man von einem *Satz* der Grammatik. Sätze unserer Expr-Grammatik sind zum Beispiel:

```
ident * number + ident
number * ( ident + ident )
...
```

Alle aus dem Startsymbol einer Grammatik ableitbaren Sätze bilden die (*formale*) *Sprache* dieser Grammatik. Die Sprache MicroJava ist also die Menge aller gültigen MicroJava-Programme. Meist gibt es unendlich viele solcher Sätze (also unendlich viele MicroJava-Programme).

Ein weiterer Begriff der formalen Sprachen ist die *Löschbarkeit*. Eine Kette α heißt löschbar, wenn sie in die leere Kette abgeleitet werden kann ($\alpha \Rightarrow^* \varepsilon$). In folgender Grammatik

```
X = Y Z.
Y = [b].
Z = c | d | .
```

ist zum Beispiel Y löschbar, weil b optional ist und Y somit in die leere Kette abgeleitet werden kann. Die Produktion von Z besteht aus drei Alternativen, von denen die letzte leer ist; Z kann also ebenfalls in die leere Kette abgeleitet werden und ist daher löschbar. Da Y und Z löschbar sind, kann auch X in die leere Kette abgeleitet werden und ist ebenfalls löschbar.

Rekursion

Der Begriff der Rekursion (Selbstbezüglichkeit) ist aus der Mathematik bekannt und hat auch bei Grammatiken eine wichtige Bedeutung. Eine Produktion eines Nonterminalsymbols X nennt man rekursiv, wenn X in eine Kette abgeleitet werden kann, die wiederum X enthält ($X \Rightarrow^* \omega_1\ X\ \omega_2$). Die Ketten ω_1 und ω_2 können leer sein, womit sich drei Formen der Rekursion ergeben:

Linksrekursion	X = b | X a.	X ⇒ Xa ⇒ Xaa ⇒ Xaaa ⇒ ... ⇒ baaaaa
Rechtsrekursion	X = b | a X.	X ⇒ aX ⇒ aaX ⇒ aaaX ⇒ ... ⇒ aaaaab
Zentralrekursion	X = b | "(" X ")".	X ⇒ (X) ⇒ ((X)) ⇒ (((X))) ⇒ ... ⇒ (((((b)))))

Bei Linksrekursion kann ein Nonterminalsymbol in eine Kette abgeleitet werden, die wieder mit diesem Nonterminalsymbol beginnt (ω_1 ist leer), bei Rechtsrekursion kann es in eine Kette abgeleitet werden, die mit diesem Nonterminalsymbol endet (ω_2 ist leer). Wie aus dem obigen Beispiel ersichtlich ist, kann man damit

Wiederholungen ausdrücken. Zentralrekursion wird hingegen verwendet, um Klammerstrukturen auszudrücken (ω_1 und ω_2 sind nicht leer), wobei es genau so viele Vorkommen von ω_1 gibt wie von ω_2.

Neben der direkten Rekursion, die im obigen Beispiel gezeigt wurde, gibt es auch die indirekte Rekursion. Die folgende vereinfachte Expr-Grammatik

```
Expr   = Term {"+" Term}.
Term   = Factor {"*" Factor}.
Factor = ident | "(" Expr ")".
```

ist indirekt zentralrekursiv (Expr $\Rightarrow^*$ ω_1 Expr ω_2), weil Expr über mehrere Stufen in eine Kette abgeleitet werden kann, die wieder Expr enthält:

Expr $\Rightarrow$ Term $\Rightarrow$ Factor $\Rightarrow$ (Expr)

Beseitigung von Linksrekursion

Bei der Top-down-Syntaxanalyse, die wir uns in Kapitel 3 ansehen, ist Linksrekursion störend und muss daher beseitigt werden. Die linksrekursive Produktion

X = b | X a.

besteht aus zwei Alternativen. Die erste beginnt mit b und die zweite mit X, aber die terminalen Anfänge von X sind ebenfalls b. Wenn der Parser ein X erkennen möchte und in der Eingabe ein b findet, kann er sich daher nicht zwischen den beiden Alternativen entscheiden, weil beide mit b beginnen.

Glücklicherweise kann man Linksrekursion immer in eine Iteration umwandeln. Das Nonterminalsymbol X kann wie folgt in einen Satz abgeleitet werden:

X $\Rightarrow$ Xa $\Rightarrow$ Xaa $\Rightarrow$ ... $\Rightarrow$ baaa...a

Es ist leicht zu sehen, dass man die linksrekursive Produktion von X in eine iterative EBNF-Produktion umformen kann, die nicht mehr rekursiv ist:

X = b {a}.

Hier ist ein weiteres Beispiel. Die folgende linksrekursive Produktion

Expr = Term | Expr "+" Term.

führt zu den Ableitungen

Expr $\Rightarrow$ Expr + Term $\Rightarrow$ Expr + Term + Term $\Rightarrow$ ... $\Rightarrow$ Term + Term + ... + Term

woraus sich folgende iterative EBNF-Produktion ergibt:

Expr = Term {"+" Term}.

Grammatikklassen nach Chomsky

Der amerikanische Linguist *Noam Chomsky* forschte in den 1950er-Jahren an Grammatiken als Ersetzungssysteme, bestehend aus Regeln α = β, durch die eine Kette α in eine Kette β abgeleitet werden kann. Je nach Form von α und β unterscheidet er vier Klassen von Grammatiken:

Klasse 0: Unbeschränkte Grammatiken. Hier können α und β beliebige Ketten von Terminal- und Nonterminalsymbolen sein, zum Beispiel:

```
X     = a X b | Y c Y.
a Y c = d.
d Y   = b b.
```

Damit kann man zum Beispiel X wie folgt in einen Satz ableiten:

X ⇒ aXb ⇒ aYcYb ⇒ dYb ⇒ bbb

Unbeschränkte Grammatiken sind zwar die mächtigste Klasse, weil sie Sprachen nach komplexen Regeln erzeugen können. Allerdings gibt es keinen generellen Algorithmus, um solche Sprachen zu analysieren. Man sagt, dass solche Sprachen durch *Turingmaschinen* erkennbar sind.

Klasse 1: Kontextsensitive Grammatiken. Hier gilt, dass |α| ≤ |β| sein muss. Die linke Seite kann eine beliebig lange Kette sein, zum Beispiel:

```
a X = a b c.
```

aber sie darf nicht mehr Symbole enthalten als die rechte Seite. Wie man sieht, wird hier der Kontext eines Nonterminalsymbols berücksichtigt: X kann nur dann in b c abgeleitet werden, wenn davor ein a steht. Mit kontextsensitiven Grammatiken können Sprachen erzeugt werden, die durch *linear beschränkte Automaten* (eine Variante von Turingmaschinen) erkennbar sind.

Klasse 2: Kontextfreie Grammatiken. Bei diesen Grammatiken besteht α aus einem einzigen Nonterminalsymbol, während β eine beliebige Kette sein darf, zum Beispiel:

```
X = a b c.
```

Im Prinzip wird auch gefordert, dass β nicht leer sein darf, aber Grammatiken mit Regeln, bei denen β leer ist, können leicht in solche umgeformt werden, bei denen β nicht leer ist. Kontextfreie Grammatiken erzeugen Sprachen, die mit *Kellerautomaten* erkannt werden können (siehe die Kapitel 3 und 8).

Klasse 3: Reguläre Grammatiken. Auch hier besteht α nur aus einem einzigen Nonterminalsymbol, aber β darf nur ein Terminalsymbol sein oder ein Terminalsymbol gefolgt von einem Nonterminalsymbol, zum Beispiel:

```
X = b.
X = b Y.
```

Reguläre Grammatiken erzeugen Sprachen, die durch *endliche Automaten* erkannt werden können (siehe Kapitel 2).

Für den Compilerbau sind lediglich kontextfreie und reguläre Grammatiken relevant. Für sie gibt es effiziente Erkennungsalgorithmen. Kontextfreie Grammatiken werden in der Syntaxanalyse verwendet, reguläre Grammatiken in der lexikalischen Analyse.

1.5 Syntaxbäume

Der Syntaxanalysator hat die Aufgabe, einen Satz einer Sprache gemäß einer Grammatik zu analysieren und seine syntaktische Korrektheit zu überprüfen. Dabei wird ein Syntaxbaum aufgebaut, der die Zerlegung des Satzes in einzelne Satzteile beschreibt.

Für den Aufbau eines Syntaxbaums ist es einfacher, mit reiner BNF (*Backus-Naur-Form*) zu arbeiten, die im Gegensatz zur EBNF keine Klammern zur Gruppierung von Alternativen ((...)), zur Darstellung von Optionalität ([...]) und zur Darstellung von Iterationen ({...}) enthält. Optionalität muss durch mehrere Alternativen ausgedrückt werden und Iteration durch Linksrekursion. Unsere Expr-Grammatik sieht in reiner BNF wie folgt aus:

```
Expr = Sign Term | Expr AddOp Term.
Term = Factor | Term MulOp Factor.
Factor = ident | number | "(" Expr ")".
Sign = "+" | "-" | .
AddOp = "+" | "-".
MulOp = "*" | "/".
```

Für den Eingabesatz 10 + 3 * x wird zum Beispiel der in Abb. 1.11 dargestellte Syntaxbaum aufgebaut:

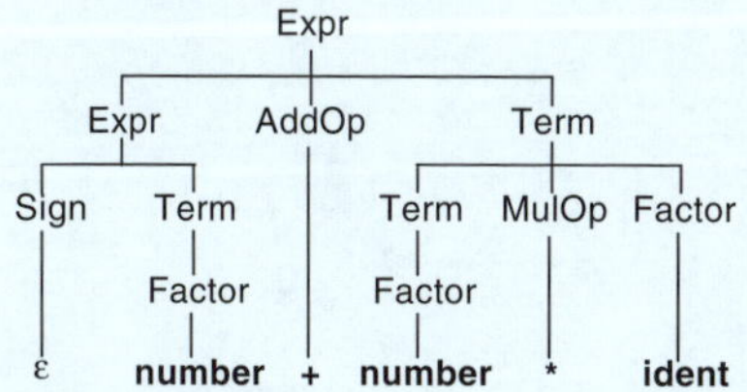

Abb. 1.11 *Konkreter Syntaxbaum für den Satz* 10 + 3 * x

Man sieht, dass sich darin alle Ableitungen vom Startsymbol bis zum Satz widerspiegeln (Expr ⇒ Expr AddOp Term, Term ⇒ Term MulOp Factor usw.). Man nennt diesen Syntaxbaum daher den *konkreten Syntaxbaum* (*parse tree*).

Neben dem konkreten Syntaxbaum gibt es auch den *abstrakten Syntaxbaum*, der die logische Struktur eines Satzes widerspiegelt und wesentlich kompakter ist als der konkrete Syntaxbaum. Seine Blätter stellen die Operanden dar und seine inneren Knoten die Operatoren (Abb. 1.12).

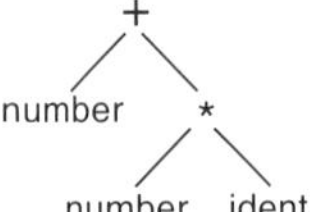

Abb. 1.12 *Abstrakter Syntaxbaum für den Satz* 10 + 3 * x

Der abstrakte Syntaxbaum wird in optimierenden Compilern oft für die interne Darstellung eines Programms verwendet, auf der Optimierungen durchgeführt werden.

Mehrdeutigkeit

Eine Grammatik ist mehrdeutig, wenn man für einen Satz mehrere Syntaxbäume angeben kann. Aus folgender Grammatik (T steht für Term und F für Factor)

```
T = F | T "/" T.
F = id.
```

kann zum Beispiel der Satz id / id / id abgeleitet werden:

$T \Rightarrow T / T \Rightarrow T / T / T \Rightarrow F / F / F \Rightarrow id / id / id$

Wie aus Abb. 1.13 ersichtlich, können über diesem Satz zwei unterschiedliche Syntaxbäume aufgebaut werden.

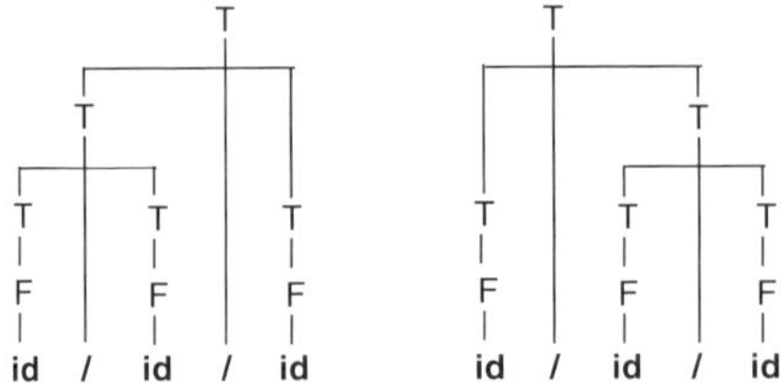

Abb. 1.13 *Unterschiedliche Syntaxbäume über dem Satz* id / id / id

Mehrdeutige Grammatiken sind für die Syntaxanalyse ungeeignet, weil sie unterschiedliche Interpretationen des Satzes zulassen. Der linke Syntaxbaum in Abb. 1.13 besagt zum Beispiel, dass zuerst die ersten beiden Vorkommen von id dividiert werden, während der zweite Syntaxbaum ausdrückt, dass zuerst die letzten beiden Vorkommen von id dividiert werden.

Glücklicherweise ist in diesem Beispiel aber nicht die Sprache mehrdeutig, sondern nur die Grammatik. Wenn man die Grammatik umformt zu

```
T = F | T "/" F.
F = id.
```

können die gleichen Sätze erzeugt werden, aber die Divisionen werden immer von links nach rechts durchgeführt. Die Mehrdeutigkeit wurde also beseitigt.

Es gibt allerdings Sprachen, die inhärent mehrdeutig sind, und man muss nicht lange suchen, um sie zu finden. Die meisten Sprachen der C-Familie (C, C++, C# und Java) enthalten eine inhärente Mehrdeutigkeit, die »*Dangling Else*« genannt wird. Die if-Anweisung kann in diesen Sprachen zwei Formen annehmen:

```
Statement = "if" Condition Statement
          | "if" Condition Statement "else" Statement
          | ... .
```

Wenn man folgende geschachtelte if-Anweisung betrachtet

```
if (a < b) if (b < c) x = c; else x = b;
```

so kann das Schlüsselwort else entweder zum ersten if gehören oder zum zweiten. Es lassen sich also zwei unterschiedliche Syntaxbäume aufbauen (siehe Abb. 1.14), was eine Mehrdeutigkeit darstellt. In diesem Fall ist die Sprache selbst mehrdeutig und nicht nur die Grammatik. Man kann die Grammatik nicht so umformen, dass die Mehrdeutigkeit verschwindet.

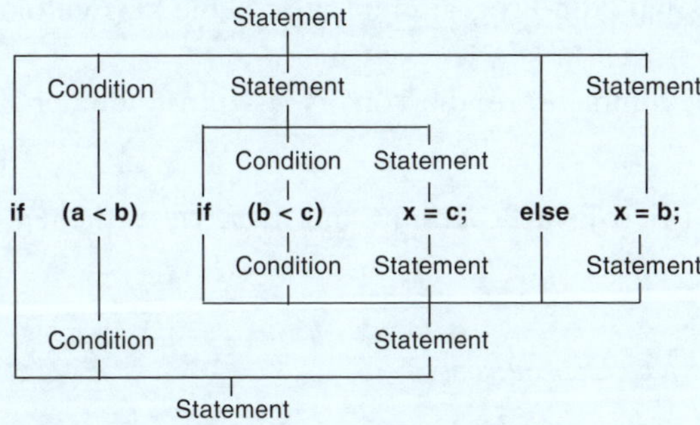

Abb. 1.14 *Mehrdeutigkeit beim »Dangling Else«*

Man löst diese Mehrdeutigkeit so, dass das else dem unmittelbar vorausgehenden if zugeordnet wird. Wenn der Parser die beiden Alternativen der if-Anweisung verfolgt und ein else findet, wird mit der zweiten Alternative fortgefahren, anstatt die erste Alternative zu beenden. Es gilt also der untere Syntaxbaum aus Abb. 1.14. Das ist aber eine reine Konvention, die die Mehrdeutigkeit im Grunde nicht beseitigt.

1.6 MicroJava

Das vorliegende Buch zeigt die Prinzipien des Compilerbaus anhand der Programmiersprache *MicroJava*. Der folgende Abschnitt gibt einen kurzen Überblick über diese Sprache. Eine detailliertere Beschreibung ihrer Syntax und Semantik ist in Anhang A zu finden.

MicroJava ist eine Teilmenge von Java und ist einfach genug, um dafür in einer Lehrveranstaltung einen vollständigen Compiler zu entwickeln, aber auch realistisch genug, um daran die wichtigsten Prinzipien des Compilerbaus zu studieren.

Ein MicroJava-Programm besteht aus einer einzigen Datei, die mit dem Schlüsselwort program beginnt und globale Daten und Methoden enthalten kann. Die Hauptmethode, bei der die Programmausführung beginnt, heißt main(). Es gibt in MicroJava folgende Elemente:

- *Werttypen*: int und char, wobei Zeichen in einem einzigen (ASCII-) Byte gespeichert werden.
- *Referenztypen*: Das sind eindimensionale Arrays wie in Java sowie Klassen mit Feldern, aber ohne Methoden und ohne Vererbung. Variablen dieser Typen enthalten Referenzen.
- *Konstanten*: int-Konstanten (z.B. 3) und char-Konstanten (z.B. 'x'), aber keine String-Konstanten.
- *Variablen*: Diese können lokal zu einer Methode oder global zum gesamten Programm sein.
- *Methoden*: Diese sind global zum Programm; es gibt keine klassenlokalen Methoden.
- *Kommentare*: Zeilenendekommentare, die von "//" bis zum Ende der Zeile gehen.

Das folgende Beispiel zeigt ein MicroJava-Programm mit allen wesentlichen Elementen:

```
program P
   final int size = 10;          // constant declaration

   class Table {                 // class declaration (without methods)
      int[] pos;                 // array declaration (one-dimensional)
      int[] neg;
   }

   Table val;                    // declaration of a global variable

{
   void main()
      int x, i;                  // declaration of local variables
   {
```

```
        //---------- initialize val ------------
        val = new Table;
        val.pos = new int[size];
        val.neg = new int[size];
        i = 0;
        while (i < size) {
            val.pos[i] = 0; val.neg[i] = 0;
            i++;
        }
        //---------- read values ---------
        read(x);
        while (x != 0) {
            if (0 <= x && x < size) {
                val.pos[x]++;
            } else if (-size < x && x < 0) {
                val.neg[-x]++;
            }
            read(x);
        }
    }
}
```

MicroJava-Programme werden in MicroJava-Bytecode übersetzt, der von der MicroJava-VM (siehe Kapitel 6) ausgeführt werden kann.

1.7 Übungsaufgaben

Zu allen Übungsaufgaben in diesem Buch gibt es Musterlösungen, die von [Download] heruntergeladen werden können.

1. *Grammatik von E-Mail-Adressen.* Erstellen Sie eine Grammatik für E-Mail-Adressen. Diese bestehen aus einem Adressteil und einem Domänenteil, die durch "@" getrennt sind. Sowohl der Adressteil als auch der Domänenteil sollen in dieser Grammatik aus einer Liste von Namen (ident) bestehen, die durch Punkte getrennt sind. Während der Adressteil aus nur einem einzigen Namen bestehen darf, muss der Domänenteil zumindest zwei Namen aufweisen, zum Beispiel:

   ```
   max.mustermann@some.company.com
   ```

2. *Grammatik vereinfachter boolescher Ausdrücke.* Erstellen Sie eine Grammatik boolescher Ausdrücke, die als Operanden Namen (ident) sowie die Konstanten true und false haben und als Operatoren &&, || und ! (wobei ! Vorrang vor && und && Vorrang vor || haben soll). Teilausdrücke sollen auch geklammert werden können. Orientieren Sie sich dabei an der Grammatik arithmetischer Ausdrücke aus Abschnitt 1.4. Beispiel:

   ```
   (big || small) && ready || big && ! ready
   ```

3. *Grammatik römischer Zahlen.* Erstellen Sie eine Grammatik der römischen Zahlen von 1 bis 20 (also I, II, III, IV, V, VI, VII, VIII, IX, X, XI, XII, XIII, XIV, XV, XVI, XVII, XVIII, XIX, XX). Terminalsymbole sind I, V und X.

4. *Terminale Anfänge und Nachfolger (1).* Geben Sie die terminalen Anfänge und Nachfolger aller Nonterminalsymbole in folgender Grammatik an (Namen, die mit Kleinbuchstaben beginnen, sind Terminalsymbole):

```
Course  = Intro Section {Section} Final.
Intro   = lecture [questions].
Section = {lecture | questions} (project | test).
Final   = [panic] test.
```

5. *Terminale Anfänge und Nachfolger (2).* Geben Sie die terminalen Anfänge und Nachfolger aller Nonterminalsymbole in folgender Grammatik an:

```
Message = Header [Data] Status.
Header  = "get" | "put" [number | "final"].
Data    = number {number}.
Status  = "ok" | number.
```

6. *Beseitigung von Linksrekursion (1).* Formen Sie folgende linksrekursive Grammatik mittels EBNF-Iteration in eine äquivalente nichtrekursive Grammatik um:

```
A = A B | a b.
B = B d | c.
```

7. *Beseitigung von Linksrekursion (2).* Formen Sie folgende linksrekursive Grammatik mittels EBNF-Iteration in eine äquivalente nichtrekursive Grammatik um:

```
List = List number | .
```

8. *Syntaxbäume (1).* Gegeben sei folgende BNF-Grammatik für vereinfachte arithmetische Ausdrücke:

```
Expr   = Term | Expr AddOp Term.
Term   = Factor | Term MulOp Factor.
Factor = number | "-" Factor | "(" Expr ")".
AddOp  = "+" | "-".
MulOp  = "*" | "/".
```

a) Zeichnen Sie den konkreten und den abstrakten Syntaxbaum für den Ausdruck 3 + 5.

b) Zeichnen Sie den konkreten und den abstrakten Syntaxbaum für den Ausdruck (7 - 2) * 5 + 1.

9. *Syntaxbäume (2)*. Gegeben sei folgende stark vereinfachte Grammatik von Anweisungen:

```
Statement =
  ident "=" ident "-" ident
| "{" Statement {";" Statement} "}"
| "if" "(" ident ">" ident ")" Statement
| "while" "(" ident ">" ident ")" Statement.
```

Zeichnen Sie den abstrakten Syntaxbaum des Programms

```
if (a > b) {
   while (a > b) a = a - b;
   b = b - a
}
```

wobei "if", "while", "=", ">", "-" und ";" als Operatoren aufgefasst werden und ident als Operand. Der Operator ";" verkettet zwei Anweisungen.

10. *Mehrdeutigkeit*. Die Grammatik

```
List = ident | List "," List.
```

ist mehrdeutig, weil man über gewisse Sätze unterschiedliche Syntaxbäume aufbauen kann.

a) Zeichnen Sie alle möglichen Syntaxbäume für den Satz ident , ident , ident.

b) Transformieren Sie die Grammatik so, dass sie die gleiche Sprache erzeugt, aber eindeutig ist.

2 Lexikalische Analyse

Die erste Phase eines Compilers ist die lexikalische Analyse (*Scanning*). Sie hat die Aufgabe, den Zeichenstrom des Quellprogramms in eine Folge von Terminalsymbolen (d.h. in einen Tokenstrom) umzuwandeln (Abb. 2.1).

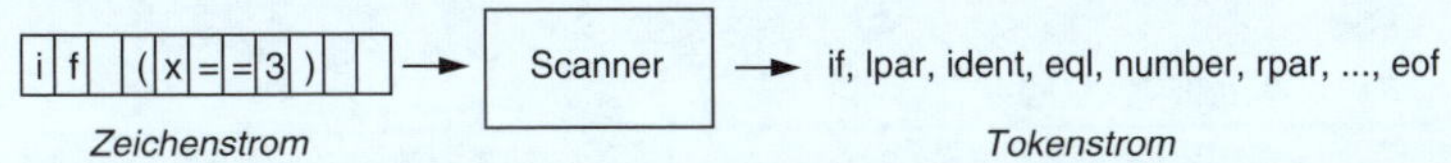

Abb. 2.1 *Umwandlung des Quellprogramms in einen Tokenstrom*

In diesem Beispiel werden die Zeichen "i" und "f" zum Token if, das Zeichen "(" zum Token lpar (*left parenthesis*), "x" wird zu ident, die Zeichenfolge "==" zu eql und ")" zu rpar. Man beachte, dass der Tokenstrom immer durch ein spezielles eof-Token abgeschlossen wird, das das Ende der Eingabe markiert.

Wie wir in Kapitel 1 gesehen haben, wird jedes Token durch einen *Tokencode* beschrieben, der die Art des Tokens angibt (z.B. Name, Zahl, Operator). Token, von denen es mehrere Ausprägungen gibt (z.B. Namen), haben zusätzlich zum Tokencode auch einen *Tokenwert* (bei Namen ihr Text).

Eine weitere Aufgabe der lexikalischen Analyse ist es, bedeutungslose Zeichen (Leerzeichen, Tabulatoren, Zeilenenden, aber auch Kommentare) aus dem Eingabestrom herauszufiltern, da sie für die Syntaxanalyse irrelevant sind. Der Tokenstrom enthält nur noch bedeutungstragende Symbole. Er kann vom Parser wesentlich einfacher verarbeitet werden als der ursprüngliche Quelltext.

Lexikalische und syntaktische Strukturen

Terminalsymbole haben eine Struktur, die durch eine Grammatik beschrieben werden kann, zum Beispiel:

```
ident  = letter {letter | digit}.
number = digit {digit}.
if     = "i" "f".
eql    = "=" "=".
...
```

Warum werden diese lexikalischen Strukturen eigentlich nicht zur Syntax der Sprache gezählt? Warum betrachtet man zum Beispiel ident als Terminalsymbol und nicht als Nonterminalsymbol, das in Buchstaben und Ziffern zerlegt werden kann?

Dafür gibt es mehrere Gründe: Würde die Syntaxanalyse auf Zeichenebene erfolgen, könnte man zum Beispiel nicht mehr so einfach zwischen Namen und Schlüsselwörtern unterscheiden. Folgender Grammatikteil

```
Statement = ident "=" Expr ";"
          | "if" "(" Expr ")" Statement
          | ... .
```

müsste dann so geschrieben werden:

```
Statement = "i" ( "f" ( "(" Expr ")" Statement
                      | (letter | digit) {letter | digit} "=" Expr ";"
                      )
                | not_f {letter | digit} "=" Expr ";"
                )
          | not_i {letter | digit} "=" Expr ";"
          | ... .
```

was kaum noch lesbar wäre. Außerdem müsste man dann auch Leerzeichen und andere bedeutungslose Zeichen an allen möglichen Stellen in der Grammatik berücksichtigen, zum Beispiel:

```
Statement = "i" "f" {Blank} "(" {Blank} Expr {Blank} ")" {Blank} Statement {Blank} ... .
Blank     = " " | "\n" | "\t" | Comment.
```

Das würde die Grammatik aufblähen und völlig unlesbar machen. Ein dritter Grund ist, dass für Terminalsymbole reguläre Grammatiken ausreichen, die effizienter zu analysieren sind als kontextfreie Grammatiken, die für syntaktische Strukturen benutzt werden.

Aus diesen Gründen werden lexikalische Strukturen vom Scanner erkannt, der einen Tokenstrom liefert. Die syntaktischen Strukturen können dann durch eine einfache Grammatik beschrieben werden, die die lexikalischen Strukturen als Terminalsymbole behandelt.

2.1 Reguläre Grammatiken und endliche Automaten

In Kapitel 1 haben wir reguläre Grammatiken so definiert, dass auf der linken Seite ihrer Produktionen ein Nonterminalsymbol stehen muss und auf der rechten Seite ein Terminalsymbol oder ein Terminalsymbol gefolgt von einem Nonterminalsymbol:

```
X = a.
X = b Y.
```

Damit lässt sich zum Beispiel eine reguläre Grammatik für Namen aufstellen:

```
ident = letter
      | letter Rest.
Rest  = letter
      | digit
      | letter Rest
      | digit Rest.
```

Alle diese Produktionen haben die vorgeschriebene Form. Der Name xy3 lässt sich damit wie folgt ableiten:

ident ⇒ letter Rest ⇒ letter letter Rest ⇒ letter letter digit

Für unsere Zwecke verwenden wir allerdings eine einfachere Definition von regulären Grammatiken: Eine Grammatik ist regulär, wenn sie sich durch eine *einzige* EBNF-Regel *ohne Rekursion* ausdrücken lässt. Die Grammatik für Namen kann man zum Beispiel durch folgende EBNF-Regel ausdrücken:

```
ident = letter {letter | digit}.
```

Sie ist somit regulär. Wie ist das bei folgender Grammatik? Ist sie regulär?

```
E = T {"+" T}.
T = F {"*" F}.
F = ident.
```

Sie besteht zwar aus mehreren Produktionen, aber man kann F in die Produktion von T einsetzen:

```
T = ident {"*" ident}.
```

und anschließend T in die Produktion von E:

```
E = ident {"*" ident} {"+" ident {"*" ident}}.
```

Durch Umformung haben wir eine Grammatik erhalten, die nur noch aus einer einzigen nichtrekursiven EBNF-Regel besteht. Somit ist die Grammatik regulär. Sehen wir uns noch ein drittes Beispiel an. Ist folgende Grammatik regulär?

```
E = F {"*" F}.
F = ident | "(" E ")".
```

Wir könnten denselben Trick anwenden und F in die Produktion von E einsetzen:

```
E = (ident | "(" E ")") {"*" (ident | "(" E ")")}.
```

Das ergibt zwar eine einzige EBNF-Produktion, aber sie ist rekursiv (genauer gesagt zentralrekursiv). Durch weiteres Einsetzen von E in diese Produktion können wir die Rekursion nicht beseitigen. Das deutet bereits auf die wesentliche Einschränkung regulärer Grammatiken hin: Sie können nicht mit Zentralrekursion umgehen.

Beschränkungen regulärer Grammatiken

Reguläre Grammatiken können also nicht mit Zentralrekursion umgehen. Mit anderen Worten: Sie können keine Klammerstrukturen ausdrücken. Klammerstrukturen kommen aber in Programmiersprachen häufig vor, zum Beispiel:

Geklammerte Ausdrücke:	**Expr** $\Rightarrow^*$ "(" **Expr** ")"
Geschachtelte Anweisungen:	**Statement** $\Rightarrow$ "do" **Statement** "while" "(" Expr ")"
Innere Klassen:	**Class** $\Rightarrow$ "class" "{" ... **Class** ... "}"

Für die Syntaxanalyse von Programmiersprachen benötigt man daher die nächsthöhere Klasse von Grammatiken, nämlich kontextfreie Grammatiken. Für lexikalische Strukturen reichen aber reguläre Grammatiken aus, zum Beispiel:

Namen	ident	= letter {letter I digit}.
Zahlen	number	= digit {digit}.
Zeichen	charCon	= "\'" noQuote "\'".
Schlüsselwörter	keyword	= letter {letter}.
Operatoren	geq	= ">" "=".

Die einzige Ausnahme bilden geschachtelte Klammerkommentare:

```
/* ... /* ... */ ... */
```

Sie lassen sich nicht durch eine reguläre Grammatik beschreiben und müssen daher im Scanner eine Sonderbehandlung erfahren. Das ist auch der Grund, warum viele Sprachen wie Java keine geschachtelten Klammerkommentare erlauben.

Endliche Automaten

Ein endlicher Automat (engl. *deterministic finite automaton*, DFA) ist ein Mechanismus zur Erkennung regulärer Sprachen. Er besteht aus Zuständen, zwischen denen Übergänge definiert sind (Abb. 2.2).

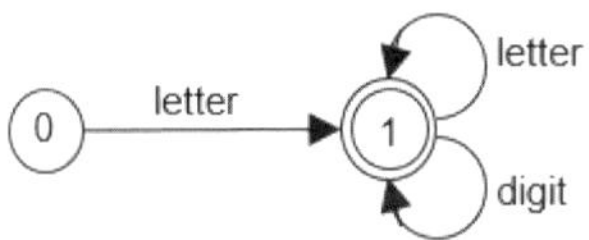

Abb. 2.2 *Endlicher Automat zur Erkennung eines Namens*

Zustände werden durch nummerierte Kreise dargestellt, Endzustände durch Doppelkreise. Per Konvention hat der Startzustand immer die Nummer 0. Zustandsübergänge werden durch beschriftete Pfeile dargestellt. Wenn sich der Automat aus Abb. 2.2 im Zustand 0 befindet und das nächste Zeichen der Eingabe ein

Buchstabe (letter) ist, konsumiert er dieses Zeichen und geht in den Zustand 1 über. Wenn im Zustand 1 weitere letter oder digit kommen, werden diese ebenfalls konsumiert und der Automat bleibt im Zustand 1. Kommt im Zustand 1 ein anderes Zeichen als letter oder digit, endet der Automat hier. Da Zustand 1 ein Endzustand ist, hat der Automat einen Satz der Sprache (in diesem Fall einen Namen) erkannt. Würde hingegen im Zustand 0 ein anderes Zeichen als letter kommen, wäre das ein Fehler.

Die Zustandsübergänge können auch als Tabelle dargestellt werden (Abb. 2.3), die so viele Zeilen hat, wie es Zustände gibt, und so viele Spalten, wie es Eingabezeichen gibt. Die Tabelleneinträge zeigen die *Zustandsübergangsfunktion* δ an: Aus Zustand 0 kommt man mit letter in den Zustand 1 und mit digit in einen Fehlerzustand. Der Automat heißt »endlich«, weil δ durch eine endlich große Tabelle beschrieben werden kann.

δ	letter	digit
z0	z1	error
z1	z1	z1

Abb. 2.3 *Zustandsübergangsfunktion als Tabelle*

Ein endlicher Automat (DFA) besteht also aus folgenden fünf Teilen:

- *Z* eine Menge von Zuständen
- *S* eine Menge von Eingabesymbolen
- $\delta: Z \times S \rightarrow Z$ eine Zustandsübergangsfunktion
- *z0* ein Anfangszustand
- *F* eine Menge von Endzuständen

Die durch einen DFA erkannte Sprache ist die Menge aller Symbolfolgen, die vom Startzustand in einen der Endzustände führen. Ein DFA hat einen Satz erkannt,

- wenn sich der DFA in einem Endzustand befindet *und*
- wenn die Eingabe zu Ende ist *oder* kein Übergang mehr mit dem nächsten Eingabesymbol möglich ist.

Wie kommt man von einer regulären Grammatik zu einem endlichen Automaten? Wir geben dafür zwar keinen Algorithmus an, aber es ist leicht zu sehen, dass der Automat aus Abb. 2.2 aus der Produktion

```
ident = letter {letter I digit}.
```

entstanden ist: Es muss zuerst ein letter erkannt werden, auf den anschließend beliebig viele (oder auch keine) letter oder digit folgen können. Genau das macht unser Automat.

2.2 Der Scanner als endlicher Automat

Man kann sich den Scanner als großen endlichen Automaten vorstellen, der zur Erkennung jedes Terminalsymbols vom Parser aufgerufen wird. Bei jedem Aufruf beginnt er im Zustand 0, überliest dort bedeutungslose Zeichen und verzweigt dann zu einem Teilautomaten, der jeweils eines der Terminalsymbole erkennt und an den Parser zurückliefert (Abb. 2.4).

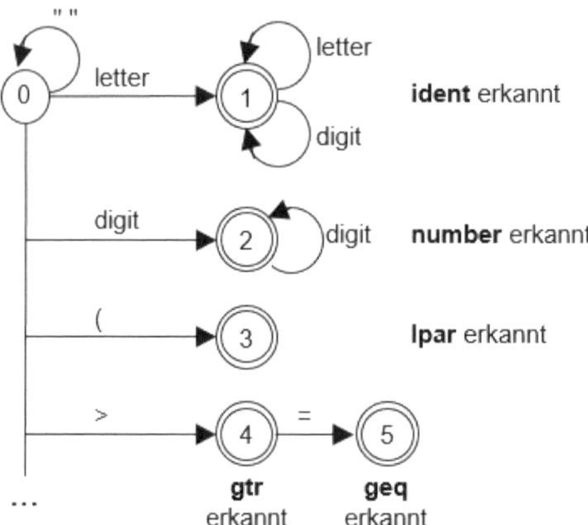

Abb. 2.4 *Scanner als endlicher Automat*

Für die Eingabe

```
max >= 30
```

beginnt der Scanner im Zustand 0, geht dann mit "m" in den Zustand 1 über und bleibt mit "a" und "x" im Zustand 1. Da das nächste Zeichen ein Leerzeichen ist und es im Zustand 1 keinen Übergang damit gibt, endet der Automat hier. Er hat in diesem Endzustand das Token ident erkannt und gibt es an den Parser zurück.

Beim nächsten Aufruf beginnt der Scanner wieder im Zustand 0. Da vom letzten Aufruf noch ein Leerzeichen übrig ist, überliest er dieses und bleibt im Zustand 0. Mit dem Zeichen ">" geht er dann in den Zustand 4, und weil noch ein weiterer Übergang mit dem Zeichen "=" möglich ist, in den Zustand 5. Das nächste Zeichen ist wieder ein Leerzeichen, für das es keinen Übergang im Zustand 5 gibt. Der Automat endet daher und gibt an den Parser das Token geq (*greater or equal*) zurück.

Beim dritten Aufruf überliest der Scanner wieder das übriggebliebene Leerzeichen im Zustand 0 und geht dann mit "3" in den Zustand 2, wo er auch mit "0" bleibt. Wenn das nächste Zeichen wieder ein Leerzeichen ist, endet der Automat hier (im Zustand 2 existiert kein Übergang mit einem Leerzeichen) und gibt an den Parser das Token number zurück.

Implementierung eines endlichen Automaten

Man kann einen endlichen Automaten entweder als tabellengesteuerten Algorithmus implementieren, der die Zustandsübergangsfunktion als Tabelle enthält und damit die Analyse steuert, oder man kann die einzelnen Zustände und ihre Übergänge auscodieren. Wir sehen uns nun beide Alternativen an.

Betrachten wir zuerst die tabellengesteuerte Variante und als Beispiel die reguläre Grammatik

```
X = a {b} c.
```

Aus dieser Grammatik ergibt sich der in Abb. 2.5 dargestellte endliche Automat samt Zustandsübergangsfunktion als Tabelle.

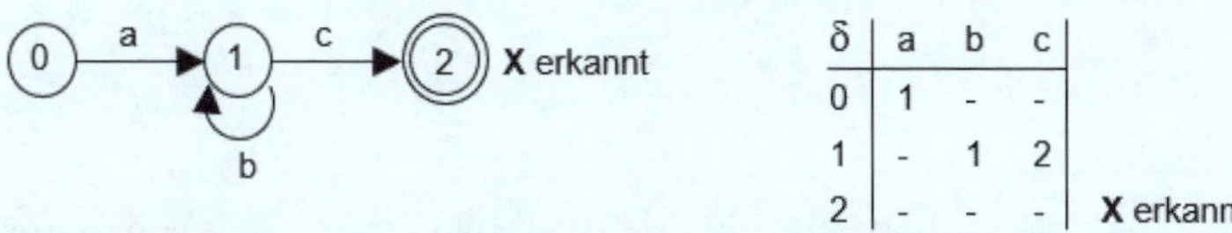

δ	a	b	c	
0	1	-	-	
1	-	1	2	
2	-	-	-	X erkannt

Abb. 2.5 *DFA samt Zustandsübergangstabelle*

Man kann die Tabelle als zweidimensionales Array implementieren, wobei die Fehlereinträge mit -1 codiert werden. Somit ergibt sich folgender Algorithmus (in Java-ähnlichem Pseudocode, vereinfacht):

```
int[][] delta = { {1, -1, -1}, {-1, 1, 2}, {-1, -1, -1} }; // state transition table
int state = 0, lastState; // DFA starts in state 0
do {
    char ch = read(); // read next character
    lastState = state;
    state = delta[state][ch];
} while (state != -1);
assert(lastState is a final state);
return recognizedToken[lastState];
```

In der Schleife erfolgt mit dem nächsten Eingabezeichen und dem aktuellen Zustand jeweils ein Übergang in den nächsten Zustand, bis kein Übergang mehr möglich ist (`state == -1`). Der Automat muss sich dann in einem Endzustand befinden, andernfalls liegt ein Fehler vor. Mithilfe einer weiteren Tabelle `recognizedToken` wird schließlich das in diesem Endzustand erkannte Token ermittelt und an den Parser zurückgeliefert.

Man beachte, dass dieser Algorithmus »universell« ist, in dem Sinne, dass er für alle regulären Grammatiken verwendet werden kann. Er muss lediglich mit der richtigen Zustandsübergangstabelle initialisiert werden, um Token der entsprechenden Grammatik zu erkennen. Der Algorithmus ist allerdings auch nicht besonders effizient, weshalb wir uns nun als zweite Variante einen Algorithmus ansehen, bei dem die Zustände und die Zustandsübergänge auscodiert werden.

Nehmen wir als Beispiel wieder den Automaten aus Abb. 2.5. Wir implementieren die Zustände diesmal als Marken einer switch-Anweisung, die wir mit dem aktuellen Zustand state ansteuern.

```
int state = 0;
loop:
for (;;) {
    char ch = read();
    switch (state) {
        case 0:  if (ch == 'a') { state = 1; break; }        // go to state 1
                 else break loop;
        case 1:  if (ch == 'b') { state = 1; break; }        // go to state 1
                 else if (ch == 'c') { state = 2; break; }// go to state 2
                 else break loop;
        case 2:  return X;
    }
}
return errorToken;
```

Wir ersparen uns hier den Tabellenzugriff, müssen aber dafür in jedem Schleifendurchlauf mit switch zum aktuellen Zustand verzweigen. Im Fehlerfall wird die Schleife mit break loop verlassen.

Noch besser ist es allerdings, von den Zuständen und ihren Übergängen ganz zu abstrahieren und den Algorithmus wie folgt zu codieren:

```
char ch = read();
if (ch == 'a') {
    ch = read();
    while (ch == 'b') ch = read();
    if (ch == 'c') return X; else return errorToken;
} else return errorToken;
```

Der Automat ist in diesem Algorithmus nur noch implizit enthalten, dafür ist der Algorithmus aber äußerst effizient. Wir werden daher diese Implementierungsvariante im nächsten Abschnitt für den Scanner von MicroJava verwenden.

2.3 Implementierung des Scanners

Wir sehen uns nun die Implementierung des Scanners am Beispiel von MicroJava an. Der Scanner ist eine Klasse mit zwei öffentlichen Methoden, die static sind, weil es im Compiler nur einen einzigen Scanner gibt.

```
public class Scanner {
    public static void init(Reader r) {...}
    public static Token next() {...}
}
```

Die Methode init initialisiert den Scanner und übergibt ihm einen Reader, der den Eingabestrom (das Quellprogramm) darstellt. Der Aufruf von init könnte wie folgt aussehen:

```
InputStream s = new FileInputStream(sourceFileName);
Reader r = new InputStreamReader(s);
Scanner.init(r);
```

Die Methode next wird vom Parser wiederholt aufgerufen und liefert bei jedem Aufruf das jeweils nächste Token. Ein Token ist ein Objekt der folgenden Klasse:

```
public class Token {
    public int      kind;    // token code
    public int      line;    // token line (for error messages)
    public int      col;     // token column (for error messages)
    public String   val;     // token value
    public int      numVal;  // numeric token value (for number and charCon)
}
```

Jedes Token hat einen *Tokencode* (kind), der die Art des Tokens angibt. Manche Token haben auch einen *Tokenwert*, der für Zahlen- und Zeichenkonstanten im Feld numVal gespeichert ist und für Namen im Feld val. Für *Fehlermeldungen* enthält jedes Token auch die Zeilen- und Spaltennummer, an der es im Quelltext vorkommt.

Jede Tokenart wird durch einen eindeutigen Tokencode bezeichnet, der für MicroJava wie folgt definiert ist:

```
static final int
// error token
none = 0,
// token classes    operators and special characters                    keywords
ident    = 1,      plus  = 4,  /* + */   assign    = 17, /* = */    break_   = 29,
number   = 2,      minus = 5,  /* - */   pplus     = 18, /* ++ */   class_   = 30,
charCon  = 3,      times = 6,  /* * */   mminus    = 19, /* --*/    else_    = 31,
                   slash = 7,  /* / */   semicolon = 20, /* ; */    final_   = 32,
                   rem   = 8,  /* % */   comma     = 21, /* , */    if_      = 33,
                   eql   = 9,  /* == */  period    = 22, /* . */    new_     = 34,
                   neq   = 10, /* != */  lpar      = 23, /* ( */    print_   = 35,
                   lss   = 11, /* < */   rpar      = 24, /* ) */    program_ = 36,
                   leq   = 12, /* <= */  lbrack    = 25, /* [ */    read_    = 37,
                   gtr   = 13, /* > */   rbrack    = 26, /* ] */    return_  = 38,
                   geq   = 14, /* >= */  lbrace    = 27, /* { */    void_    = 39,
                   and   = 15; /* && */  rbrace    = 28, /* } */    while_   = 40,
                   or    = 16, /* || */
// end of file token
eof = 41;
```

Der aktuelle Zustand des Scanners wird in globalen Variablen gespeichert:

```
static Reader in;                      // input stream
static char ch;                        // next unprocessed character
static int line, col;                  // line and column of ch

static final char eofCh = (char) -1;   // character indicating end of file
```

Zu jedem Zeitpunkt der lexikalischen Analyse enthält ch das nächste noch unverarbeitete Zeichen und line und col dessen Position im Quelltext, wobei Zeilen- und Spaltennummern bei 1 beginnen.

Die Methode init initialisiert die globalen Variablen des Scanners und liest dann das erste Zeichen des Quelltexts, indem sie die Hilfsmethode nextCh aufruft:

```
public static void init (Reader r) {
    in = r;
    line = 1, col = 0;
    nextCh(); // reads the first character into ch and increments col to 1
}
```

Die Methode nextCh liest das nächste Zeichen des Quelltexts, speichert es in der globalen Variablen ch und führt die Zeilen- und Spaltennummern mit:

```
private static void nextCh() {
    try {
        ch = (char) in.read(); col++;
        if (ch == '\n') { line++; col = 0; }
    } catch (IOException e) { ch = eofCh; }
}
```

Der Kern des Scanners ist die Methode next, die vom Parser jedes Mal aufgerufen wird, wenn er das nächste Token benötigt. Die Methode next implementiert einen endlichen Automaten, wie wir das am Ende des letzten Abschnitts gemacht haben. Das folgende Codestück zeigt einen Auszug davon:

```
public static Token next() {
    while (ch <= ' ') nextCh(); // skip blanks, tabs, eols
    Token t = new Token(); t.line = line; t.col = col;
    switch (ch) {
        // identifiers and keywords
        case 'a': case 'b': ... case 'z': case 'A': case 'B': ... case 'Z':
            readName(t); break;

        // numbers
        case '0': case '1': ... case '9':
            readNumber(t); break;

        // character constants
        case '\'':
            readCharCon(t); break;
```

```
        // single character tokens
        case ';': nextCh(); t.kind = semicolon; break;
        case '.': nextCh(); t.kind = period; break;
        case eofCh: t.kind = eof; break; // no nextCh() any more
        ...
        // compound character tokens
        case '=': nextCh();
            if (ch == '=') { nextCh(); t.kind = eql; } else t.kind = assign;
            break;
        case '&': nextCh();
            if (ch == '&') { nextCh(); t.kind = and; } else t.kind = none;
            break;
        ...
        // comments or slash operator
        case '/': nextCh();
            if (ch == '/') {
                do nextCh(); while (ch != '\n' && ch != eofCh); // skip comment
                t = next(); // call scanner recursively
            } else t.kind = slash;
            break;
        // invalid characters
        default: nextCh(); t.kind = none; break;
    }
    return t;
} // ch holds the next still unprocessed character
```

Die Methode überliest zuerst bedeutungslose Zeichen (Leerzeichen, Tabulatoren, Zeilenenden), die alle kleiner oder gleich ' ' sind. Anschließend enthält ch das erste Zeichen des nächsten Tokens. Es wird daher ein neues Token t erzeugt und seine Zeilen- und Spaltennummer auf die Zeilen- und Spaltennummer von ch gesetzt.

Nun verzweigt die Methode in Abhängigkeit vom ersten Zeichen des Tokens. Ist es ein Buchstabe, wird readName(t) aufgerufen, das die weiteren Zeichen eines Namens oder Schlüsselworts verarbeitet; ist es eine Ziffer, wird readNumber(t) aufgerufen, das die weiteren Zeichen einer Zahlkonstante verarbeitet, usw.

Für Token, die aus einem einzigen Zeichen bestehen, wird sofort der entsprechende Tokencode eingestellt (z.B. semicolon für ';'). Für Token, die aus mehreren Zeichen bestehen, muss weitergelesen werden. Zum Beispiel stellt ein einzelnes '=' das Token assign dar, zwei aufeinander folgende '=' das Token eql. Wichtig ist, dass nach jedem erkannten Zeichen nextCh aufgerufen wird, das das nächste Zeichen in ch einliest und dafür sorgt, dass der Scanner vorankommt.

Die obige Implementierung zeigt auch das Überlesen von Kommentaren. Ein einzelnes '/' bedeutet das Token slash, zwei aufeinander folgende '/' stellen aber den Anfang eines Kommentars dar. Dieser wird bis zum Zeilenende überlesen. Welches Token soll aber dann zurückgegeben werden? Kommentare sind schließlich für den Parser bedeutungslos und führen zu keinem Token. Daher wird next rekursiv aufgerufen, um das nächste Token nach dem Kommentar zu ermitteln. Folgen mehrere Kommentare aufeinander, wird next so lange rekursiv aufgerufen, bis ein Token gefunden wird (im schlimmsten Fall eof), das dann an den Parser zurückgegeben wird.

Falls ch kein gültiger Tokenanfang ist, wird das Fehlertoken none geliefert. Man beachte, dass die globale Variable ch am Ende von next das nächste noch unverarbeitete Zeichen enthält, mit dem next beim nächsten Aufruf weitermacht.

Die Methode next ruft einige Hilfsmethoden auf, die Namen, Zahlen- oder Zeichenkonstanten erkennen. Sie haben folgende Aufgaben:

private static void readName (Token t)

Beim Aufruf enthält ch den ersten Buchstaben eines Namens und t ist bereits mit der richtigen Zeilen- und Spaltennummer initialisiert. readName liest nun weitere Buchstaben oder Ziffern und legt sie in t.val ab. Anschließend enthält ch das erste Zeichen nach dem Namen. Da Namen und Schlüsselwörter gleich aufgebaut sind, muss noch geprüft werden, ob der erkannte Name ein Schlüsselwort ist. Dazu wird er in einer Tabelle aller Schlüsselwörter gesucht. Wird er dort gefunden, wird t.kind auf den Tokencode des gefundenen Schlüsselworts gesetzt, sonst auf ident.

private static void readNumber (Token t)

Beim Aufruf enthält ch die erste Ziffer der Zahl. readNumber liest nun weitere Ziffern und legt sie in t.val ab. Anschließend wird die Ziffernfolge in eine Zahl konvertiert und in t.numVal abgespeichert. Ist die Zahl zu groß für den Typ int, muss ein Fehler gemeldet werden, aber der Tokencode t.kind wird in jedem Fall auf number gesetzt, damit der Parser mit der erkannten Zahl weiterarbeiten kann. Am Ende enthält ch wieder das erste Zeichen nach der Zahl.

private static void readCharCon (Token t)

Beim Aufruf enthält ch das Hochkomma '\''. readCharCon liest nun weitere Zeichen bis zum schließenden Hochkomma oder bis zum Zeilenende und speichert sie in t.val. Anschließend wird die gelesene Zeichenkonstante analysiert. Bei gültigen Zeichenkonstanten (z.B. 'x', '\r'. '\n' oder '\\') wird t.kind auf charCon gesetzt und t.numVal auf den entsprechenden Zeichenwert. Bei ungültigen Zeichenkonstanten (z.B. 'xy', '' oder 'x) muss ein Fehler gemeldet werden, aber t.kind bekommt trotzdem den Wert charCon, damit der Parser mit der Zeichenkonstanten weiterarbeiten kann. Am Ende enthält ch wieder das erste Zeichen nach der Zeichenkonstanten.

Effizienzüberlegungen

Die lexikalische Analyse ist zwar die einfachste Phase eines Compilers, aber auch eine der zeitaufwendigsten. Es muss schließlich eine große Anzahl von Zeichen gelesen werden, und für jedes von ihnen muss nextCh aufgerufen werden. Daher ist bei der lexikalischen Analyse besonders auf Effizienz zu achten. Das ist auch der

Grund, warum das jeweils nächste gelesene Zeichen nicht als Rückgabewert von nextCh behandelt, sondern in einer globalen Variablen ch abgespeichert wird.

Bei sehr großen Quellprogrammen lohnt es sich, gepuffert zu lesen, d.h. einen BufferedReader zu verwenden:

```
InputStream s = new FileInputStream(sourceFileName);
Reader r = new BufferedReader(new InputStreamReader(s));
Scanner.init(r);
```

Bei kleinen Quellprogrammen (wie das in MicroJava der Fall ist) macht sich der Geschwindigkeitsunterschied aber kaum bemerkbar.

2.4 Übungsaufgaben

1. *Reguläre Grammatiken (1).* Erstellen Sie eine reguläre Grammatik für nicht geschachtelte Klammerkommentare (/* ... */). Sie können dabei alle Zeichen, die weder '/' noch '*' sind, mit char bezeichnen.

2. *Reguläre Grammatiken (2).* Ist folgende Grammatik für Uhrzeiten regulär bzw. kann man sie in eine reguläre Grammatik umformen?

```
Time    = Hours ':' Minutes.
Hours   = digit digit.
Minutes = digit digit.
```

3. *Reguläre Grammatiken (3).* Ist folgende Grammatik für Listen regulär bzw. kann man sie in eine reguläre Grammatik umformen?

```
List    = '(' Element {',' Element} ')'.
Element = ident | List.
```

4. *Umwandlung einer regulären Grammatik in einen DFA.* Zeichnen Sie den endlichen Automaten für folgende reguläre Produktion, die Gleitkommazahlen beschreibt:

```
Float = digit {digit} '.' {digit} ['E' ['+' | '-'] digit {digit}].
```

5. *Umwandlung eines DFA in eine reguläre Grammatik.* Geben Sie die reguläre Grammatik für folgenden endlichen Automaten an, der eine Hexadezimalzahl (z.B. 1A5X) erkennt, die mit einer Dezimalziffer beginnt:

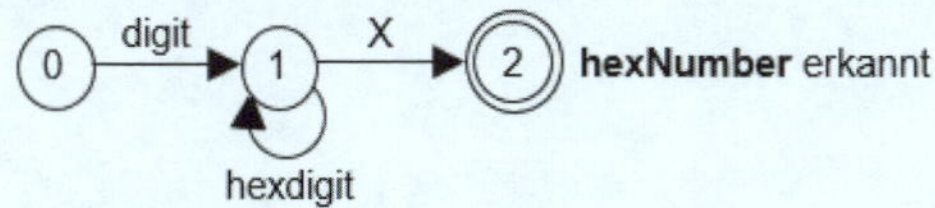

6. *Einführung eines neuen Tokens.* Was müsste man tun, um einen Potenzoperator ** (z.B. x**y = x^y) als neues Token einzuführen?

7. *Erkennen geschachtelter Klammerkommentare*. Ändern Sie die Implementierung der Methode next so, dass neben Zeilenendekommentaren auch (geschachtelte) Klammerkommentare (/* ... /* ... */ ... */) erkannt und aus dem Tokenstrom herausgefiltert werden.

8. *Scannen von Namen*. Implementieren Sie die Methode readName(t) gemäß ihrer Spezifikation auf Seite 38. Die Methode wird von next aufgerufen, um einen Namen oder ein Schlüsselwort zu erkennen. Die Tokenart soll in t.kind gespeichert werden und der Text des Namens in t.val.

9. *Scannen von Zahlen*. Implementieren Sie die Methode readNumber(t) gemäß ihrer Spezifikation auf Seite 38. Die Methode wird von next aufgerufen, um eine ganze Zahl zu erkennen. Die Tokenart number soll in t.kind gespeichert werden und der Wert der Zahl in t.numVal. Wenn die Zahl zu groß ist, um in einer int-Variablen Platz zu haben, soll eine Fehlermeldung ausgegeben werden.

10. *Scannen von Zeichenkonstanten*. Implementieren Sie die Methode readCharCon(t) gemäß ihrer Spezifikation auf Seite 38. Die Methode wird von next aufgerufen, um eine Zeichenkonstante (z.B. 'x') zu erkennen. Die Tokenart charCon soll in t.kind gespeichert werden und der numerische Wert der Zeichenkonstanten in t.numVal. Wenn die Zeichenkonstante fehlerhaft ist (z.B. '', 'abc'), soll eine Fehlermeldung ausgegeben werden.

11. *Implementierung des Scanners*. Implementieren Sie den gesamten Scanner von MicroJava gemäß der Beschreibung in diesem Kapitel und der in Anhang A beschriebenen lexikalischen Struktur von MicroJava. Halten Sie sich dabei an die Schnittstelle des Scanners (Seite 34) und implementieren Sie neben den Methoden init und next auch die Hilfsmethoden nextCh, readName, readNumber und readCharCon.

    Laden Sie anschließend von [Download] die Datei TestScanner.zip herunter und testen Sie damit Ihren Scanner. Es sollten alle gültigen Terminalsymbole erkannt und für ungültige Terminalsymbole ein Fehler gemeldet werden.

3 Syntaxanalyse

Nach der lexikalischen Analyse liegt das Quellprogramm als Tokenstrom vor, der nur noch die bedeutungstragenden Symbole enthält; alle Leerzeichen, Tabulatoren, Zeilenenden und Kommentare wurden entfernt.

Die Aufgabe des Syntaxanalysators (des *Parsers*) ist es nun, den Tokenstrom nach der gegebenen Grammatik zu analysieren und (zumindest virtuell) einen Syntaxbaum aufzubauen. Gelingt das, ist das Programm syntaktisch korrekt und kann weiterverarbeitet werden. Gelingt es nicht, liegt ein Syntaxfehler vor, der gemeldet werden muss; anschließend soll die Syntaxanalyse fortgesetzt werden, sodass eventuelle weitere Fehler erkannt werden können.

Wie bei der lexikalischen Analyse beginnen wir mit einem kurzen Theorieteil, in dem wir uns kontextfreie Grammatiken und ihren Erkennungsmechanismus, nämlich Kellerautomaten, ansehen.

3.1 Kontextfreie Grammatiken und Kellerautomaten

In Kapitel 2 haben wir gesehen, dass reguläre Grammatiken keine Zentralrekursion ausdrücken können. Da aber Zentralrekursion in Programmiersprachen häufig vorkommt, brauchen wir zur Beschreibung solcher Sprachen die nächsthöhere Grammatikklasse, nämlich *kontextfreie Grammatiken* (KFG). Eine Grammatik heißt kontextfrei, wenn alle Produktionen folgende Form haben:

```
x = α.
```

Auf der linken Seite steht ein einzelnes Nonterminalsymbol, die rechte Seite α besteht aus einer Folge von Terminal- und Nonterminalsymbolen; in EBNF können auch Metasymbole wie |, (...), [...] und {...} vorkommen. Ein einfaches Beispiel einer kontextfreien Grammatik ist folgende indirekt zentralrekursive EBNF-Grammatik der arithmetischen Ausdrücke:

```
Expr = Term {("+" | "-") Term.
Term = Factor {("*" | "/") Factor}.
Factor = ident | number | "(" Expr ")".
```

Kontextfreie Sprachen werden durch *Kellerautomaten* erkannt, die wir uns nun näher ansehen.

Kellerautomaten

Ein Kellerautomat (engl. *Push Down Automaton*, kurz PDA) besteht wie ein endlicher Automat (DFA) aus Zuständen und Zustandsübergängen. Im Gegensatz zu einem endlichen Automaten

- erlaubt er allerdings Zustandsübergänge nicht nur mit Terminalsymbolen, sondern auch mit Nonterminalsymbolen;
- merkt er sich die Zustandsübergänge in einem Keller und kann somit nach der Erkennung eines Nonterminalsymbols ein Stück des Wegs zurückgehen und mit dem erkannten Nonterminalsymbol weiterfahren.

Nehmen wir als Beispiel eine sehr einfache zentralrekursive Grammatik:

```
E = x | "(" E ")".
```

Der Kellerautomat zur Erkennung der Sprache dieser Grammatik sieht in einer ersten Version wie folgt aus (Abb. 3.1):

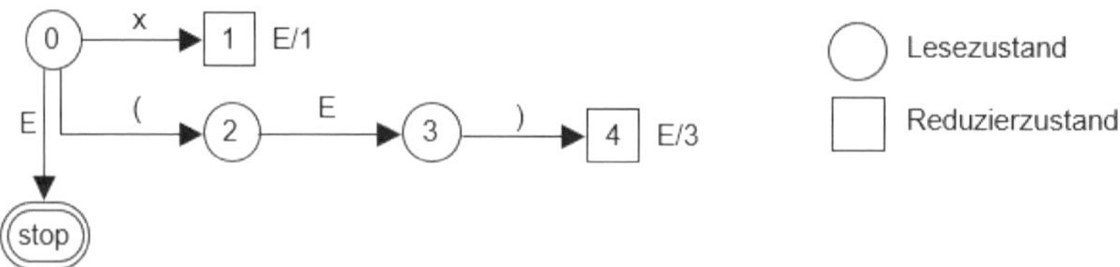

Abb. 3.1 *Vorläufiger Kellerautomat für E = x | "(" E ")".*

Es fällt sofort auf, dass es zwei Arten von Zuständen gibt. In *Lesezuständen* (durch Kreise dargestellt) wird wie beim endlichen Automaten das nächste Eingabesymbol gelesen, und es wird damit in einen Folgezustand übergegangen (z.B. von 0 mit x nach 1). In *Reduzierzuständen* (durch Quadrate dargestellt) wird ein Nonterminalsymbol erkannt. Daher werden dort die zuletzt erkannten Symbole zu diesem Nonterminalsymbol reduziert, wobei der Automat ein Stück seines Wegs zurückgeht und anschließend mit dem erkannten Nonterminalsymbol fortsetzt. Die Reduzierzustände sind mit einer Reduzieraktion beschriftet. In Zustand 4 lautet diese Beschriftung »E/3«, was bedeutet, dass der Automat im Zustand 4 das Nonterminalsymbol E erkannt hat und 3 Kanten zurückgeht (bis in den Zustand 0). Von dort setzt er mit E fort und gelangt in den Stoppzustand. Dies erklärt auch die Bedeutung von Zustandsübergängen mit Nonterminalsymbolen.

Auch im Zustand 2 gibt es einen Übergang mit E, und zwar in den Zustand 3. Bevor dieser Übergang aber stattfinden kann, muss zuerst das Nonterminalsymbol E erkannt werden. Man kann sich das so vorstellen, wie wenn der E-Automat im Zustand 2 rekursiv aufgerufen wird. Nach der Erkennung von E kehrt der rekursiv aufgerufene Automat in den Zustand 2 zurück, und es erfolgt der Übergang mit E (Abb. 3.2).

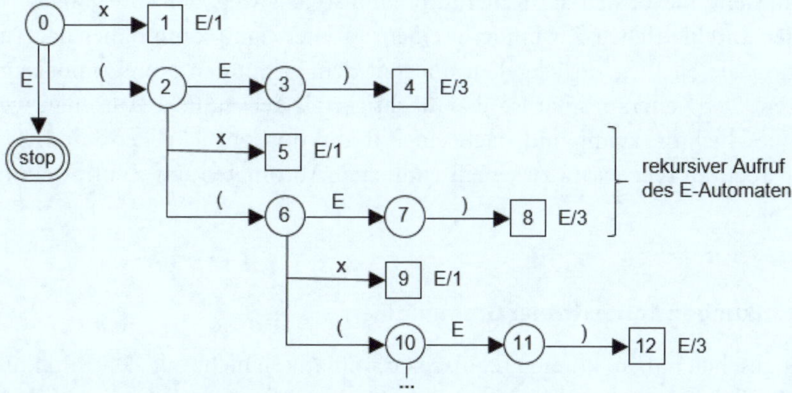

Abb. 3.2 *Rekursiver Aufruf des E-Automaten im Zustand 2*

Das Problem bleibt aber bestehen: Im Zustand 6 findet wieder ein Übergang mit E statt, sodass vorher wieder der E-Automat aufgerufen werden muss, usw. Dies würde zu endloser Rekursion führen.

Wenn wir aber genau hinsehen, stellen wir fest, dass die Zustände 1 und 5 identisch sind und ebenso die Zustände 2 und 6. Wir können also von 2 mit x nach 1 gehen und von 2 mit einer öffnenden Klammer wieder nach 2. Somit ergibt sich folgender endgültige Kellerautomat (Abb. 3.3):

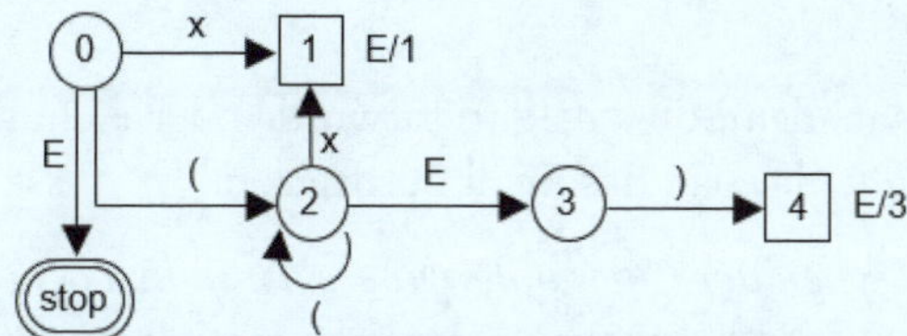

Abb. 3.3 *Kellerautomat für E = x | "(" E ")".*

Bei der Erkennung des Satzes ((x)) durchläuft der Automat folgende Zustände:

Keller	*Aktion*
0	gehe mit **(** in den Zustand 2
0 **2**	gehe mit **(** in den Zustand 2
0 2 **2**	gehe mit **x** in den Zustand 1
0 2 2 **1**	reduziere x zu E und gehe eine Kante zurück
0 2 **2**	gehe mit **E** in den Zustand 3
0 2 2 **3**	gehe mit **)** in den Zustand 4
0 2 2 3 **4**	reduziere (E) zu E und gehe 3 Kanten zurück
0 **2**	gehe mit **E** in den Zustand 3
0 2 **3**	gehe mit **)** in den Zustand 4
0 2 3 **4**	reduziere (E) zu E und gehe 3 Kanten zurück
0	gehe mit **E** in den Stoppzustand
0 **stop**	Satz erkannt

Wie man sieht, merkt sich der Kellerautomat also den Weg, den er gegangen ist, in Form der durchlaufenen Zustände in einem »Keller« und kann daher nach einer Reduktion diesen Weg zurückgehen und mit dem erkannten Nonterminalsymbol fortsetzen. Der Kellerautomat ist also mächtiger als der endliche Automat, weil er seine »Geschichte« kennt und nach einer Reduktion zurückgehen kann. Daher kann er auch im Gegensatz zu einem endlichen Automaten mit Zentralrekursion umgehen.

Einschränkungen kontextfreier Grammatiken

Wie wir gesehen haben, können reguläre Grammatiken nicht mit Zentralrekursion umgehen. Gibt es auch bei kontextfreien Grammatiken ähnliche Einschränkungen? Ja, die gibt es: Kontextfreie Grammatiken können keine Kontextbedingungen ausdrücken.

Eine kontextfreie Grammatik beschreibt lediglich die *Syntax* einer Sprache, aber nicht ihre (statische) *Semantik*. Diese wird durch Kontextbedingungen ausgedrückt, die vom Compiler ebenfalls geprüft werden müssen. Beispiele für solche Kontextbedingungen sind:

- *Jeder Name muss vor seiner Verwendung deklariert worden sein.*
  Die Deklaration eines Namens steht meist viele Zeilen vor seiner Verwendung und gehört somit zu ihrem Kontext. Daher kann die Anweisung

  ```
  x = 3;
  ```

  richtig oder falsch sein, je nachdem, ob x deklariert wurde oder nicht. Mit kontextfreien Grammatiken kann man das nicht ausdrücken.

- *In Ausdrücken müssen die Typen der Operanden übereinstimmen.*
  Die Typen der Operanden werden bei ihrer Deklaration festgelegt und gehören somit zum Kontext des Ausdrucks.

Wie kann man dieses Problem lösen? Eine Möglichkeit wäre, auf die nächsthöhere Grammatikklasse umzusteigen, also auf kontextsensitive Grammatiken. Diese sind aber für den Compilerbau zu kompliziert und können nicht effizient analysiert werden.

Daher lösen wir das Problem, indem wir die Prüfung der Kontextbedingungen auf die nächste Compilerphase (die semantische Analyse) verschieben. Das Programm

```
char x;
...
x = 3
```

wird also vom Parser als syntaktisch korrekt erkannt. Die Inkompatibilität bei der Zuweisung wird erst bei der semantischen Analyse entdeckt und gemeldet.

Kontextbedingungen

Zur Beschreibung der Semantik von Programmiersprachen gibt es zwar formale Notationen (z.B. [Schm86], [GTWW77]), die aber meist aufwendig zu erstellen und schwer zu lesen sind. Wir verwenden daher eine halbformale Notation, bei der für jede Produktion der Grammatik die zu prüfenden Kontextbedingungen in natürlicher Sprache aufgelistet werden.

Hier sind einige Beispiele. Die vollständige Liste der Kontextbedingungen für MicroJava ist Anhang A zu entnehmen.

Statement = Designator "=" Expr ";".

- Designator muss eine Variable, ein Arrayelement oder ein Objektfeld bezeichnen.
- Der Typ von Expr muss mit dem Typ von Designator zuweisungskompatibel sein.

Factor = "new" ident "[" Expr "]".

- ident muss einen Typ bezeichnen.
- Der Typ von Expr muss int sein.

Designator_0 = Designator_1 "[" Expr "]".

- Der Typ von Designator_1 muss ein Array sein.
- Der Typ von Expr muss int sein.

Wie man sieht, beziehen sich die Kontextbedingungen auf die Symbole in den Produktionen (z.B. ident, Expr oder Designator). Kommt ein Symbol mehrfach vor (wie in der dritten Produktion), unterscheiden wir die Vorkommen durch Indizes (z.B. Designator_1).

Wir werden später sehen, dass die semantische Analyse keine separate Phase des Compilers ist, sondern in den Parser integriert wird. Schritthaltend mit der syntaktischen Analyse einer Produktion erfolgt auch ihre semantische Analyse. Dabei werden die entsprechenden Kontextbedingungen geprüft und eventuelle Fehler gemeldet.

Vergleich regulärer und kontextfreier Grammatiken

Zusammenfassend wollen wir nochmals reguläre und kontextfreie Grammatiken gegenüberstellen und uns ihr Anwendungsgebiet, ihre Besonderheiten und ihre Einschränkungen bewusst machen (Abb. 3.4).

Reguläre Grammatiken werden bei der lexikalischen Analyse verwendet, kontextfreie Grammatiken bei der Syntaxanalyse. Der Erkennungsmechanismus regulärer Sprachen ist der endliche Automat (DFA), der Erkennungsmechanismus kontextfreier Sprachen ist der Kellerautomat (PDA), der mächtiger ist als der endliche Automat, weil er sich die »Geschichte« der Analyse in einem Keller merkt und somit auch Klammerkonstrukte (Zentralrekursion) verarbeiten kann.

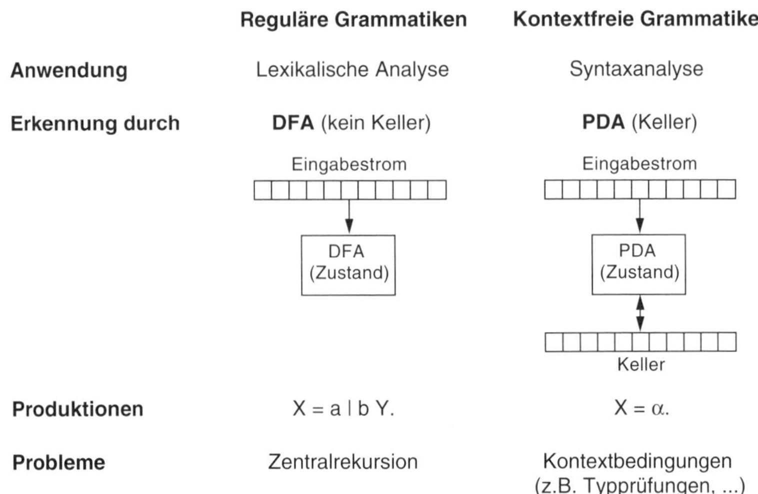

Abb. 3.4 *Reguläre versus kontextfreie Grammatiken*

Die Produktionen regulärer Grammatiken dürfen auf der rechten Seite nur ein Terminalsymbol oder ein Terminalsymbol gefolgt von einem Nonterminalsymbol enthalten (nach einer anderen Definition dürfen sie nur aus einer einzigen nichtrekursiven EBNF-Regel bestehen), während die Produktionen kontextfreier Grammatiken auf der rechten Seite beliebige EBNF-Konstrukte aufweisen können.

Reguläre Grammatiken können keine Klammerstrukturen darstellen und somit nicht mit Zentralrekursion umgehen. Bei kontextfreien Grammatiken ist Zentralrekursion kein Problem; sie können aber keine Kontextbedingungen ausdrücken und somit nicht die Anforderungen an die semantische Korrektheit eines Programms beschreiben.

3.2 Rekursiver Abstieg

Wir kommen nun zur eigentlichen Syntaxanalyse, also zur Implementierung eines Parsers für eine gegebene Grammatik. Gleich vorweg sei gesagt, dass es mehrere Syntaxanalyseverfahren gibt. Wir beschreiben hier das einfachste Verfahren, das gleichzeitig das einzige ist, das man ohne Werkzeuge (d.h. ohne Parsergeneratoren) per Hand implementieren kann. Ein alternatives Verfahren wird in Kapitel 8 beschrieben.

Man nennt das hier beschriebene Verfahren den *rekursiven Abstieg* (engl. *recursive descent*). Es handelt sich um ein Top-down-Verfahren, bei dem der Syntaxbaum für einen gegebenen Eingabesatz von oben nach unten aufgebaut wird. Nehmen wir als Beispiel die Grammatik

```
X = a X c | b b.
```

und den Eingabesatz a b b c. Die Analyse beginnt mit dem Startsymbol der Grammatik (hier X) und dem Eingabesatz a b b c. Dazwischen muss ein Syntaxbaum aufgebaut werden, der das Startsymbol auf den Eingabesatz abbildet (Abb. 3.5).

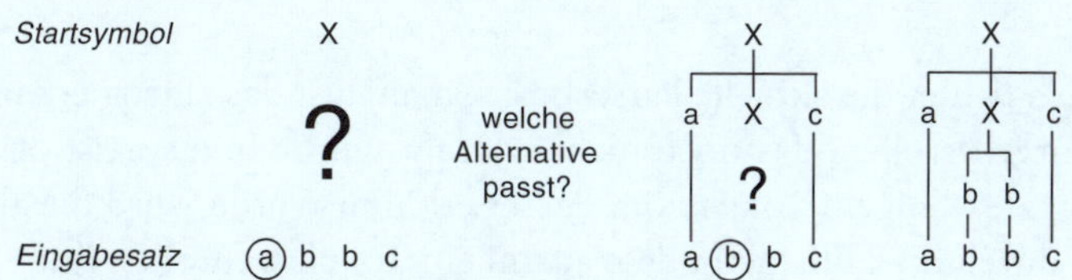

Abb. 3.5 *Arbeitsweise der Top-down-Syntaxanalyse*

Das erste Eingabesymbol ist a. Welche der beiden Alternativen von X passt dazu? Die erste Alternative ist a X c, die zweite b b. Es kann daher lediglich die erste Alternative passen, da nur sie mit einem a beginnt. Wir setzen sie also als nächste Ebene unter dem Startsymbol X ein und können das erste und letzte Symbol des Eingabesatzes mit a X c zur Deckung bringen.

Es verbleiben somit im Syntaxbaum das Nonterminalsymbol X und der noch unabgedeckte Rest des Eingabesatzes (b b). Das erste Symbol dieses Rests ist b, das nur zur zweiten Alternative von X passt. Wir setzen also diese Alternative (b b) als nächste Ebene des Syntaxbaums ein und können damit den Rest des Eingabesatzes abdecken. Der Syntaxbaum ist somit vollständig aufgebaut und der Eingabesatz ist als syntaktisch korrekt erkannt.

Allgemein gilt: Der Parser wählt die passende Alternative eines Nonterminalsymbols immer aufgrund des nächsten Eingabesymbols (des *Vorgriffssymbols*) und der *terminalen Anfänge* dieser Alternativen.

Der Parser als Klasse

Der Parser ist so wie der Scanner eine Klasse mit globalen Feldern und Methoden. Zu jedem Zeitpunkt schaut er ein Token voraus und steuert damit die Analyse. Man nennt dieses Token das *Vorgriffssymbol* (*lookahead token*). Sein Tokencode wird in einem globalen Feld sym gespeichert:

```
private static int sym;      // token code of the lookahead token
```

Ferner merkt sich der Parser die beiden aktuellen Token t und la:

```
private static Token t;      // most recently recognized token
private static Token la;     // lookahead token (not yet recognized)
```

Token ist der Typ der Objekte, die vom Scanner für die einzelnen Terminalsymbole geliefert werden (siehe Kapitel 2). Abb. 3.6 zeigt den Zusammenhang zwischen t, la und sym.

Abb. 3.6 *Aktuelle Token im Tokenstrom*

Der senkrechte Strich deutet die aktuelle Parserposition an. t ist das zuletzt erkannte Token, la ist das Vorgriffstoken, das noch nicht erkannt wurde und sym ist dessen Tokencode. Jedes Mal, wenn ein Token vom Parser erkannt wurde, wird die aktuelle Parserposition durch die Hilfsmethode scan um ein Token weiterbewegt:

```
private static void scan() {
    t = la;
    la = Scanner.next();
    sym = la.kind;
}
```

Am Beginn der Syntaxanalyse wird scan aufgerufen, sodass das erste Token des Eingabestroms in la steht und dessen Tokencode in sym; t ist noch undefiniert.

Wir werden uns nun ansehen, wie man ganz systematisch (fast mechanisch) aus einer gegebenen EBNF-Grammatik einen Parser ableiten und implementieren kann. Wir geben dazu für jedes Konstrukt der Grammatik (d.h. für Terminalsymbole, Nonterminalsymbole, Alternativen, Optionen und Iterationen) ein Muster an, das zeigt, wie man dieses Konstrukt in ein Stück Parsercode umsetzt.

Erkennung von Terminalsymbolen

Wenn auf der rechten Seite einer Produktion ein Terminalsymbol a vorkommt, so lautet die entsprechende Parseraktion check(a).

check ist eine Hilfsmethode, die den Tokencode des zu erkennenden Tokens als Parameter mitbekommt und prüft, ob dieses Token mit dem Vorgriffssymbol sym übereinstimmt. Ist das der Fall, wird weitergelesen, ansonsten wird ein Fehler gemeldet.

```
private static void check (int expected) {
    if (sym == expected) scan(); // token recognized => move ahead
    else error(name[expected] + " expected");
}
```

Als Fehlermeldung wird einfach ausgegeben, welches Token erwartet, aber nicht erkannt wurde. Dazu benutzen wir ein globales Array name, das mit den Namen der einzelnen Token in der Reihenfolge ihrer Tokencodes initialisiert ist:

```
private static String[] name = {"?", "identifier", "number", ..., "+", "-", ...};
```

Die Methode error gibt die Fehlermeldung zusammen mit der entsprechenden Zeilen- und Spaltennummer aus, deren Werte dem Vorgriffstoken la entnommen werden:

```
private static void error (String msg) {
    System.out.println("line " + la.line + ", col " + la.col + ": " + msg);
    System.exit(1); // for a better solution see later
}
```

Nach der Ausgabe des Fehlers wird die Compilation hier mit System.exit(1) abgebrochen. Natürlich ist das keine gute Lösung, denn wir wollen ja in einem einzigen Durchgang möglichst viele Fehler erkennen. Wie man das macht, sehen wir uns in Abschnitt 3.4 an.

Die Tokencodes, die wir als Parameter von check verwenden, werden wie im Scanner (Kapitel 2) als benannte Konstanten deklariert:

```
static final int none = 0, ident = 1, number = 2, ...;
```

Erkennung von Nonterminalsymbolen

Wenn auf der rechten Seite einer Produktion ein Nonterminalsymbol X vorkommt, so besteht die Parseraktion darin, eine gleichnamige Parsermethode aufzurufen:

```
private static void X() {
    ... actions to parse X ...
}
```

Für jedes Nonterminalsymbol der Grammatik gibt es also eine gleichnamige Parsermethode, die dieses Nonterminalsymbol erkennt.

Das Startsymbol der MicroJava-Grammatik heißt MicroJava und hat ebenfalls eine gleichnamige Parsermethode, die das gesamte MicroJava-Programm analysiert, indem sie weitere Parsermethoden aufruft und Terminalsymbole mit check erkennt. Die Hauptmethode der Klasse Parser lautet daher:

```
public static void parse() {
    scan();          // fill la and sym
    MicroJava();     // parse the whole MicroJava program
    check(eof);      // make sure that there is nothing left after the program
}
```

Erkennung von Sequenzen

Wir können nun diese beiden Muster zusammensetzen und uns ansehen, wie Sequenzen von Terminal- und Nonterminalsymbolen erkannt werden. Für die Produktion:

```
X = a Y c.
```

werden Parsermethoden für X und Y geschrieben. Die Parsermethode für X sieht wie folgt aus:

```
private static void X() {
    // sym holds the first token of X
    check(a);
    Y();
    check(c);
    // sym holds the first token after X
}
```

Man sieht, dass die Muster zur Erkennung von Terminal- und Nonterminalsymbolen mechanisch eingesetzt werden können, um die Sequenz a Y c zu erkennen. Abb. 3.7 zeigt eine Simulation des Ablaufs der Parsermethoden für X und Y.

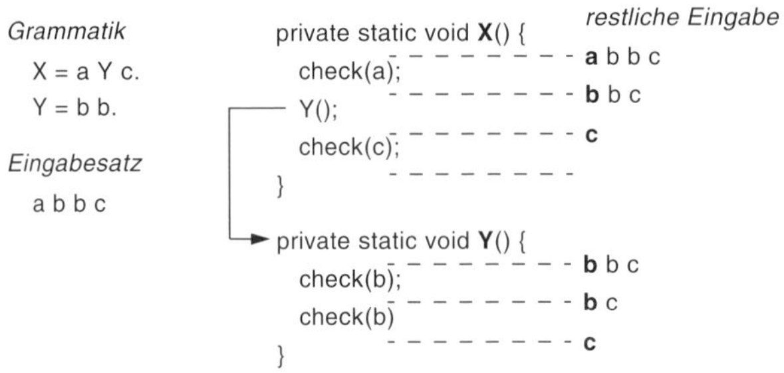

Abb. 3.7 *Simulation der Parsermethoden für X und Y*

Jeder Aufruf von check konsumiert das nächste Token des Eingabestroms, bis dieser leer ist.

Erkennung von Alternativen

Kommt auf der rechten Seite einer Produktion eine Alternativenkette $\alpha \mid \beta \mid \gamma$ vor (wobei α, β und γ beliebige EBNF-Ausdrücke sein können), so wird ihre Erkennung im Parser wie folgt umgesetzt (Pseudocode):

```
if (sym ∈ First(α)) { ... parse α ... }
else if (sym ∈ First(β)) { ... parse β ... }
else if (sym ∈ First(γ)) { ... parse γ ... }
else error("..."); // find a meaningful error message
```

Es wird der Reihe nach geprüft, ob das Vorgriffssymbol sym zu einer der Alternativen passt (wobei z.B. First(α) die terminalen Anfänge von α sind). Ist das der Fall, wird die entsprechende Alternative analysiert. Wenn keine Alternative passt, wird ein Fehler gemeldet, wobei es wichtig ist, hier eine aussagekräftige Fehlermeldung zu finden. Sehen wir uns dazu ein Beispiel an.

Für folgende Grammatik

```
X = a Y | Y b.
Y = c | d.
```

bestimmen wir zunächst die terminalen Anfänge ihrer Alternativen:

```
First(c)   = {c}
First(d)   = {d}
First(aY)  = {a}
First(Yb)  = First(Y) = {c, d}
```

Wir können nun die Parsermethoden für X und Y wie folgt implementieren:

```
private static void X() {
    if (sym == a) {                         // if sym matches the first alternative
        check(a);
        Y();
    } else id (sym == c || sym == d) {      // if sym matches the second alternative
        Y();
        check(b);
    } else error("invalid start of X");
}

private static void Y() {
    if (sym == c) {                         // if sym matches the first alternative
        check(c);
    } else if (sym == d) {                  // if sym matches the second alternative
        check(d);
    } else error("invalid start of Y");
}
```

Als Fehlermeldungen geben wir hier aus, dass das Vorgriffssymbol kein gültiger Anfang von X oder Y ist.

Erkennung von EBNF-Optionen

Kommt auf der rechten Seite einer Produktion ein optionaler EBNF-Ausdruck [α] vor, lautet die entsprechende Parseraktion:

```
if (sym ∈ First(α)) { ... parse α ... } // no error branch!
```

Für die Produktion

```
X = [a b] c.
```

sieht die Parsermethode von X wie folgt aus:

```
private static void X() {
    if (sym == a) {                         // if sym matches start of option, i.e., a
        check(a);
        check(b);
    }
    check(c);
}
```

Lautet die Eingabe a b c, so wird die Option betreten, die a und b analysiert. Anschließend wird c erkannt. Ist die Eingabe hingegen nur c, wird die Option übersprungen und es wird nur c erkannt. Der optionale Teil [a b] darf also fehlen.

Erkennung von EBNF-Iterationen

Wenn auf der rechten Seite einer Produktion eine Iteration {α} vorkommt (wobei α wieder ein beliebiger EBNF-Ausdruck sein kann), so wird das wie folgt in Parsercode umgesetzt:

```
while (sym == First(α)) { ... parse α ... }
```

Betrachten wir als Beispiel folgende Grammatik:

```
X = a {Y b} c.
Y = d | e.
```

Die terminalen Anfänge des wiederholten Teils Y b sind die terminalen Anfänge von Y, also d und e. Die Parsermethode von X lautet daher:

```
private static void X() {
   check(a);
   while (sym == d || sym == e) {          // while sym matches First(Y b)
      Y();
      check(b);
   }
   check(c);
}
```

Falls die terminalen Anfänge einer Iteration sehr zahlreich sind, kann es effizienter sein, die Schleife so lange zu durchlaufen, bis ein terminaler *Nachfolger* der Iteration auftritt, wobei die Schleife aber zur Sicherheit auch mit eof abgebrochen werden sollte:

```
private static void X() {
   check(a);
   while (sym != c && sym != eof) {
      Y();
      check(b);
   }
   check(c);
}
```

Wenn möglich, sollte aber die erste Form der Schleife verwendet werden, da die Schleife sonst erst mit eof verlassen wird, falls der terminale Nachfolger (hier c) in der Eingabe fehlt.

Umgang mit großen First-Mengen

Bei der Erkennung von Alternativen, Optionen und Iterationen muss das Vorgriffssymbol sym mit den terminalen Anfängen dieser Konstrukte verglichen werden. Die Menge dieser terminalen Anfänge kann sehr groß sein.

Als Faustregel gilt: Falls die Menge der terminalen Anfänge mehr als vier Elemente enthält, sollte mit der Klasse BitSet gearbeitet werden. Wenn zum Beispiel die terminalen Anfänge zweier Nonterminalsymbole X und Y wie folgt lauten:

```
First(X) = {a, b, c, d, e}
First(Y) = {f, g, h, i, j}
```

so kann man diese Mengen im Parser folgendermaßen deklarieren:

```
import java.util.BitSet;
...
private static BitSet firstX = new BitSet();
private static BitSet firstY = new BitSet();
```

und sie am Beginn des Parsers entsprechend initialisieren:

```
firstX.set(a); firstX.set(b); firstX.set(c); firstX.set(d); firstX.set(e);
firstY.set(f); firstY.set(g); firstY.set(h); firstY.set(i); firstY.set(j);
```

Die Analyse der Produktion

```
Z = X | Y.
```

kann dann auf folgende Weise umgesetzt werden:

```
private static void Z() {
    if (firstX.get(sym)) X();            // if sym ∈ First(X)
    else if (firstY.get(sym)) Y();       // if sym ∈ First(Y)
    else error("invalid start of Z");
}
```

Enthält eine Menge von terminalen Anfängen hingegen weniger als fünf Elemente, ist es effizienter, diese Elemente direkt abzufragen. Für die Menge

```
First(X) = {a, b, c}
```

ist es besser, die Abfrage wie folgt zu schreiben:

```
if (sym == a || sym == b || sym == c) ...
```

Vermeiden von Mehrfachabfragen

Wir haben im bisherigen Teil dieses Kapitels Muster angegeben, nach denen man eine EBNF-Grammatik systematisch in Parsercode umsetzen kann. Der entstehende Parser ist zwar korrekt, enthält aber Ineffizienzen, weil manche Abfragen mehrfach erfolgen. Das lässt sich optimieren. Für die Produktion

```
X = a | b.
```

würde die unoptimierte Parsermethode lauten:

```
private static void X() {
    if (sym == a) check(a);
    else if (sym == b) check(b);
    else error("invalid start of X");
}
```

Der Aufruf von check(a) prüft, ob sym == a ist und liest in diesem Fall mit scan weiter. Dass sym == a ist, wurde aber schon in der Methode X geprüft und ist daher redundant. Allgemein kann man jedes check(x) durch ein scan ersetzen, wenn vorher überprüft wurde, dass sym == x ist. Somit ergibt sich folgende optimierte Lösung:

```
private static void X() {
    if (sym == a) scan();
    else if (sym == b) scan();
    else error("invalid start of X");
}
```

Auf diese Weise lassen sich viele Mehrfachabfragen vermeiden, wie auch bei folgender Grammatik:

```
X = {a | Y d}.
Y = b | c.
```

Die Parsermethode von X lautet unoptimiert:

```
private static void X() {
    while (sym == a || sym == b || sym == c) {
        if (sym == a) check(a);
        else if (sym == b || sym == c) { Y(); check(d); }
        else error("a, b or c expected");
    }
}
```

Auch hier kann man check(a) durch scan ersetzen. Man kann aber noch mehr tun: Da die Schleife nur betreten wird, wenn sym a, b oder c ist, ist die Abfrage im ersten else-Zweig überflüssig. Wenn sym nicht a ist, muss es b oder c sein. Man kann daher diese Abfrage eliminieren, und auch der Fehlerzweig entfällt. Die optimierte Lösung lautet:

```
private static void X() {
    while (sym == a || sym == b || sym == c) {
        if (sym == a) scan();
        else /* unconditionally */ { Y(); check(d); } // no error branch
    }
}
```

Aber selbst das ist noch nicht optimal. In dieser Lösung wird zweimal sym == a geprüft, was man durch folgende Implementierung vermeiden kann:

```
private static void X() {
    for (;;) { // endless loop
        if (sym == a) scan();
        else if (sym == b || sym == c) { Y(); check(d); }
        else break;
    }
}
```

Hier wird jede Abfrage nur ein einziges Mal durchgeführt. Man kann dieses Muster immer dann anwenden, wenn eine Iteration über Alternativen vorliegt, also zum Beispiel {α | β | γ}. Man implementiert dann die Iteration durch eine Endlosschleife und fragt darin die einzelnen Alternativen der Reihe nach ab. Wenn keine passt, wird die Schleife verlassen.

Korrekte Ermittlung der terminalen Anfänge

In Abschnitt 1.4 haben wir uns angesehen, wie man die terminalen Anfänge von Nonterminalsymbolen bestimmt. Auch in den Parsermethoden der vorangegangenen Abschnitte haben wir immer wieder die terminalen Anfänge von Alternativen, Optionen und Iterationen ermittelt. Im Prinzip ist das einfach, aber es gibt gewisse Feinheiten, die zu beachten sind.

Wenn man die terminalen Anfänge eines EBNF-Ausdrucks $\alpha_0\alpha_1$ berechnet und α_0 löschbar ist, müssen nicht nur die terminalen Anfänge von α_0 berücksichtigt werden, sondern auch die terminalen Nachfolger von α_0, also die terminalen Anfänge von α_1. In folgender Grammatik

```
X = Y a.
Y = {b} c        // can start with b and c
  | [d]          // can start with d and a(!)
  | e.           // can start with e
```

beginnt die erste Alternative von Y mit dem löschbaren Konstrukt {b}. Die Alternative muss also betreten werden, wenn b oder c vorliegt. Die zweite Alternative von Y ist zur Gänze löschbar. Sie muss betreten werden, wenn d oder ein Nachfolger von [d] vorliegt (hier a als Nachfolger von Y). Die Parsermethode von Y lautet also:

```
private static void Y() {
    if (sym == b || sym == c) {
        while (sym == b) scan();
        check(c);
    } else if (sym == d || sym == a) {
        if (sym == d) scan();
    } else if (sym == e) {
        scan();
    } else error("invalid start of Y");
}
```

Würde die zweite Alternative von Y nicht auch mit a betreten, würde bei Vorliegen von a ein Fehler gemeldet. Da sie aber mit a betreten wird und kein d vorliegt, wird Y verlassen und a wird in der Parsermethode von X erkannt.

Hier ist noch ein weiteres Beispiel. In folgender Grammatik

```
U = V e        // can start with d (i.e., First(V)) and e, since V is deletable
  | f.         // can start with f
V = {d}.
```

ist das Nonterminalsymbol V löschbar. Da die erste Alternative von U mit V beginnt, muss sie betreten werden, wenn ein terminaler Anfang von V vorliegt (hier d) oder ein terminaler Nachfolger von V (hier e). Die Parsermethoden von U und V lauten also:

```
private static void U() {
   if (sym == d || sym == e) {
      V(); check(e);
   } else if (sym == f) {
      scan();
   } else error("invalid start of U");
}

private static void V() {
   while (sym == d) scan();
}
```

Wird die erste Alternative von U mit e betreten, wird zunächst V aufgerufen. Die Methode V kehrt aber zurück, ohne die Schleife auszuführen; anschließend wird e in U erkannt.

Man sieht aus diesen Beispielen, dass bei der Berechnung der terminalen Anfänge eines EBNF-Ausdrucks auch die Löschbarkeit berücksichtigt werden muss.

Der Syntaxbaum im rekursiven Abstieg

Am Beginn dieses Kapitels wurde behauptet, dass der Parser einen Syntaxbaum über dem Tokenstrom aufbaut. Wo ist aber dieser Syntaxbaum? Die oben beschriebenen Parseraktionen bauen keinen auf.

Die Antwort lautet: Beim rekursiven Abstieg wird der Syntaxbaum nur implizit aufgebaut, d.h., er steckt in den Parsermethoden, die gerade aktiv sind, oder anders gesagt, in den Produktionen, an denen gerade gearbeitet wird. Betrachten wir als Beispiel folgende Grammatik:

```
X = a Y d.
Y = b c.
```

Beim Aufruf der Parsermethode von X wird am Teilbaum mit der Wurzel X und den Söhnen a, Y und d gearbeitet (siehe Abb. 3.8a).

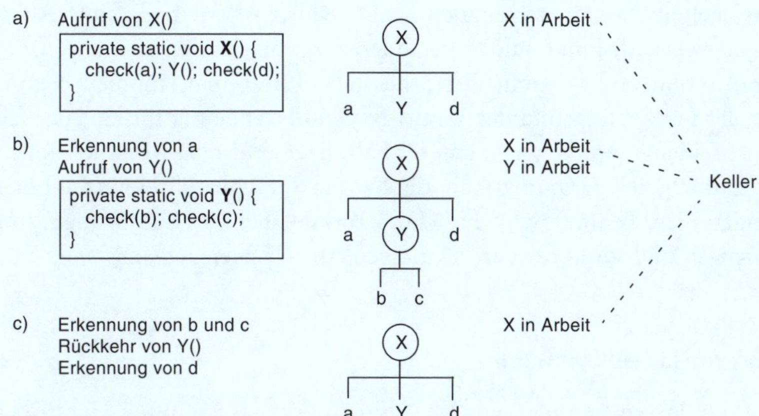

Abb. 3.8 *Impliziter Aufbau eines Syntaxbaums beim rekursiven Abstieg*

Die Parsermethode von X erkennt a und ruft anschließend die Parsermethode von Y auf, wodurch der Syntaxbaum implizit um eine weitere Ebene mit den Symbolen b und c erweitert wird (Abb. 3.8b).

Die Parsermethode von Y erkennt b und c und kehrt dann zu X zurück, wodurch der implizite Teilbaum mit der Wurzel Y wieder abgebaut wird (Abb. 3.8c).

Der Syntaxbaum also wird beim rekursiven Abstieg nicht explizit aufgebaut, sondern existiert nur in »gedachter« Form, nämlich in Form aller Produktionen, an denen der Parser gerade arbeitet.

Auch der Keller des Kellerautomaten liegt beim rekursiven Abstieg nur implizit vor, nämlich in Form der Aufrufkette aller gerade aktiven Parsermethoden. Wenn die Methode X die Methode Y aufruft, wird die Aufrufkette verlängert; wenn Y zurückkehrt, wird sie wieder verkürzt. Man kann sich das so vorstellen, wie wenn der Kellerautomat nach Erkennung von Y an den Anfang von Y zurückgeht und dann mit Y in der Parsermethode von X fortfährt.

3.3 LL(1)-Eigenschaft

Damit eine Grammatik für den rekursiven Abstieg geeignet ist, muss sie die LL(1)-Eigenschaft erfüllen. LL(1) bedeutet, dass die Sätze der Grammatik von links nach rechts mit linkskanonischen Ableitungen und **1** Vorgriffssymbol erkennbar sind. Diese Erklärung ist allerdings nicht besonders hilfreich. Daher verwenden wir folgende Definition:

- Eine Grammatik ist LL(1), wenn alle ihre Produktionen LL(1) sind.
- Eine Produktion ist LL(1), wenn für alle Alternativen $\alpha_1 \mid \alpha_2 \mid \ldots \mid \alpha_n$ in ihr gilt: $\forall\ i \neq j\text{: First}(\alpha_i) \cap \text{First}(\alpha_j) = \{\}$.

Es muss also gelten, dass die terminalen Anfänge aller Alternativen einer Alternativenkette paarweise disjunkt sind. Mit anderen Worten: Es müssen alle Alternativen einer Alternativenkette mit unterschiedlichen Terminalsymbolen beginnen, sodass sich der Parser aufgrund des Vorgriffssymbols eindeutig für eine der Alternativen entscheiden kann. Ist das nicht der Fall, liegt ein LL(1)-Konflikt vor.

Leider erfüllen viele Grammatiken, die man in Sprachbeschreibungen oder im Internet findet, diese Bedingung nicht. Man kann sie aber meist umformen, sodass sie LL(1) werden und somit für den rekursiven Abstieg geeignet sind.

Beseitigung von LL(1)-Konflikten

LL(1)-Konflikte lassen sich meist durch *Faktorisierung*, also durch Herausheben der gemeinsamen Anfänge von Alternativen, beseitigen. Betrachten wir dazu die Produktion der if-Anweisung in Java:

```
IfStatement = "if" "(" Expr ")" Statement
            | "if" "(" Expr ")" Statement "else" Statement.
```

Die beiden Alternativen dieser Produktion beginnen beide mit if, weshalb die Produktion nicht LL(1) ist. Sie ist auch nicht LL(k) für ein beliebiges k, weil Expr und Statement beliebig lang sein können und man daher im schlimmsten Fall unbeschränkt weit vorausschauen muss, um festzustellen, ob ein else folgt oder nicht.

Wenn man allerdings die gemeinsamen Anfänge der Alternativen heraushebt und die Alternativen erst danach beginnen lässt, erhält man

```
IfStatement = "if" "(" Expr ")" Statement (
                                          | "else" Statement
                                          ).
```

oder in EBNF-Darstellung:

```
IfStatement = "if" "(" Expr ")" Statement ["else" Statement].
```

Die Alternativen sind verschwunden und mit ihnen der LL(1)-Konflikt. Allerdings werden wir später sehen, dass noch immer ein LL(1)-Konflikt vorliegt, um den wir uns auf Seite 61 kümmern werden.

Um LL(1)-Konflikte besser zu erkennen und sie durch Faktorisierung beseitigen zu können, ist es manchmal hilfreich, ein Nonterminalsymbol durch die rechte Seite seiner Produktion zu ersetzen. Betrachten wir dazu folgende Grammatik:

```
Statement  = Designator "=" Expr ";"
           | ident "(" [ActualParameters] ")" ";".
Designator = ident {"." ident}.
```

Ein Statement kann hier eine Zuweisung oder ein Methodenaufruf mit optionalen Parametern sein. Beide Alternativen beginnen mit ident, was man aber besser sieht, wenn man Designator in Statement einsetzt:

```
Statement = ident {"." ident} "=" Expr ";"
          | ident "(" [ActualParameters] ")" ";".
```

Nun ist es offensichtlich, dass beide Alternativen mit ident beginnen. Indem man ident heraushebt, kann man den LL(1)-Konflikt beseitigen:

```
Statement = ident ( {"." ident} "=" Expr ";"
                  | "(" [ActualParameters] ")" ";"
                  ).
```

Die Produktion enthält noch immer eine Alternativenkette, wobei aber die erste Alternative mit "." oder "=" beginnt und die zweite mit "(". Die terminalen Anfänge der Alternativen sind also disjunkt, sodass der LL(1)-Konflikt beseitigt ist. Der Parser kann sich aufgrund des Vorgriffssymbols entscheiden, welche Alternative er betreten soll.

Beseitigung von Linksrekursion

Linksrekursion stellt immer einen LL(1)-Konflikt dar und muss daher beseitigt werden, bevor eine Grammatik für den rekursiven Abstieg geeignet ist. Wir haben allerdings bereits in Kapitel 1 gesehen, dass das immer möglich ist. Schauen wir uns dazu nochmals folgende linksrekursive Grammatik an:

```
IdentList = ident | IdentList "," ident.
```

Sie erzeugt die Sätze:

```
ident
ident "," ident
ident "," ident "," ident
...
```

Es ist leicht zu erkennen, dass dieselben Sätze auch durch folgende EBNF-Grammatik erzeugt werden können:

```
IdentList = ident {"," ident}.
```

Linksrekursion kann auf diese Weise immer durch EBNF-Iteration ersetzt werden.

Versteckte LL(1)-Konflikte in EBNF-Konstrukten

Die LL(1)-Bedingung fordert, dass der Parser immer, wenn er zwischen Alternativen wählen muss, die passende Alternative aufgrund des Vorgriffssymbols ermitteln kann. Neben expliziten Alternativenketten, wie wir sie in den obigen Beispielen betrachtet haben, gibt es aber auch implizite Alternativen, die sich hinter EBNF-Optionen oder EBNF-Iterationen verstecken.

Wenn der Parser vor einer Option [α] β steht, kann er entweder die Option betreten und α erkennen oder die Option überspringen und mit β weitermachen. Es handelt sich hier also um eine implizite Alternativenkette α β | β. Daher müssen die terminalen Anfänge von α und β disjunkt sein.

Ähnlich ist es bei Iterationen. Wenn der Parser vor einer Iteration {α} β steht, kann er entweder die Iteration betreten und α erkennen oder die Iteration überspringen und mit β weitermachen (denken Sie daran, dass Iterationen eine null- oder mehrmalige Wiederholung bedeuten). Daher müssen auch hier die terminalen Anfänge von α und β disjunkt sein.

Bei jedem Auftreten einer Option oder Iteration in einer Grammatik muss daher Folgendes überprüft werden:

```
[α] β      First(α) ∩ First(β) muss {} sein
{α} β      First(α) ∩ First(β) muss {} sein
```

Steht eine Option oder Iteration am Ende einer Produktion, müssen ihre terminalen Anfänge disjunkt zu den Nachfolgern der Produktion sein:

```
X = α [β].   First(β) ∩ Follow(X) muss {} sein
X = α {β}.   First(β) ∩ Follow(X) muss {} sein
```

Dies betrifft auch den Sonderfall, dass eine Produktion eine leere Alternative aufweist:

```
X = α | .    First(α) ∩ Follow(X) muss {} sein
```

Glücklicherweise lassen sich solche versteckten LL(1)-Konflikte meist durch Umformung der Grammatik beseitigen. In der Produktion

```
Name = [ident "."] ident.
```

tritt zum Beispiel so ein versteckter LL(1)-Konflikt auf, weil die Option mit ident beginnt und nach der Option wieder ein ident folgt. Wenn der Parser also vor der Option steht und das Vorgriffssymbol ident ist, kann er sich nicht entscheiden, ob er die Option betreten oder sie überspringen soll. Um den LL(1)-Konflikt zu beseitigen, müssen wir die Produktion umformen. Dazu überlegen wir uns, welche Phrasen erzeugt werden können:

```
ident "." ident
ident
```

Die Produktion lässt sich also wie folgt umformen:

```
Name = ident ["." ident].
```

Der ursprüngliche LL(1)-Konflikt ist dadurch verschwunden, aber wir müssen nun überprüfen, ob die Anfänge der Option (also ".") und die Nachfolger von Name disjunkt sind. Dazu müssten wir die Nachfolger von Name berechnen, was aber hier nicht gezeigt wird.

Hier ist ein weiteres Beispiel, das nicht mehr so trivial ist:

```
Program = Declarations ";" Statements.
Declarations = Decl {";" Decl}.
```

Da eine Iteration vorkommt, müssen wir prüfen, ob ihre terminalen Anfänge (also ";") und die Nachfolger von Declarations disjunkt sind, was nicht der Fall ist, weil auf Declarations wieder ein ";" folgt. Man sieht diesen LL(1)-Konflikt besser, wenn man Declarations in Program einsetzt:

Program = **Decl {";" Decl}** ";" Statements.

Wenn der Parser vor der Iteration steht und das Vorgriffssymbol ";" ist, kann er sich nicht entscheiden, ob er in die Iteration einsteigen oder sie überspringen soll. Die Produktion von Program lässt sich aber umformen zu

```
Program = Decl ";" {Decl ";"} Statements.
```

Der ursprüngliche LL(1)-Konflikt ist dadurch verschwunden, aber wir müssen noch prüfen, ob First(Decl) $\cap$ First(Statements) = {} ist, wofür wir uns die Produktionen von Decl und Statements ansehen müssten, die hier nicht gezeigt wurden.

Die Überprüfung der LL(1)-Bedingungen ist also aufwendig, kann aber durch Werkzeuge (siehe Kapitel 7) unterstützt werden. In der MicroJava-Grammatik (Anhang A) wurden bereits alle LL(1)-Konflikte beseitigt. Wenn man aber eine Grammatik aus einer externen Quelle verwendet, müssen die LL(1)-Bedingungen geprüft und eventuelle LL(1)-Konflikte durch Umformung beseitigt werden, bevor die Grammatik für den rekursiven Abstieg verwendet werden kann.

Dangling Else

In Kapitel 1 haben wir gesehen, dass bei geschachtelten if-Anweisungen wie

```
if (a < b) if (b < c) x = c; else x = b;
```

eine Mehrdeutigkeit entsteht, die man »*Dangling Else*« nennt: Das else kann entweder dem äußeren oder dem inneren if zugeordnet werden. Diese Mehrdeutigkeit wird üblicherweise dadurch gelöst, dass wir das else per Konvention immer dem unmittelbar vorausgehenden if zuordnen.

Das Dangling Else stellt aber auch einen LL(1)-Konflikt dar. Betrachten wir dazu die Grammatik

```
Statement  =  "if" "(" Expr ")" Statement ["else" Statement]
           |  ... .
```

Die Grammatik enthält eine Option am Ende der Produktion. Daher müssen die terminalen Anfänge der Option (also else) und die Nachfolger von Statement disjunkt sein. Wie man sieht, kann aber auf Statement wieder ein else folgen, wodurch ein LL(1)-Konflikt entsteht. Wenn der Parser vor der Option steht und das Vorgriffssymbol else ist, kann er sich nicht entscheiden, ob er die Option betreten und somit das else dem inneren if zuordnen soll oder ob er die Option überspringen und somit das else dem äußeren if zuordnen soll.

Leider lässt sich dieser LL(1)-Konflikt nicht durch Umformung der Grammatik beseitigen – er ist inhärent. Wie kann man das Problem daher lösen?

Dazu müssen wir uns überlegen, was der Parser macht, wenn ein LL(1)-Konflikt nicht beseitigt wird. Wenn das Vorgriffssymbol zu mehr als einer Alternative passt, wählt der Parser immer die erste passende Alternative. In der Grammatik

```
X = a b c
  | a d.
```

beginnen beide Alternativen mit a. Wenn das Vorgriffssymbol a ist, wählt der Parser immer die erste Alternative; die zweite würde nie betreten. Das ist mit Sicherheit nicht das gewünschte Verhalten, daher muss dieser LL(1)-Konflikt durch Umformung der Grammatik beseitigt werden, was aber einfach ist:

```
X = a (b c | d).
```

Wie sieht das aber beim Dangling Else aus? Wenn der Parser in der Grammatik

```
Statement = "if" "(" Expr ")" Statement ["else" Statement]
          | ... .
```

vor der Option steht und entscheiden muss, ob er mit dem Vorgriffssymbol else die Option betreten oder überspringen soll, wählt er die erste Variante: Er betritt die Option und ordnet somit das else dem inneren if zu. Das ist in diesem Fall genau das gewünschte Verhalten, daher brauchen wir diesen LL(1)-Konflikt nicht zu beseitigen. Der Parser macht implizit das Richtige.

Ein LL(1)-Konflikt ist also lediglich eine Warnung, dass der Parser bei mehreren passenden Alternativen die erste davon wählt. Wenn das wie im Fall des Dangling Else das gewünschte Verhalten ist, kann der LL(1)-Konflikt ignoriert werden, ansonsten muss man ihn beseitigen.

Weitere Anforderungen an eine Grammatik

Neben der LL(1)-Bedingung muss eine Grammatik noch weitere Eigenschaften erfüllen, um für die Syntaxanalyse geeignet zu sein. Diese gelten nicht nur für den rekursiven Abstieg, sondern für alle Syntaxanalyseverfahren.

- **Vollständigkeit.** Für jedes Nonterminalsymbol muss es eine Produktion geben. Die Grammatik

  ```
  X = a Y Z.
  Y = b b.
  ```

  ist zum Beispiel unvollständig, weil es keine Produktion für Z gibt.

- **Terminalisierbarkeit.** Jedes Nonterminalsymbol muss sich direkt oder indirekt in eine Folge von Terminalsymbolen ableiten lassen. Die Grammatik

  ```
  X = a Y | c.
  Y = b Y.
  ```

  ist zum Beispiel nicht terminalisierbar, weil sich Y nicht in eine Folge von Terminalsymbolen ableiten lässt, sondern zu einer endlosen Rekursion führt.

- **Zirkularitätsfreiheit.** Ein Nonterminalsymbol darf nicht in sich selbst ableitbar sein. Es darf also keine Ableitung der Form $X \Rightarrow \alpha_1 \Rightarrow \alpha_2 \Rightarrow \ldots \Rightarrow X$ geben. Die Grammatik

  ```
  X = a | Y.
  Y = b | X.
  ```

  ist zum Beispiel zirkulär, weil es eine Ableitung $X \Rightarrow Y \Rightarrow X$ gibt.

3.4 Syntaxfehlerbehandlung

Wenn der Parser einen Syntaxfehler entdeckt, muss er diesen melden. Anschließend sollte er aber mit der Analyse fortsetzen, um eventuelle weitere Syntaxfehler zu entdecken. Allgemein sollte eine gute Syntaxfehlerbehandlung folgende Anforderungen erfüllen:

- Der Parser sollte pro Übersetzung möglichst viele Fehler finden.
- Der Parser darf auch bei groben Fehlern nicht abstürzen.
- Die Fehlerbehandlung sollte die fehlerfreie Analyse nicht bremsen.
- Die Fehlerbehandlung sollte den Parsercode nicht aufblähen.

Diese Anforderungen sind teilweise widersprüchlich. Je besser die Fehlerbehandlung sein soll, desto mehr Aufwand muss im Parser getrieben werden, was wiederum den Parsercode aufbläht und meist auch die Analyse eines fehlerfreien Programms bremst. Es gibt daher für den rekursiven Abstieg verschiedene Verfahren, die diese Anforderungen unterschiedlich gut erfüllen:

- Fehlerbehandlung im »Panic Mode«
- Fehlerbehandlung mit allgemeinen Fangsymbolen
- Fehlerbehandlung mit speziellen Fangsymbolen

Wir sehen uns nun diese Verfahren der Reihe nach an. Die Fehlerbehandlung im Panic Mode ist das einfachste Verfahren, das aber immer nur einen einzigen Fehler entdecken kann. Die anderen Verfahren können mehrere Fehler entdecken, sind aber unterschiedlich aufwendig und erfüllen daher die letzten beiden Anforderungen unterschiedlich gut.

3.4.1 Fehlerbehandlung im Panic Mode

Dies ist das Verfahren, das wir in den bisherigen Beispielen verwendet haben. Wenn der Parser einen Fehler entdeckt, meldet er ihn durch Aufruf der Methode error und bricht dann die Syntaxanalyse ab.

```
private static void error (String msg) {
    System.out.println("line " + la.line + ", col " + la.col + ": " + msg);
    System.exit(1); // terminate parsing
}
```

Dieses Verfahren hat den Vorteil, dass es billig ist und den Parsercode nicht aufbläht, da er außer der Methode error keine weitere Fehlerbehandlung enthält. Wenn das Quellprogramm fehlerfrei ist, wird die Syntaxanalyse in keiner Weise gebremst. Allerdings wird nur der erste Fehler entdeckt. Nach der Korrektur des Fehlers muss das Quellprogramm erneut compiliert werden, um eventuelle weitere Fehler zu entdecken.

Für Sprachen, in denen die Programme kurz sind (z.B. für Kommandosprachen), ist diese Technik durchaus ausreichend. Für Sprachen wie Java oder auch MicroJava, in denen Programme länger sein können, ist dieses Verfahren allerdings nicht zufriedenstellend. Hier sollte eines der anderen Verfahren verwendet werden.

3.4.2 Fehlerbehandlung mit allgemeinen Fangsymbolen

Bei diesem Verfahren findet nach Entdeckung eines Syntaxfehlers ein *Wiederaufsatz* statt, d.h., der Parser und das fehlerhafte Programm müssen so synchronisiert werden, dass weiteranalysiert werden kann und eventuelle weitere Fehler entdeckt werden. Dazu wird eine Menge von *Fangsymbolen* berechnet, mit denen sich der Parser nach einem Syntaxfehler wieder »fangen« und sich somit mit dem Quellprogramm synchronisieren kann. Sehen wir uns dazu ein Beispiel an. Angenommen, wir haben folgende Grammatik

```
X = a Y e f.
Y = b c d.
```

und die Eingabe lautet

```
a b x y e f eof
```

Wie aus Abb. 3.9 ersichtlich, wird X betreten und a erkannt. Anschließend wird Y betreten und b erkannt, bevor festgestellt wird, dass das nächste Symbol x nicht zum erwarteten Symbol c passt. Der Fehler wird gemeldet. Anschließend werden alle Terminalsymbole gesammelt, die in der Grammatik nach der Fehlerstelle folgen können. Diese bilden die Menge der Fangsymbole, mit denen die Analyse an irgendeiner Stelle der Grammatik fortgesetzt werden kann.

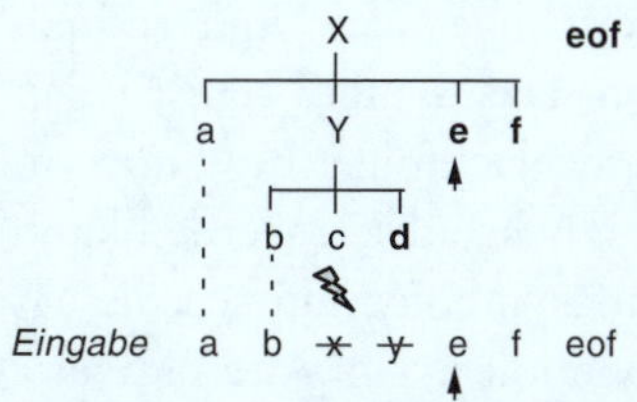

Abb. 3.9 *Sammeln von Fangsymbolen*

Sehen wir uns das Wiederaufsatzverfahren nun im Detail an. Es besteht aus folgenden drei Schritten:

1. Aus der Grammatik wird eine Menge von »Fangsymbolen« berechnet, mit denen die Analyse nach der Fehlerstelle fortgesetzt werden kann. Der Fehler wurde entdeckt, weil das erwartete Symbol c nicht zum Eingabesymbol x passte. Die Fangsymbole sind alle Nachfolger der Symbole, an denen der Parser gerade arbeitet. Der Parser arbeitet an c, dessen Nachfolger d ist. Ferner arbeitet er an Y mit den Nachfolgern e und f und an X mit dem Nachfolger eof. Die Fangsymbole sind also {d, e, f, eof}.
2. Es werden nun alle Symbole der Eingabe überlesen, die keine Fangsymbole sind. Es werden also die Symbole x und y überlesen, bevor mit e ein Fangsymbol auftritt. Der Eingabestrom wurde somit synchronisiert: Mit dem nächsten Symbol e kann irgendwo in der Grammatik fortgesetzt werden.
3. Im letzten Schritt wird der Parser an die Stelle gesteuert, an der das gefundene Fangsymbol e auftritt. Dazu läuft der Parser einfach weiter, bis er diese Stelle erreicht (siehe Pfeil in Abb. 3.9). Die Eingabe und die Grammatik sind dann synchronisiert, und die Analyse kann fortgesetzt werden.

Zur Berechnung der Fangsymbole werden jeder Parsermethode die Nachfolger des entsprechenden Nonterminalsymbols als Parameter mitgegeben, zum Beispiel:

```
private static void X (BitSet sux) {
    ...
}
```

Je nach Kontext, in dem dieses Nonterminalsymbol auftritt, kann die Nachfolgermenge sux unterschiedlich sein, wie in Abb. 3.10 zu sehen ist.

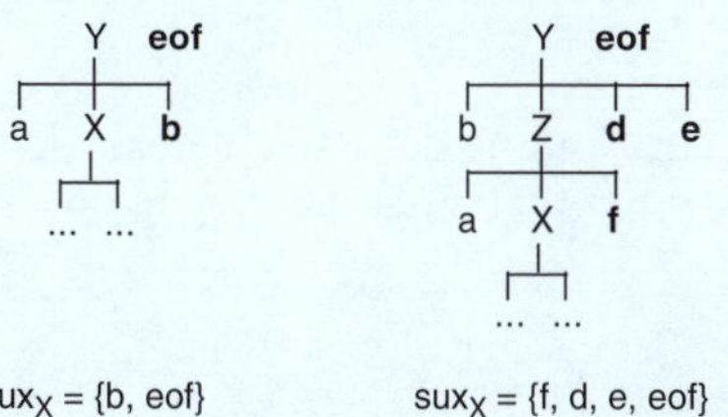

Abb. 3.10 *Nachfolger eines Nonterminalsymbols X in unterschiedlichem Kontext*

Daher muss man die kontextspezifische Nachfolgermenge eines Nonterminalsymbols seiner Parsermethode als Parameter mitgeben. Das Symbol eof ist jedenfalls immer in der Nachfolgermenge enthalten, da es ein Nachfolger des Startsymbols ist. Somit ist sichergestellt, dass spätestens mit eof synchronisiert werden kann.

Für die Fehlerbehandlung mit allgemeinen Fangsymbolen müssen die Muster zur Erkennung von Terminal- und Nonterminalsymbolen, von Alternativen, Optionen und Iterationen angepasst werden, was wir uns nun genauer ansehen.

Erkennung von Terminalsymbolen

Wenn auf der rechten Seite einer Produktion ein Terminalsymbol a auftritt, das von weiteren Elementen α_i (Symbolen, Alternativen, Optionen, Iterationen) gefolgt wird

X = ... **a** α_1 α_2 ... α_n.

so lautet die Parseraktion (in Pseudocode):

check(**a**, First(α_1) $\cup$ First(α_2) $\cup$ ... $\cup$ First(α_n) $\cup$ sux_X);

Der Methode check wird also die Nachfolgermenge des Terminalsymbols als zweiter Parameter mitgegeben:

```
private static void check (int expected, BitSet sux) {
    if (sym == expected) scan();
    else error(name[expected] + " expected", sux); // pass sux to the error method
}
```

Der erste Teil der Nachfolgermenge (First(α_1) $\cup$ First(α_2) $\cup$ ... $\cup$ First(α_n)) kann statisch aus der Grammatik ermittelt werden. Die Nachfolger des Nonterminalsymbols (sux_X) müssen allerdings zur Laufzeit hinzuaddiert werden. Die Parsermethode für die Produktion

X = a b c.

lautet also (in Pseudocode):

```
private static void X (BitSet sux) {
    check(a, {b, c} ∪ sux);
    check(b, {c} ∪ sux);
    check(c, sux);
}
```

Die Mengen werden als BitSets verwaltet, die am Anfang des Parsers deklariert und initialisiert werden. Die Menge {b, c} wird zum Beispiel wie folgt erstellt:

```
BitSet fs1 = new BitSet();
...
fs1.add(b); fs1.add(c);
```

Der erste Aufruf von check in der Parsermethode von X lautet dann in Java:

```
check(a, ((BitSet)fs1.clone().or(sux));
```

Man beachte, dass eine Kopie von fs1 erstellt werden muss (um fs1 nicht zu zerstören), bevor sux hinzuaddiert werden kann. Das ist natürlich mühsam zu schreiben, bläht den Parsercode auf und bremst auch die Syntaxanalyse.

Erkennung von Nonterminalsymbolen

Die Erkennung von Nonterminalsymbolen verläuft ähnlich wie bei Terminalsymbolen. Wenn auf der rechten Seite einer Produktion ein Nonterminalsymbol Y auftritt (gefolgt von weiteren Elementen α_i)

$$X = ...Y\ \alpha_1\ \alpha_2\ ...\ \alpha_n.$$

so wird die Parsermethode von Y aufgerufen, wobei wieder die Nachfolger als Parameter mitgegeben werden:

$$Y(First(\alpha_1) \cup First(\alpha_2) \cup ... \cup First(\alpha_n) \cup sux_X);$$

Auch hier kann wieder der erste Teil ($First(\alpha_1) \cup First(\alpha_2) \cup ... \cup First(\alpha_n)$) statisch aus der Grammatik berechnet werden, während sux_X zur Laufzeit hinzuaddiert werden muss. Die Produktion

```
X = a Y c.  // assume First(Y) = {b}
```

wird zum Beispiel durch folgende Parsermethode erkannt (in Pseudocode):

```
private static void X (BitSet sux) {
    check(a, {b, c} ∪ sux);
    Y({c} ∪ sux);
    check(c, sux);
}
```

Das Startsymbol MicroJava wird durch Aufruf von MicroJava({eof}) erkannt.

Überlesen fehlerhafter Symbole

Beim Auftreten eines Syntaxfehlers wird die Methode error aufgerufen, der neben einer Fehlermeldung auch die Menge der Fangsymbole mitgegeben wird:

```
private static void error (String msg, BitSet sux) {
    System.out.println("line " + la.line + ", col " + la.col + ": " + msg);
    errors++;
    while (!sux.get(sym)) scan(); // while (sym ∉ sux) scan();
    // sym ∈ sux
}
```

Diese Methode überliest mittels scan() so lange Token aus dem Eingabestrom, bis ein Fangsymbol aus der Menge sux auftritt. Da nun mehrere Fehler erkannt werden können, müssen sie mithilfe einer Variablen errors gezählt werden, die am Anfang des Parsers wie folgt deklariert wird:

```
public static int errors = 0; // error counter
```

Diese Variable kann am Ende der Syntaxanalyse abgefragt werden, um auszugeben, wie viele Syntaxfehler erkannt wurden.

Nach der Synchronisation des Eingabestroms in der Methode error enthält das Vorgriffssymbol sym nun ein Fangsymbol, mit dem die Analyse fortgesetzt werden kann.

Synchronisation mit der Grammatik

Nachdem fehlerhafte Symbole überlesen wurden, muss der Parser schließlich an die Stelle der Grammatik gesteuert werden, an der mit dem erkannten Fangsymbol fortgesetzt werden kann. Dazu läuft der Parser einfach weiter (und produziert dabei eventuell Folgefehlermeldungen), bis er an die Stelle kommt, wo das erkannte Fangsymbol erwartet wird. Sehen wir uns dazu ein Beispiel an. Für die Produktion

```
X = a b c.
```

lautet die Parsermethode (in Pseudocode):

```
private static void X (BitSet sux) {
    check(a, {b, c} ∪ sux);
    check(b, {c} ∪ sux);
    check(c, sux);
}
```

Angenommen, die Eingabe lautet nicht a b c, sondern x y c. Der Parser versucht, durch Aufruf von check(a, {b, c} ∪ sux) ein a zu erkennen, aber das nächste Eingabesymbol ist x und nicht a, daher wird ein Fehler gemeldet. Die Fangsymbolmenge lautet {b, c} ∪ sux. Die Methode error überliest nun alle Symbole, die nicht in dieser Menge enthalten sind. x und y werden also überlesen, aber c ist ein Fangsymbol, daher stoppt das Überlesen hier (sym == c).

Der Parser läuft nun einfach weiter und kommt zu check(b, {c} ∪ sux). Die Erkennung von b schlägt ebenfalls fehl, weil sym das Symbol c enthält. Daher wird ein weiterer Fehler gemeldet. Die Fangsymbolmenge lautet nun {c} ∪ sux. Diesmal wird allerdings nichts mehr überlesen, weil das Vorgriffssymbol c in dieser Menge enthalten ist.

Wenn der Parser nun weiterläuft und zu check(c, sux) kommt, wird c erkannt, und die Synchronisation ist somit abgeschlossen. Der Parser kann nun fortfahren und versuchen, weitere Fehler zu entdecken.

Unterdrücken von Folgefehlermeldungen

Wie wir gesehen haben, läuft der Parser nach der Erkennung eines Syntaxfehlers einfach weiter, bis er an die Stelle kommt, an der das erkannte Fangsymbol erwartet wird. Dabei können Folgefehlermeldungen produziert werden, die natürlich unerwünscht sind, weil sie keine echten Fehler sind, sondern eine Folge des ursprünglichen Fehlers.

Folgefehlermeldungen können durch eine einfache Heuristik unterdrückt werden: Fehler werden nur dann gemeldet, wenn seit dem letzten Fehler mindestens drei Symbole korrekt erkannt wurden. Wir führen dazu eine globale Variable für die aktuelle Distanz zum letzten Fehler ein:

```
private static int errDist = 3;
```

Anfangs tun wir so, als ob der letzte Fehler bereits drei Symbole zurückliegt. Immer wenn ein Symbol durch Aufruf von scan korrekt erkannt wurde, wird die Fehlerdistanz um eins erhöht:

```
private static void scan() {
    ...
    errDist++; // another token correctly parsed
}
```

In der Methode error melden wir einen Fehler nur dann, wenn errDist >= 3 ist. Nach dem Überlesen fehlerhafter Symbole setzen wir errDist wieder auf 0, und die Zählung beginnt von Neuem:

```
private static void error (String msg, BitSet sux) {
    if (errDist >= 3) {
        System.out.println("line " + la.line + ", col " + la.col + ": " + msg);
        errors++;
    }
    while (!sux.get(sym)) scan();
    errDist = 0; // restart counting
}
```

Durch diese einfache Heuristik werden Folgefehlermeldungen unterdrückt. Wenn zwischen zwei Syntaxfehlern allerdings weniger als drei korrekt erkannte Symbole liegen, wird die Meldung des zweiten Fehlers »geschluckt«. Meist liegen Syntaxfehler aber nicht so dicht nacheinander, sodass die Heuristik in der Praxis gut funktioniert.

Erkennung von Alternativen

Auch das Muster zur Erkennung von Alternativen muss für die Fehlerbehandlung mit allgemeinen Fangsymbolen angepasst werden. Um eine Alternativenkette

$X = \alpha \mid \beta \mid \gamma.$

zu parsen, haben wir bisher folgendes Muster verwendet (in Pseudocode):

```
private static void X() {
    if (sym ∈ First(α)) ... parse α ...
    else if (sym ∈ First(β)) ... parse β ...
    else if (sym ∈ First(γ)) ... parse γ ...
    else error("invalid X");
}
```

Wenn sym allerdings aufgrund eines fehlerhaften Quellprogramms zu keiner der Alternativen passt, wird ein Fehler gemeldet, und wir haben dann keine Möglichkeit mehr, nach Überlesen fehlerhafter Symbole in eine der Alternativen einzusteigen. Daher ist es besser, bereits vor der Alternativenkette zu prüfen, ob sym zu einer der Alternativen passt. Wenn nicht, können wir den Fehler bereits hier melden, eventuelle fehlerhafte Symbole überlesen und haben dann immer noch die Möglichkeit, in eine der Alternativen einzusteigen. Das neue Muster lautet also:

```
private static void X (BitSet sux) {
    if (sym ∉ First(α) ∪ First(β) ∪ First(γ))
        error("invalid X", First(α) ∪ First(β) ∪ First(γ) ∪ sux);
    // sym matches one of the alternatives or sux
    if (sym ∈ First(α)) ... parse α ...
    else if (sym ∈ First(β)) ... parse β ...
    else if (sym ∈ First(γ)) ... parse γ ...
    // no error branch
}
```

Die Methode error überliest fehlerhafte Symbole, bis eines aus der angegebenen Menge auftritt. Dieses ist dann entweder ein gültiger Anfang einer der Alternativen oder ein gültiger Nachfolger von X. Die Menge First(α) ∪ First(β) ∪ First(γ) kann wieder statisch aus der Grammatik berechnet werden, während sux zur Laufzeit hinzuaddiert werden muss. Wie man sieht, brauchen wir auch keinen Fehlerzweig mehr, weil ein eventueller Fehler bereits vorher gemeldet wurde.

Erkennung von Optionen

Ähnlich müssen wir auch bei EBNF-Optionen bereits vor der Option prüfen, ob das Vorgriffssymbol zur Option oder zu ihren Nachfolgern passt und anderenfalls einen Fehler melden. Für die Produktion

```
X = [α] β.
```

lautet das neue Muster (in Pseudocode):

```
private static void X (BitSet sux) {
    if (sym ∉ First(α) ∪ First(β)) error("invalid X", First(α) ∪ First(β) ∪ sux);
    if (sym ∈ First(α)) ... parse α ...
    ... parse β ...
}
```

Erkennung von Iterationen

Bei EBNF-Iterationen verwenden wir zur Fehlerbehandlung ein völlig neues Muster mit einer Schleife, die auf jeden Fall betreten wird. In der Schleife prüfen wir, ob das Vorgriffssymbol zur Iteration oder zu ihren Nachfolgern passt. Ist das nicht der Fall, melden wir einen Fehler, bleiben aber in der Schleife, um nach Überlesen eventueller fehlerhaften Symbole mit dem nächsten Durchlauf der Iteration fortsetzen zu können. Für die Produktion

```
X = {α} β.
```

lautet das Muster (in Pseudocode):

```
private static void X (BitSet sux) {
    for (;;) { // enter loop even if sym ∉ First(α)
        if (sym ∈ First(α)) ... parse α ...                  // correct case 1: process α
        else if (sym ∈ First(β) ∪ sux) break;              // correct case 2: leave loop and process β
        else error("invalid X", First(α) ∪ First(β) ∪ sux); // error case: synchronize and stay in loop
    }
    ... parse β ...
}
```

Die Methode error meldet den Fehler und überliest dann so lange Symbole, bis ein terminaler Anfang von α auftritt (mit dem die Iteration fortgesetzt werden kann) oder ein terminaler Anfang von β (mit dem die Iteration verlassen wird) oder ein Symbol aus sux (mit dem die Iteration ebenfalls verlassen wird; in diesem Fall würden beim Parsen von β Folgefehler gemeldet, die aber unterdrückt werden).

Beispiel

Abschließend sehen wir uns nun ein Beispiel an, bei dem die Muster für alle EBNF-Konstrukte (Alternativen, Optionen und Iterationen) zum Einsatz kommen. Für die Grammatik

```
X = a Y | b {c d}.
Y = [b] d.
```

sehen die Parsermethoden mit Fehlerbehandlung wie folgt aus (für die Berechnung der Fangsymbolmengen wird aus Lesbarkeitsgründen wieder Pseudocode verwendet):

```
private static void Y (BitSet sux) {
    if (sym != b && sym != d) error("invalid Y", {b, d} ∪ sux);
    if (sym == b) scan();
    check(d, sux);
}
```

```
private static void X (BitSet sux) {
    If (sym != a && sym != b) error("invalid X", {a, b} ∪ sux);
    if (sym == a) {
        scan(); Y(sux);
    } else if (sym == b) {
        scan();
        for (;;) {
            if (sym == c) {
                scan();
                check(d, {c} ∪ sux); // c is also a successor of d
            } else if (sym ∈ sux) {
                break;
            } else {
                error("c expected", {c} ∪ sux);
            }
        }
    }
}
```

Zusammenfassung

Die Fehlerbehandlung mit allgemeinen Fangsymbolen ergibt einen guten und raschen Wiederaufsatz. Sie ist systematisch anwendbar, indem für die Erkennung von Terminalsymbolen, Nonterminalsymbolen, Alternativen, Optionen und Iterationen vertraute Muster verwendet werden.

Der Nachteil dieser Fehlerbehandlungstechnik ist allerdings, dass sie einigermaßen kompliziert ist, den Parsercode aufbläht und die Analyse (auch fehlerfreier) Programme bremst, da laufend Fangsymbolmengen berechnet und den Parsermethoden mitgegeben werden müssen.

3.4.3 Fehlerbehandlung mit speziellen Fangsymbolen

Bei dieser Fehlerbehandlungstechnik erfolgt der Wiederaufsatz nach Syntaxfehlern nur an besonders »sicheren« Stellen, d.h. an Stellen, an denen Schlüsselwörter erwartet werden, die an keiner anderen Stelle der Grammatik vorkommen. Solche Stellen sind zum Beispiel:

- der Beginn einer *Anweisung*, an dem Schlüsselwörter wie `if` oder `while` erwartet werden, oder
- der Beginn einer *Deklaration*, an dem Schlüsselwörter wie `public`, `static` oder `void` erwartet werden.

Wenn wir ein `if` sehen, wissen wir, dass wir am Beginn einer Anweisung sind, weil dieses Symbol sonst nirgends in der Grammatik vorkommt. Wenn wir ein `void` sehen, wissen wir, dass eine Deklaration beginnt.

Wir berechnen für jede dieser Stellen die Menge der dort erwarteten Symbole als Fangsymbolmengen. Allerdings kann am Beginn einer Anweisung oder einer Deklaration auch das Symbol ident vorkommen, das kein sicheres Fangsymbol ist, weil ident auch an vielen anderen Stellen der Grammatik vorkommen kann. Daher nehmen wir ident aus der Menge der Fangsymbole heraus.

An jeder dieser Synchronisationsstellen fügen wir in den Parser folgenden Code ein (in Pseudocode):

```
if (sym ∉ expectedSymbols) {
    error(...); // no parameter for successors; no synchronization in error
    while (sym ∉ safeExpectedSymbols ∪ {eof}) scan(); // synchronization
    errDist = 0;
}
```

Wenn an der Synchronisationsstelle keines der dort erwarteten Symbole im Eingabestrom vorliegt, melden wir einen Fehler. Anschließend überlesen wir Symbole des Quellprogramms, bis ein »sicheres« Fangsymbol auftritt. Mit diesem kann dann die Syntaxanalyse fortgesetzt werden. Beim Überlesen stoppen wir auch mit eof, um eine Endlosschleife zu vermeiden.

Diese Technik hat den Vorteil, dass den Parsermethoden und der Methode error keine Fangsymbolmengen mitgegeben werden müssen. Die Fangsymbolmengen an den Synchronisationsstellen können statisch aus der Grammatik berechnet werden und müssen nicht zur Laufzeit gebildet werden, was den Parsercode kompakt hält und zur Effizienz des Parsers beiträgt. Nach Auftreten eines Syntaxfehlers läuft der Parser einfach weiter, bis er zur nächsten Synchronisationsstelle kommt, an der dann der Wiederaufsatz stattfindet.

Sehen wir uns nun zum Beispiel die Synchronisationsstelle am Beginn einer Anweisung an. Die dort erwarteten Symbole (ident, if, while, ...) werden am Beginn des Parsers in einer globalen Variablen firstStat gespeichert:

```
private static BitSet firstStat = new BitSet();
...
firstStat.set(ident);
firstStat.set(if_);
firstStat.set(while_);
...
```

Ferner bilden wir eine »sichere« Fangsymbolmenge syncStat, die identisch zu firstStat ist, aber kein ident enthält, da dies ein unsicheres Fangsymbol wäre; dafür fügen wir eof als Fangsymbol hinzu:

```
private static BitSet syncStat;
...
syncStat = (BitSet) firstStat.clone();
syncStat.clear(ident);
syncStat.add(eof);
```

Die Parsermethode für Statement sieht dann wie folgt aus:

```
private static void Statement() {
    if (! firstStat.get(sym)) { // synchronization
        error("invalid start of statement");
        while (! syncStat.get(sym)) scan();
        errDist = 0;
    }
    // parse Statement
    if (sym == if_) {
        scan();
        check(lpar); Condition(); check(rpar);
        Statement();
        if (sym == else_) { scan(); Statement(); }
    } else if (sym == while_) {
        ...
}
```

Wie man sieht, findet die Fehlerbehandlung samt Synchronisation lediglich am Beginn von Statement statt. Der Rest des Parsercodes bleibt davon unberührt. Es werden dort keine Fangsymbolmengen berechnet und auch nicht an die Parsermethoden oder an check als Parameter übergeben. Der Parsercode wird somit nicht aufgebläht und bleibt effizient.

Auch die Methode error bekommt keine Fangsymbolmenge mit und überliest auch keine fehlerhaften Symbole, da dies an den Synchronisationsstellen (z.B. am Beginn von Statement) geschieht. Die Heuristik mit der Fehlerdistanz wird wie oben beschrieben eingesetzt, um Folgefehlermeldungen zu unterdrücken.

```
private static void error (String msg) {
    if (errDist >= 3) {
        System.out.println("line " + la.line + ", col " + la.col + ": " + msg);
        errors++;
    }
    errDist = 0;
}
```

Sehen wir uns nun den Wiederaufsatz anhand der Analyse des folgenden fehlerhaften MicroJava-Programmstücks an:

```
if a > b , max = a;
```

Der Parser betritt Statement (siehe oben) mit dem Symbol if. Da if ein gültiger Statement-Anfang ist, wird kein Fehler gemeldet und if wird mit scan() erkannt. Beim Aufruf von check(lpar) wird ein Fehler gemeldet, da das nächste Symbol ein ident ist. Die Fehlermeldung lautet "(expected". Der Parser setzt nun einfach fort und ruft Condition() auf, wodurch das Programmstück a > b korrekt erkannt wird. Beim anschließenden Aufruf von check(rpar) wird wieder ein Fehler gemeldet (") expected"). Der Parser setzt wieder fort, ruft Statement() auf und kommt zur Synchronisationsstelle. Das Vorgriffssymbol comma ist kein gültiger Statement-Anfang, weshalb error aufgerufen wird. Da aber der letzte Fehler weniger als drei Symbole zurückliegt, wird die Fehlermeldung unterdrückt (Folgefehler). Der Parser überliest nun Symbole, bis ein Fangsymbol aus syncStat auftritt, was erst beim Strichpunkt der Fall ist. Ein Strichpunkt ist ein gültiger Statement-Anfang (leere Anweisung), mit dem das Parsen von Statement fortgesetzt werden kann. Der Wiederaufsatz ist somit geglückt, und die fehlenden Klammern rund um a > b wurden als Fehler gemeldet. Das Programmstück , max = a wurde überlesen, und es wird mit dem Strichpunkt fortgesetzt.

Man sieht, dass bei der Fehlerbehandlung mit speziellen Fangsymbolen nur an weniger Stellen synchronisiert wird und unter Umständen Programmstücke vor dem Wiederaufsatz überlesen werden. Dafür ist diese Technik wesentlich einfacher als die Fehlerbehandlung mit allgemeinen Fangsymbolen und führt zu kompakterem und effizienterem Parsercode.

Synchronisation am Beginn einer Iteration

Die oben beschriebene Technik lässt sich allerdings noch verbessern. Wenn eine Synchronisationsstelle am Beginn einer Iteration liegt, kann es zu einem suboptimalen Wiederaufsatz kommen. Sehen wir uns als Beispiel die Produktion von Block an:

```
Block = "{" {Statement} "}".
```

Die Parsermethode dazu sieht wie folgt aus (in Pseudocode):

```
private static void Block() {
    check(lbrace);
    while (sym ∈ First(Statement)) {
        Statement();
    }
    check(rbrace);
}
```

Wenn nun aber nach lbrace kein gültiger Statement-Anfang kommt, wird die Schleife gar nicht betreten und die Synchronisationsstelle in Statement wird nicht erreicht. Dadurch wird der Wiederaufsatz behindert. Man kann dieses Problem beheben, indem man die Parsermethode wie folgt umschreibt:

```
private static void Block() {
    check(lbrace);
    while (sym ∉ {rbrace, eof}) {
        Statement();
    }
    check(rbrace);
}
```

Anstatt zu prüfen, ob sym ein terminaler Anfang von Statement ist, wird geprüft, ob es ein terminaler Nachfolger der Anweisungsfolge ist (oder eof, um eine Endlosschleife zu vermeiden). Dadurch wird die Schleife auch betreten, wenn sym kein terminaler Anfang von Statement ist, und die Synchronisationsstelle in Statement wird erreicht. Dort wird bei einem Fehler bis zum nächsten Statement-Anfang überlesen, und die Analyse kann damit fortfahren. Allerdings müssen wir in syncStat auch das Symbol rbrace aufnehmen, damit das Überlesen auch mit diesem Symbol stoppt. Es ist also ein gewisses »Tuning« der Fehlerbehandlung nötig.

Zusammenfassung

Die Fehlerbehandlung mit speziellen Fangsymbolen greift nur an wenigen Stellen in den Parsercode ein. Es wird nur an Stellen synchronisiert, an denen besonders »sichere« Terminalsymbole erwartet werden, die nirgendwo sonst in der Grammatik vorkommen. Der Rest des Parsers bleibt unverändert. Dadurch bleibt der Parsercode kompakt und effizient.

Allerdings ist diese Technik nicht ganz so systematisch wie die Fehlerbehandlung mit allgemeinen Fangsymbolen und erfordert gewisse Erfahrung und manchmal auch ein wenig »Tuning«, um die richtigen Fangsymbolmengen zu bilden.

Der Parser des MicroJava-Compilers verwendet aus den oben geschilderten Gründen die Fehlerbehandlung mit speziellen Fangsymbolen.

3.5 Übungsaufgaben

1. *Kellerautomat.* Zeichnen Sie den Kellerautomaten für die Grammatik

   ```
   E = x | E "+" x.
   ```

   Geben Sie wie im Beispiel auf Seite 43 an, wie der Eingabesatz x + x analysiert wird und welche Zustände bei jedem Analyseschritt im Keller stehen.

2. *Rekursiver Abstieg (1).* Schreiben Sie eine Parsermethode für die Produktion

   ```
   Assignment = ident "=" Expr ";" .
   ```

   Verwenden Sie (hier und in den nachfolgenden Aufgaben) die auf Seite 35 deklarierten Tokencodes. Sie brauchen keine Fehlerbehandlung zu implementieren.

3. *Rekursiver Abstieg (2).* Schreiben Sie Parsermethoden für folgende Produktionen:

   ```
   VarDecl = ("static" | "final") Type ident {"," ident} ";".
   Type    = ident.
   ```

4. *Rekursiver Abstieg (3)*. Schreiben Sie Parsermethoden für folgende Produktionen:

```
MethodCall  = ident "(" [ Parameters ] ")" ";".
Parameters  = Par {"," Par}.
Par         = ["out" | "ref"] ident.
```

5. *Rekursiver Abstieg (4)*. Schreiben Sie Parsermethoden für folgende Produktionen:

```
Signature = ["public" | "private"] ("void" | Type) ident "(" [ Param {"," Param} ] ")" ";".
Type      = ident ["[" "]"].
Param     = Type ident.
```

6. *Rekursiver Abstieg (5)*. Schreiben Sie Parsermethoden für folgende Produktionen:

```
EnumType  = Visibility "enum" ident "{" [IdentList ] "}".
Visibility = [ "public" | "private" ].
IdentList  = ident {"," ident}.
```

7. *LL(1)-Bedingung (1)*. Gegeben sei folgende Grammatik:

```
Decl     = Type Variable ";"
         | Decl Type Variable ";".
Type     = "int"
         | "string"
         | Type "*".
Variable = ident
         | ident "[" "]".
```

   a) Finden Sie alle LL(1)-Konflikte.
   b) Formen Sie die Grammatik so um, dass sie LL(1) ist.

8. *LL(1)-Bedingung (2)*. Gegeben sei folgende Grammatik:

```
DeclStatList= DeclStat | DeclStatList DeclStat.
DeclStat    = Declaration | Statement.
Declaration = Type ident ";".
Type        = "int" | ident.
Statement   = ident "=" Expr ";".
```

   a) Finden Sie alle LL(1)-Konflikte.
   b) Formen Sie die Grammatik so um, dass sie LL(1) ist.

9. *LL(1)-Bedingung (3)*. Gegeben sei folgende Grammatik (back, contents, cover, index, intro, page und preface sind Terminalsymbole):

```
Book    = cover Heading Body back.
Heading = [preface] contents.
Body    = {Chapter} Chapter [index].
Chapter = intro | Chapter page.
```

a) Finden Sie alle LL(1)-Konflikte.
b) Formen Sie die Grammatik so um, dass sie LL(1) ist.

10. *Syntaxfehlerbehandlung mit allgemeinen Fangsymbolen.* Schreiben Sie für folgende Grammatik Parsermethoden und implementieren Sie dabei eine Fehlerbehandlung mit allgemeinen Fangsymbolen (Abschnitt 3.4.2). Sie können die Mengenoperationen in Pseudocode formulieren.

```
A = { b C | d }.
C = [ c ] e.
```

A ist das Startsymbol, dessen Nachfolger eof ist.

11. *Syntaxfehlerbehandlung mit speziellen Fangsymbolen.* Schreiben Sie für folgende Grammatik Parsermethoden und implementieren Sie dabei eine Fehlerbehandlung mit speziellen Fangsymbolen (Abschnitt 3.4.3).

```
Program     = "program" ident {Declaration} "{" {Statement} "}".
Declaration = ("public" | "private") Type ident ";".
Type        = ident ["[" "]"].
```

Da public und private Schlüsselwörter sind, die nur am Anfang einer Deklaration vorkommen, ist der Deklarationsanfang ein guter Synchronisationspunkt. Die Parsermethode für Statement brauchen Sie nicht zu implementieren.

12. *Implementierung des Parsers.* Implementieren Sie den vollständigen Parser von MicroJava gemäß der Grammatik in Anhang A. Implementieren Sie eine Fehlerbehandlung mit speziellen Fangsymbolen und wählen Sie den Beginn von Deklarationen (in Program) sowie den Beginn von Statement als Synchronisationsstellen.

    Laden Sie anschließend von [Download] die Datei TestParser.zip herunter und testen Sie damit Ihren Parser. Es sollten dabei alle in der Beispieldatei BuggyParserInput.mj (in TestParser.zip) enthaltenen Syntaxfehler gemeldet werden.

4 Attributierte Grammatiken

Der Parser prüft nur die syntaktische Korrektheit eines Quellprogramms, führt aber noch keine Übersetzung durch. Diese erfolgt nun im Anschluss an die Syntaxanalyse. Beim sogenannten *Semantikanschluss* fallen folgende Aufgaben an:

- **Prüfung von Kontextbedingungen.** Hier werden Bedingungen überpüft, die durch kontextfreie Grammatiken nicht beschrieben werden können, wie zum Beispiel die Anforderung, dass jeder verwendete Name deklariert sein muss oder dass die Typen von Operanden in Ausdrücken kompatibel sein müssen. Dabei können weitere (semantische) Fehler entdeckt werden.
- **Verwaltung einer Symbolliste.** Es wird ein Verzeichnis aller deklarierten Namen samt ihren Eigenschaften wie Typ oder Adresse erstellt. Diese zentrale Datenstruktur des Compilers nennt man die *Symbolliste* (siehe Kapitel 5). Sie verwaltet auch die Struktur von Datentypen wie Arrays oder Klassen sowie die Gültigkeitsbereiche von Namen.
- **Codeerzeugung.** Wenn keine syntaktischen oder semantischen Fehler entdeckt wurden, wird schließlich der Zielcode erzeugt. Dazu werden Methoden aufgerufen, die Instruktionen der Zielmaschine erzeugen, Sprungmarken verwalten oder dafür sorgen, dass für jede aufgerufene Methode des Quellprogramms ein Bereich für ihre lokalen Variablen angelegt wird.

In einem Einpass-Compiler (wie dem MicroJava-Compiler) werden diese Aktionen direkt in den Parser integriert. Wir werden das in den Kapiteln 5 und 6 genauer behandeln. Zur Beschreibung dieser Aktionen führen wir aber vorher eine Notation ein, mit der sich Übersetzungsprozesse einfach und kompakt formulieren lassen, nämlich *attributierte Grammatiken.*

Attributierte Grammatiken (ATGs) wurden von *Donald Knuth* eingeführt [Knut68]. In ihrer ursprünglichen Form gehen sie davon aus, dass aus dem Quellprogramm ein Syntaxbaum aufgebaut wird, der dann ein- oder mehrmals durchlaufen wird, wobei seine Knoten mit Eigenschaften wie Typen oder Adressen attributiert werden. Aus diesem attributierten Syntaxbaum wird dann der Code erzeugt.

Wir verwenden hingegen eine einfachere Form von attributierten Grammatiken, bei der semantische Aktionen schritthaltend mit der Syntaxanalyse ausgeführt werden. Man nennt diese Form attributierter Grammatiken daher auch *syntaxgesteuerte Übersetzung* (*syntax-directed translation*). Sie eignet sich besonders für Einpass-Compiler.

4.1 Bestandteile

Wir sehen uns zuerst die Bestandteile attributierter Grammatiken an und zeigen dann Beispiele für ihren Einsatz (auch außerhalb des engeren Compilerbaus). In späteren Kapiteln dieses Buches (insbesondere bei der Codeerzeugung) werden wir sie dann intensiv einsetzen, um damit die Übersetzung von MicroJava-Programmen zu beschreiben.

Semantische Aktionen

Semantische Aktionen sind Codestücke (z.B. in Java), die in eine Grammatik an jener Stelle eingefügt werden, an der sie beim Parsen ausgeführt werden sollen. Sehen wir dazu ein Beispiel an:

```
Number = digit {digit}.
```

Eine Zahl besteht aus einer Ziffernfolge. Zahlen gehören zwar im Prinzip zur lexikalischen Struktur einer Sprache, aber wir verwenden sie hier, wie wenn sie zur Syntax der Sprache gehörten, um das Beispiel einfach zu erhalten.

Angenommen, die »Übersetzung« von Zahlen soll darin bestehen, die Ziffern einer Zahl zu zählen und auszugeben. Das führt zu folgender Grammatik:

```
Number =
   digit        (. int n = 1; .)
   { digit      (. n++; .)
   }            (. System.out.println(n); .)
   .
```

Wie man sieht, werden semantische Aktionen als Codestücke zwischen den Klammern `(.` und `.)` in die Grammatik eingefügt und werden vom Parser an der Stelle ausgeführt, an der sie stehen. Nach der Erkennung der ersten Ziffer wird ein Zähler `n` auf 1 gesetzt. Bei jedem weiteren Vorkommen einer Ziffer wird `n` erhöht und am Ende der Ziffernfolge wird das Ergebnis ausgegeben.

Aus Lesbarkeitsgründen werden attributierte Grammatiken in tabellarischer Form geschrieben: Links steht die Syntax und rechts daneben die semantischen Aktionen, die nach den erkannten Syntaxsymbolen ausgeführt werden sollen. Die »Übersetzung« von Zahlen liefert hier folgendes Ergebnis:

```
123    => 3
4711   => 4
9      => 1
```

Ausgangsattribute

Syntaxsymbole können Werte (*Ausgangsattribute*) liefern, die man dann in den semantischen Aktionen verwenden kann. Solche Werte wirken wie Ausgangsparameter der erkannten Syntaxsymbole. Die Erkennung einer Ziffer kann zum Beispiel den Wert dieser Ziffer als Ausgangsattribut val liefern:

```
digit <↑val>
```

Attribute werden in spitze Klammern (< und >) gesetzt. Ihre Flussrichtung wird durch einen Pfeil angedeutet. digit liefert also ein Ausgangsattribut val.

Wir können nun unsere Übersetzung etwas interessanter gestalten und anstatt die Ziffern einer Zahl bloß zu zählen, den Wert der Zahl berechnen und ausgeben:

```
Number =        (. int val, n; .)
    digit <↑val>
    { digit <↑n>    (. val = 10 * val + n; .)
    }               (. System.out.println(val); .)
    .
```

Die erste Ziffer liefert einen Wert val. Jede weitere Ziffer liefert einen Wert n, der um eine Zehnerpotenz verschoben zu val hinzuaddiert wird. Zum Schluss wird der Wert der Zahl ausgegeben.

Eingangsattribute

Nonterminalsymbole können nicht nur Ausgangsattribute haben, sondern auch *Eingangsattribute*, also Parameter, die ihnen von der Produktion, in der sie auftreten, mitgegeben werden. Damit können wir Nonterminalsymbole parametrisieren. In unserem Beispiel kann man durch ein Eingangsattribut base bestimmen, zu welcher Basis (z.B. 10 oder 16) der Wert einer Zahl berechnet werden soll:

```
Number <↓base, ↑val> =   (. int base, val, n; .)
    digit <↑val>
    { digit <↑n>          (. val = base * val + n; .)
    }
    .
```

Number hat ein Eingangsattribut base und ein Ausgangsattribut val. Die erste Ziffer liefert wieder den Initialwert von val. Jede weitere Ziffer liefert einen Wert n, der mit base * val + n in die Zahl aufgenommen wird. Das Ergebnis wird hier nicht ausgegeben, sondern von Number als Ausgangsattribut val zurückgeliefert. Das Übersetzungsergebnis lautet hier also:

base = 10, Ziffernfolge = 123 => val = 123
base = 16, Ziffernfolge = 123 => val = 291 (= $1*16^2 + 2*16^1 + 3*16^0$)

Zusammenfassend ist eine attributierte Grammatik also eine übersichtliche Notation zur Beschreibung von Übersetzungsprozessen. Sie besteht aus folgenden drei Teilen:

- **Produktionen** in EBNF. Zum Beispiel:

  ```
  IdentList = ident {"," ident}.
  ```

- **Attribute** als Parameter von Syntaxsymbolen, zum Beispiel:

  ident <↑name> Ausgangsattribute (liefern ein Übersetzungsergebnis)
  IdentList <↓type> Eingangsattribute (stellen Kontext bereit)

- **Semantische Aktionen** als beliebige Anweisungsfolgen (z.B. in Java):

  (. *beliebige Anweisungsfolge* .)

4.2 Anwendungsbeispiele

Attributierte Grammatiken sind eine äußerst nützliche und kompakte Notation. Wir werden sie in den späteren Kapiteln dieses Buches intensiv einsetzen, um die Übersetzung von MicroJava-Programmen zu beschreiben. Sie sind aber auch außerhalb des engeren Compilerbaus hilfreich, weshalb wir uns hier einige Beispiele ansehen, die ihre Anwendung (auch außerhalb des Compilerbaus) zeigen.

Verarbeitung von Variablendeklarationen

Wir beginnen mit einem Beispiel aus dem MicroJava-Compiler, das die Verarbeitung von Variablendeklarationen zeigt. Variablendeklarationen wie

```
int a, b, c;
```

beginnen mit einem Typ, auf den eine Liste von Namen folgt. Die Deklaration soll bewirken, dass die deklarierten Namen samt ihrem Typ in die Symbolliste (Tab) eingefügt werden. Die attributierte Grammatik dazu sieht wie folgt aus:

```
VarDecl                  (. Struct type; .)
= Type <↑type>
  IdentList <↓type>
  ";" .

IdentList <↓type>        (. Struct type; String name; .)
= ident <↑name>          (. Tab.insert(name, type); .)
  { "," ident <↑name>    (. Tab.insert(name, type); .)
  } .
```

Type liefert eine Typbeschreibung (in Form eines Objekts type vom Typ Struct), die an IdentList mitgegeben wird. In IdentList wird jeder deklarierte Name samt seinem Typ mittels Tab.insert in die Symbolliste eingetragen.

Wie wird aber nun eine attributierte Grammatik im Compiler abgebildet? Dazu integrieren wir die Attribute und semantischen Aktionen einfach in die Parsermethoden. Attribute werden zu Parametern von Parsermethoden, semantische Aktionen werden als Codestücke in die Parsermethoden eingefügt. Das sieht dann wie folgt aus (Attribute und semantische Aktionen sind hier grau dargestellt):

```
private static void VarDecl() {
    Struct type;
    type = Type();
    IdentList(type);
    check(semicolon);
}

private static void IdentList (Struct type) {
    String name;
    check(ident); name = t.val;
    Tab.insert(name, type);
    while (sym == comma) {
        scan();
        check(ident); name = t.val;
        Tab.insert(name, type);
    }
}
```

Eingangsattribute werden also zu Parametern, Ausgangsattribute zu Rückgabewerten von Parsermethoden. Die Ausgangsattribute von Terminalsymbolen werden aus dem zuletzt erkannten Token t entnommen, zum Beispiel:

```
check(ident); name = t.val;
```

Wie man sieht, sind attributierte Grammatiken kompakter und lesbarer als Parsermethoden. Die Syntax ist von der Semantik klarer getrennt. Die Darstellung von Alternativen, Optionen und Iterationen ist kompakter als im Parsercode. Daher werden wir in den nachfolgenden Kapiteln dieses Buches Übersetzungsprozesse immer durch attributierte Grammatiken beschreiben.

Berechnung von Konstantenausdrücken

In diesem Beispiel wollen wir Konstantenausdrücke wie

```
3 * (2 + 4)
```

parsen und berechnen. Das kann wie folgt durch eine attributierte Grammatik beschrieben werden:

```
Expr <↑val>                  (. int val, val1; .)
= Term <↑val>
   { "+" Term <↑val1>        (. val = val + val1; .)
   | "-" Term <↑val1>        (. val = val - val1; .)
   }.

Term <↑val>                  (. int val, val1; .)
= Factor <↑val>
   { "*" Factor <↑val1>      (. val = val * val1; .)
   | "/" Factor <↑val>1      (. val = val / val1; .)
   }.

Factor <↑val>                (. int val; .)
= number <↑val>
|  "(" Expr <↑val> ")" .
```

Jeder Expr, Term und Factor liefert als Ausgangsattribut einen Wert, der dann entsprechend dem Operator mit anderen Werten verknüpft wird. Abb. 4.1 zeigt einen (gedachten) Syntaxbaum des Konstantenausdrucks, in dem die Nonterminalsymbole mit den Werten ihrer Ausgangsattribute annotiert sind.

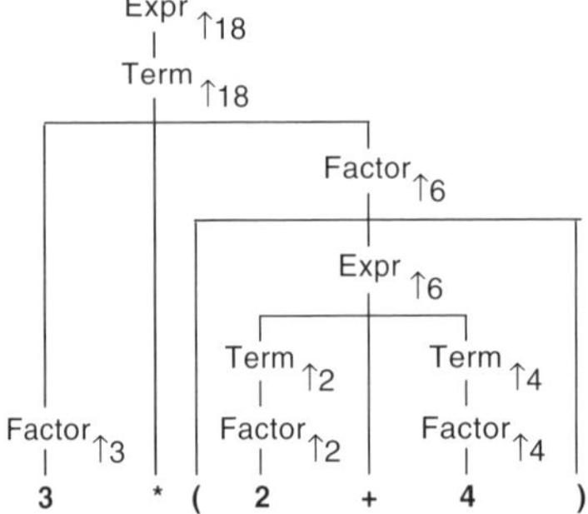

***Abb. 4.1** Syntaxbaum eines Konstantenausdrucks (mit Ausgangsattributen)*

Als Beispiel sehen wir uns nochmals an, wie attributierte Produktionen in Parsermethoden umgesetzt werden und wählen dazu die Produktion von Expr:

```
private static int Expr() {
    int val, val1;
    val = Term();
    for (;;) {
        if (sym == plus) {
            scan; val1 = Term(); val = val + val1;
        } else if (sym == minus) {
            scan(); val = Term(); val = val - val1;
        } else break;
    }
    return val;
}
```

Beachten Sie, dass das Ausgangsattribut von Expr als Funktionswert zurückgegeben wird. Expr muss daher als Funktionsmethode implementiert werden.

Verkaufsstatistik

Das nächste Beispiel stammt nicht aus dem engeren Compilerbau, sondern beschreibt die Verarbeitung von Verkaufszahlen zu einer Verkaufsstatistik. Dennoch können auch hier attributierte Grammatiken verwendet werden.

Nehmen wir an, wir haben eine Datei, in der Artikel (mit Artikelnummer) samt ihren Verkaufsmengen gespeichert sind. Jede Artikelzeile ist durch einen Strichpunkt abgeschlossen:

```
3451   2 5 3 7 ;
3452   4 5 1 ;
3453   1 1 ;
...
```

Wir wollen die Verkaufsmengen pro Artikel summieren und ausgeben, also:

```
3451   17
3452   10
2343   2
...
```

Die Eingabedatei hat eine syntaktische Struktur, nämlich:

```
File    = {Article}.
Article = Code {Amount} ";".
Code    = number.
Amount  = number.
```

Immer wenn eine Eingabe syntaktisch strukturiert ist, können wir sie mit den Techniken des Compilerbaus verarbeiten. Wir stellen dazu zunächst eine attributierte Grammatik auf:

```
File                              (. int code, amount; .)
= { Article <↑code, ↑amount>      (. System.out.println(code + " " + amount); .)
  }.

Article <↑code, ↑amount>          (. int code, x, amount = 0; .)
= number <↑code>
  { number <↑x>                   (. amount += x; .)
  }
  ";".
```

Diese Grammatik können wir nun in Parsercode umsetzen. Article hat zwei Ausgangsattribute. Da eine Parsermethode aber nur einen einzigen Funktionswert zurückgeben kann, müssen wir die beiden Attribute zu einem Objekt einer Hilfsklasse ArticleInfo zusammenfassen:

```
class ArticleInfo {
    int code, amount;
}
```

Nun können wir die Parsermethoden implementieren (Attribute und semantische Aktionen sind wieder grau dargestellt):

```
private static void File() {
    while (sym == number) {
        ArticleInfo a = Article();
        System.out.println(a.code + " " + a.amount);
    }
    check(eof);
}

private static ArticleInfo Article() {
    ArticleInfo a = new ArticleInfo();
    check(number); a.code = t.numVal;
    while (sym == number) {
        scan(); int x = t.numVal;
        a.amount += x;
    }
    check(semicolon);
    return a;
}
```

Es fehlt nun nur noch ein Miniscanner, der die Terminalsymbole number, semicolon und eof liefert. Dieser ist aber trivial zu implementieren.

Obwohl das Beispiel einfach ist, haben uns die Techniken des Compilerbaus doch geholfen, es systematisch und kompakt zu implementieren. Eines der Ziele dieses Buches ist es, Leser für solche Situationen zu sensibilisieren. Immer wenn eine syntaktisch strukturierte Eingabe zu verarbeiten ist, können die Techniken des Compilerbaus nutzbringend eingesetzt werden.

Bildbeschreibungssprache

Auch dieses Beispiel stammt nicht aus dem engeren Compilerbau, sondern behandelt die Verarbeitung einer Bildbeschreibungssprache. Ein Bild, das in dieser Sprache beschrieben ist, kann aus mehreren Figuren (Rechtecke, Kreise, Polygone etc.) bestehen, die in einem bestimmten Format codiert sind. Konzentrieren wir uns hier auf Polygone. Ein Polygon sei zum Beispiel wie folgt codiert:

```
POLY (10, 30) (50, 50) (40, 30) (50, 10) END
```

Es besteht aus mehreren Punkten, die jeweils durch eine x- und y-Koordinate definiert sind. Polygone dieser Art sollen von einer Datei gelesen und auf dem Bildschirm gezeichnet werden (siehe Abb. 4.2).

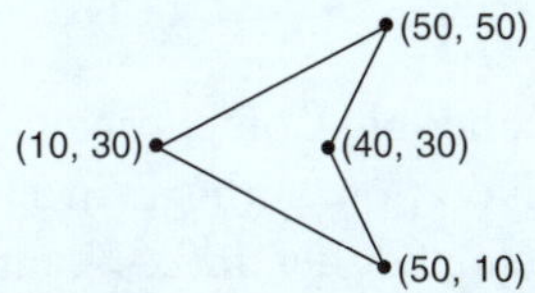

Abb. 4.2 *Darstellung des Polygons*

Zum Zeichnen verwenden wir die sogenannte »Turtle-Grafik«, bei der ein Stift (wie eine Schildkröte) über die Zeichenfläche läuft und dabei eine Linie zieht. Wir benutzen dazu die folgenden beiden Operationen:

Turtle.start(p);	setzt den Stift auf den Punkt p
Turtle.move(q);	bewegt den Stift zum Punkt q und zeichnet dabei eine Linie

Als geübte Compilerbauer beginnen wir nun damit, eine Grammatik für die Beschreibung von Polygonen aufzustellen, die wie folgt aussieht:

```
Polygon = "POLY" Point {Point} "END".
Point   = "(" number "," number ")".
```

Diese Grammatik können wir nun attributieren, wobei Point ein Ausgangsattribut des Typs

```
class Pt { int x, y; }
```

liefern soll. Die attributierte Grammatik sieht folgendermaßen aus:

```
Polygon                 (. Pt p, q; .)
=  "POLY"
   Point <↑p>           (. Turtle.start(p); .)
   { Point <↑q>         (. Turtle.move(q); .)
   }
   "END"                (. Turtle.move(p); .) .

Point <↑p>              (. Pt p = new Pt(); .)
=  "(" number <↑p.x>
   "," number <↑p.y>
   ")" .
```

Der erste Punkt definiert den Startpunkt. Jeder weitere Punkt bewirkt, dass der Stift zu dieser Position bewegt wird. Zum Schluss bewegen wir den Stift wieder zurück zum Startpunkt, wodurch das Polygon geschlossen wird.

Ein Punkt ist durch zwei Zahlen definiert, die wir direkt in die Koordinaten p.x und p.y übernehmen.

Wir brauchen nun diese attributierte Grammatik nur noch in Parsermethoden umzusetzen und ähnliche Produktionen für die anderen Figurenarten (Rechtecke, Kreise etc.) zu schreiben, dann ist die Verarbeitung unserer Bildbeschreibungssprache fertig. Man sieht, dass auch hier die Techniken des Compilerbaus nutzbringend eingesetzt werden konnten.

Umwandlung von Infix- in Postfix-Notation

Das letzte Beispiel, das wir uns anschauen, ist wieder näher am Compilerbau. Wir wollen einen arithmetischen Ausdruck, der in Infix-Notation vorliegt, in einen äquivalenten Ausdruck in Postfix-Notation umwandeln. Bei der Infix-Notation stehen die Operatoren zwischen den Operanden, bei der Postfix-Notation nach den Operanden, also:

Infix-Notation	*Postfix-Notation*
3 + 4 * 2	3 4 2 * +
(3 + 4) * 2	3 4 + 2 *

Im ersten Postfix-Ausdruck werden beispielsweise die Operanden 4 und 2 multipliziert, bevor das Ergebnis zum Operanden 3 hinzuaddiert wird.

Diese Aufgabe erscheint kompliziert, ist aber mit etwas Compilerbau-Wissen sehr einfach lösbar. Der Trick besteht darin, jeden Operanden sofort auszugeben und die Ausgabe der Operatoren so lange hinauszuzögern, bis beide Operanden, auf die sich der Operator bezieht, ausgegeben sind. Damit können wir die attributierte Grammatik sofort formulieren:

```
Expr
= Term
  { "+" Term        (. print("+ "); .)
  | "-" Term        (. print("- "); .)
  }.

Term
= Factor
  { "*" Factor      (. print("* "); .)
  | "/" Factor      (. print("/ "); .)
  }.

Factor
= number <↑val>  (. print(val + " "); .)
| "(" Expr ")".
```

Wenn ein Faktor eine Zahl ist, wird ihr Wert sofort ausgegeben. Bei Factor * Factor werden die beiden Faktoren bereits in der Factor-Produktion ausgegeben und anschließend der Operator "*" in der Term-Produktion. Ähnlich ist es bei Termen: Bei Term + Term werden die beiden Terme in der Term-Produktion ausgegeben und anschließend der Operator "+" in der Expr-Produktion. Wenn ein Faktor ein geklammerter Ausdruck ist, wird dieser durch Aufruf der Expr-Produktion ausgegeben, die wiederum Term und Faktor aufruft, um die Bestandteile des Ausdrucks auszugeben.

Um die Arbeitsweise dieser attributierten Grammatik zu veranschaulichen, sehen wir uns in Abb. 4.3 den (gedachten) Syntaxbaum des Ausdrucks

(3 + 4) * 2

an und annotieren ihn mit den Ausgaben der Elemente des Postfix-Ausdrucks.

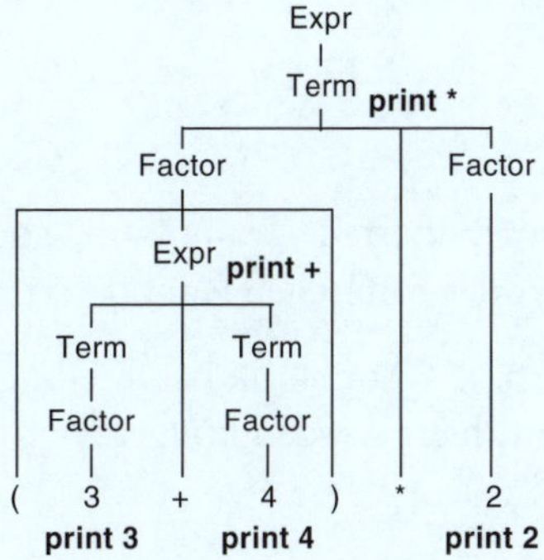

Abb. 4.3 *Umwandlung des Ausdrucks (3 + 4) * 2 in einen Postfix-Ausdruck*

Expr ruft Term auf und dieser Factor. Factor erkennt die öffnende Klammer und ruft dann Expr auf. Expr ruft wieder Term und Factor auf. Factor erkennt die Zahl 3 und gibt sie aus. Dann kehren Factor und Term zurück. Expr erkennt den Operator "+", gibt ihn aber noch nicht aus, sondern ruft wieder Term und Factor auf. Factor erkennt die Zahl 4 und gibt sie aus. Dann kehren Factor und Term zurück. Die beiden Terme sind nun ausgegeben, daher wird nun in Expr der verzögerte Operator "+" ausgegeben. Und so läuft die Verarbeitung weiter. Die Ausgabe liefert den Postfix-Ausdruck 3 4 + 2 *.

4.3 Übungsaufgaben

1. *Verstehen attributierter Grammatiken.* Gegeben sei folgende attributierte Grammatik:

```
N <↑n>          (. int n; .)
= D <↑n>
  { D <↑x>      (. n = 2 * n + x; .)
  }.

D <↑x>
=   "0"         (. x = 0; .)
  | "1"         (. x = 1; .).
```

a) Was macht diese Grammatik, d.h., was liefert N als Ausgangsattribut?

b) Übersetzen Sie die beiden Produktionen in Parsermethoden, die auch die Attribute und semantischen Aktionen enthalten. Die Terminalsymbole "0" und "1" können im Parser als zero und one angesprochen werden.

2. *Römische Zahlen.* Gegeben sei folgende kontextfreie Grammatik für eine vereinfachte Form römischer Zahlen zwischen 1 und 19 ("I" bedeutet den Wert 1, "V" den Wert 5 und "X" den Wert 10):

```
RomanNumber = OneOrMore | FiveOrMore | TenOrMore.
OneOrMore   = "I" ["I" ["I" ["I"]]].
FiveOrMore  = "V" [OneOrMore].
TenOrMore   = "X" [OneOrMore | FiveOrMore].
```

Erweitern Sie diese Grammatik zu einer attributierten Grammatik, sodass RomanNumber als Ausgangsattribut den int-Wert der römischen Zahl liefert.

3. *Rechnen mit Uhrzeiten.* Die folgende kontextfreie Grammatik beschreibt Ausdrücke, mit denen Uhrzeiten addiert und subtrahiert werden können:

```
TimeExpr = Time { "+" Time | "-" Time }.
Time     = Hours ":" Minutes.
Hours    = digit [digit].
Minutes  = digit digit.
```

Erweitern Sie sie zu einer attributierten Grammatik, die als Ausgangsattribut von TimeExpr die Anzahl der Minuten eines Zeitausdrucks liefert, zum Beispiel:

```
3:24 + 1:00           => 264
21:15 + 0:30 - 12:00  => 585
```

Die Grammatik soll auch folgende Kontextbedingungen prüfen:

- Die Stunden müssen im Bereich 0..23 liegen.
- Die Minuten müssen im Bereich 0..59 liegen.

Sie können davon ausgehen, dass digit ein Ausgangsattribut val liefert.

4. *Adressvergabe bei Variablendeklarationen.* Gegeben sei folgende kontextfreie Grammatik für Variablendeklarationen:

```
VarDeclList = VarDecl {VarDecl}.
VarDecl     = Type ident {"," ident} ";".
Type        = "boolean" | "char" | "int".
```

Erweitern Sie sie zu einer attributierten Grammatik, die für jede Variable ihre Adresse sowie zum Schluss für alle Variablen den insgesamt benötigten Speicherplatz ausgibt. Die Adressen beginnen bei 0. Variablen vom Typ boolean benötigen 1 Byte, vom Typ char 2 Bytes und vom Typ int 4 Bytes. Für

```
boolean x, y;
int b;
char c;
```

soll zum Beispiel Folgendes ausgegeben werden:

```
x: 0
y: 1
b: 2
c: 6
Gesamtspeicherbedarf = 8
```

5. *Kurse und Teilnehmer.* Gegeben sei eine Textdatei, die Kurse und ihre Teilnehmerinnen bzw. Teilnehmer beschreibt. Jeder Kurs hat einen Namen und eine Liste von Teilnehmenden gemäß folgender Grammatik:

```
Courses      = {Course}.
Course       = "course" CourseName ":" Participants;
Participants = {Participant}.
CourseName   = string.
Participant  = string.
```

Attributieren Sie die Grammatik, sodass eine Teilnehmerliste

```
HashMap<String, ArrayList<String>> participants;
```

entsteht, in der für jeden Teilnehmer die Liste der von ihm besuchten Kurse gespeichert wird. Geben Sie diese Liste anschließend aus. Entnehmen Sie den Wert des Terminalsymbols string aus t.val.

6. *Berechnung von Präfix-Ausdrücken.* Arithmetische Ausdrücke können in Präfix-Notation geschrieben werden, bei der der Operator *vor* den Operanden steht (z.B. + a b). Hier sind einige Beispiele für Präfix-Ausdrücke und ihre Bedeutung in der gewohnten Infix-Schreibweise:

```
+ 3 * 6 2        = 3 + (6 * 2)
* + 1 2 3        = (1 + 2) * 3
+ * 2 4 * 6 8    = (2 * 4) + (6 * 8)
```

a) Stellen Sie eine kontextfreie Grammatik für Präfix-Ausdrücke auf. Ein Präfix-Ausdruck ist entweder eine Zahlenkonstante (Terminalsymbol number) oder beginnt mit einem der Operatoren "+" oder "*", auf den wieder zwei Präfix-Ausdrücke folgen. Verwenden Sie Rekursion. Die Vorrangregeln zwischen "+" und "*" können ignoriert werden, da sie implizit im Präfix-Ausdruck gegeben sind.

b) Attributieren Sie Ihre Grammatik so, dass der Wert eines Präfix-Ausdrucks als Attribut geliefert wird. Den Wert von number können Sie aus t.numVal entnehmen.

7. *Skriptsprache für boolesche Ausdrücke.* Folgende Grammatik beschreibt eine kleine Sprache, mit der boolesche Ausdrücke berechnet, in Variablen gespeichert und ausgegeben werden können:

```
Program   = { Statement }.
Statement = ident "=" Expr ";"
          | "print" Expr ";".
Expr      = Term { "||" Term }.
Term      = Factor { "&&" Factor }.
Factor    = "true" | "false" | ident | "(" Expr ")" | "!" Factor.
```

Attributieren Sie diese Grammatik, sodass der Wert der booleschen Ausdrücke berechnet und in Variablen abgespeichert oder ausgegeben werden kann. Verwalten Sie die verwendeten Variablen und ihre Werte in einer Hashtabelle (HashMap). Ein Beispielprogramm könnte wie folgt aussehen:

```
big = true;
small = ! big;
ready = false;
print (big || small) && ready || big && ! ready;
```

8. *Übersetzung von XML nach Json.* Sowohl XML (*Extensible Markup Language*) als auch Json (*JavaScript Object Notation*) sind Formate zur Beschreibung markierter Datensätze. Ein XML-Datensatz, bestehend aus mehreren XML-Elementen,

```
<person>
   <name>Meier</name>
   <city>Wien</city>
</person>
<person>
   <name>Huber</name>
   <city>Berlin</city>
</person>
```

wird in Json wie folgt dargestellt:

```
[
   person: {
      name: Meier,
      city: Wien
   },
   person: {
      name: Huber,
      city: Berlin
   }
]
```

Wir verwenden in diesem Beispiel eine vereinfachte XML-Syntax:

```
XML     = { Element } .
Element = "<" ident ">"
          ( ident
          | { Element }
          )
          "</" ident ">".
```

Attributieren Sie diese Grammatik, sodass ein XML-Datensatz in einen Json-Datensatz übersetzt wird. Prüfen Sie auch, dass die Tag-Namen in <ident> und </ident> übereinstimmen.

5 Symbolliste

Die Symbolliste ist eine zentrale Datenstruktur des Compilers und hat folgende Aufgaben:

- **Verwaltung aller deklarierten Namen und ihrer Eigenschaften**, wie zum Beispiel:
  - ihr Datentyp
  - bei Konstanten ihr Wert
  - bei Variablen, Feldern und Methoden ihre Adresse
  - bei Methoden ihre Parameter

  Bei jeder Verwendung eines Namens im Programm wird dieser in der Symbolliste gesucht, und es werden seine Eigenschaften (Typ, Wert, Adresse, Parameter) geliefert.
- **Verwaltung von Datentypen**. Einfache Datentypen (int und char) werden durch einen Typcode bezeichnet. Für strukturierte Datentypen (Arrays und Klassen) wird auch ihre Struktur gespeichert.
- **Verwaltung von Gültigkeitsbereichen**. Namen werden dem Gültigkeitsbereich (*Scope*) zugeordnet, in dem sie deklariert wurden. Sie können zum Beispiel lokal oder global sein oder zu einer Klasse gehören.

Wir implementieren die Symbolliste als Klasse Tab mit Operationen wie insert zum Einfügen und find zum Suchen von Namen. Die Symbolliste besteht aus Knoten einer dynamischen Datenstruktur, von denen es drei Arten gibt:

- *Objektknoten*: Speichern Informationen über deklarierte Namen
- *Strukturknoten*: Speichern Informationen über Datentypen
- *Scopeknoten*: Verwalten Gültigkeitsbereiche (Scopes)

Die Datenstruktur kann eine lineare Liste, ein Binärbaum oder eine Hashtabelle sein. Binärbäume und Hashtabellen haben den Vorteil, dass man in ihnen effizient suchen kann, aber den Nachteil, dass die Deklarationsreihenfolge der Namen verlorengeht. Daher verwenden wir im MicroJava-Compiler lineare Listen, bei denen die Deklarationsreihenfolge erhalten bleibt. In MicroJava sind die Programme kurz und es gibt nur wenige Deklarationen, weshalb eine lineare Liste als Datenstruktur ausreicht.

Symbolliste als lineare Liste

Alle deklarierten Namen werden in einer verketteten Liste gespeichert. Bei folgenden MicroJava-Deklarationen

```
final int n = 10;
class T { ... }
int a, b, c;
void m() { ... }
```

wird für jeden deklarierten Namen ein Objektknoten erzeugt und an die Liste angefügt. Es entsteht die in Abb. 5.1 dargestellte Datenstruktur.

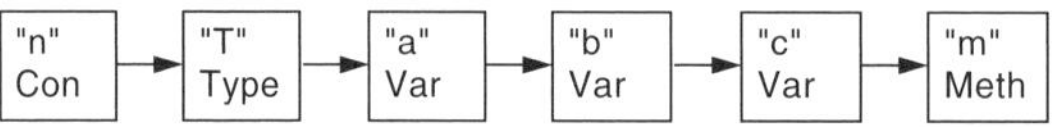

Abb. 5.1 *Symbolliste als lineare Liste aus Objektknoten*

Lineare Listen sind einfach zu verwalten. Da es in MicroJava-Programmen meist nur wenige Deklarationen gibt, sind diese Listen kurz und die Suchzeiten schnell. Wie man sieht, bleibt auch die Deklarationsreihenfolge der Namen erhalten, was zum Beispiel für die fortlaufende Adressvergabe bei Variablen von Vorteil ist.

Wir sehen uns nun die verschiedenen Knotenarten der Symbolliste, ihren Inhalt und ihre Verwaltung an.

5.1 Objektknoten

Für jeden deklarierten Namen erzeugt der Compiler einen Objektknoten und trägt ihn in die Symbolliste ein. In MicroJava gibt es folgende Arten von Objekten, die durch einen numerischen Code unterschieden werden:

```
static final int // object kinds
    Con  = 0,  // constant
    Var  = 1,  // variable or class field
    Type = 2,  // type
    Meth = 3,  // method
    Prog = 4;  // program
```

Zu jedem Namen müssen je nach Objektart unterschiedliche Informationen gespeichert werden:

- Für alle Objekte: Name, Objektart, Typ
- Für Konstanten: Wert
- Für Variablen: Adresse, Deklarationsstufe (lokal oder global)
- Für Typen: – (Informationen stehen in Strukturknoten)
- Für Methoden: Adresse, Parameterzahl, Liste formaler Parameter
- Für das Programm: –

Da es unterschiedliche Arten von Objektknoten gibt, wäre es naheliegend, eine Klassenhierarchie zu verwenden mit einer allgemeinen Oberklasse Obj und Unterklassen für die verschiedenen Objektarten (Abb. 5.2).

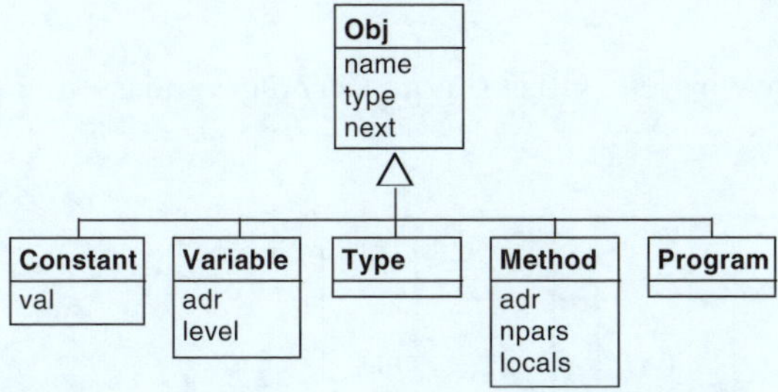

Abb. 5.2 *Mögliche Klassenhierarchie für Objektknoten*

Ein derartiges objektorientiertes Design wäre aber umständlich zu benutzen, weil man ständig Typprüfungen und Casts durchführen müsste, zum Beispiel:

```
Obj obj = Tab.find("someVar");
if (obj instanceof Variable) {
    Variable v = (Variable) obj;
    v.adr = ...;
    v.level = ...;
}
```

Wenn man einen Namen in der Symbolliste sucht, wird ein Objekt des allgemeinen Typs Obj geliefert, das dann meist zur weiteren Verwendung in den Typ des tatsächlichen Objekts umgewandelt werden muss. Typprüfungen und Casts kosten Laufzeit und fördern auch nicht gerade die Lesbarkeit des Codes.

Daher wählen wir im MicroJava-Compiler eine »flache« Struktur und deklarieren alle Felder in einer einzigen Klasse Obj. Je nach Objektart sind nur einige dieser Felder benutzt:

```
class Obj {
    static final int Con = 0, Var = 1, Type = 2, Meth = 3, Prog = 4;
    int     kind;    // object kind: Con, Var, Type, Meth, Prog
    String  name;    // object name
    Struct  type;    // object type (see later)
    Obj     next;

    int     val;     // for Con: value
    int     adr;     // for Var and Meth: address
    int     level;   // for Var: 0 = global, 1 = local
    int     nPars;   // for Meth: number of parameters
    Obj     locals;  // for Meth: list of parameters and local objects
}
```

Betrachten wir nochmals folgende globale MicroJava-Deklarationen:

```
final int n = 10;
class T { ... }
int a, b, c;
void m (int x) { ... }
```

Für jeden deklarierten Namen wird ein Objektknoten erzeugt, sodass folgende Liste entsteht (Abb. 5.3):

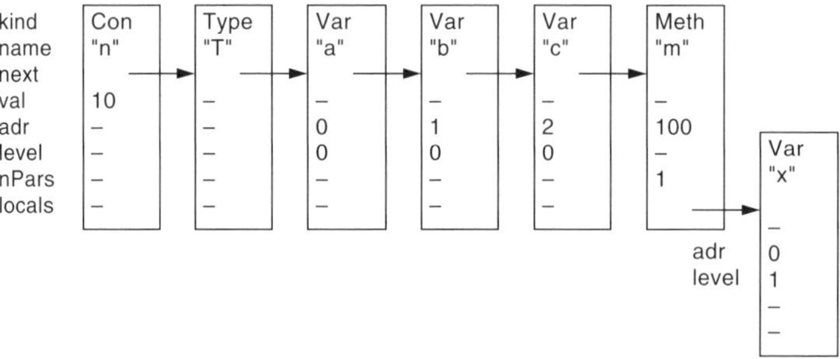

Abb. 5.3 *Symbolliste mit Inhalt der Objektknoten*

Wir sehen, dass das Feld val nur bei Konstanten belegt ist und das Feld adr nur bei Variablen und Methoden. Die Adressen von Variablen beziehen sich auf den Datenspeicher. Sie werden fortlaufend vergeben, was wir uns im nächsten Abschnitt genauer ansehen. Die Adressen von Methoden verweisen in den Codespeicher. In diesem Beispiel nehmen wir an, dass die Methode m die Adresse 100 hat. Das Feld level bezeichnet die Deklarationsstufe. Unter der Annahme, dass die obigen Deklarationen global sind, ist level = 0. Die Methode m hat einen einzigen Parameter, was im Feld nPars zum Ausdruck kommt. Das Feld locals zeigt auf die formalen Parameter der Methode, die wieder eine Liste von Objektknoten bilden. Die Adressvergabe bei Parametern und lokalen Variablen beginnt wieder von Neuem, daher ist adr = 0. Die Deklarationsstufe des Parameters x ist 1 (lokal).

In MicroJava gibt es globale und lokale Variablen, die in unterschiedlichen Datenbereichen gespeichert werden. Wir sehen uns nun diese Datenbereiche genauer an.

Globale Variablen

Globale Variablen werden zur Laufzeit in einem globalen Datenbereich der MicroJava-VM gespeichert. Jede Variable belegt darin 1 Wort (4 Bytes). Die Adressen werden fortlaufend in Deklarationsreihenfolge vergeben. Sie sind Wortnummern relativ zum Anfang des Datenbereichs. Abb. 5.4 zeigt ein Beispiel für globale Variablen und ihre Speicherung im globalen Datenbereich.

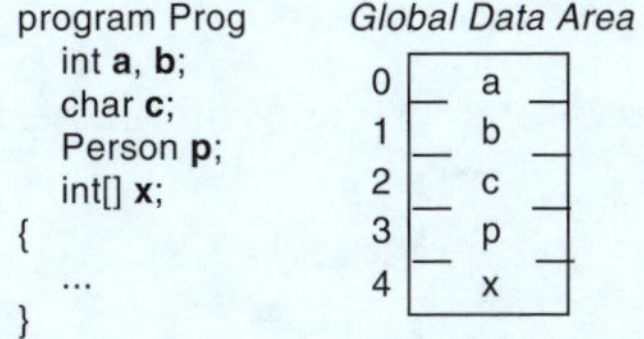

Abb. 5.4 *Globale Variablen und ihre Speicherung im globalen Datenbereich*

Variablen vom Typ char werden ebenfalls in einem ganzen Wort gespeichert, ebenso wie Variablen, die eine Referenz auf ein Objekt einer Klasse (z.B. Person) oder eines Arrays enthalten.

Lokale Variablen

Lokale Variablen werden zur Laufzeit im *Aktivierungssatz* (*stack frame*) ihrer Methode gespeichert. Bei jedem Aufruf einer Methode wird ein neuer Aktivierungssatz für ihre lokalen Variablen angelegt. Nach Rückkehr der Methode wird er wieder freigegeben. Aktivierungssätze werden also kellerartig verwaltet. Abb. 5.5 zeigt ein Beispiel für lokale Variablen und ihre Speicherung im Aktivierungssatz ihrer Methode.

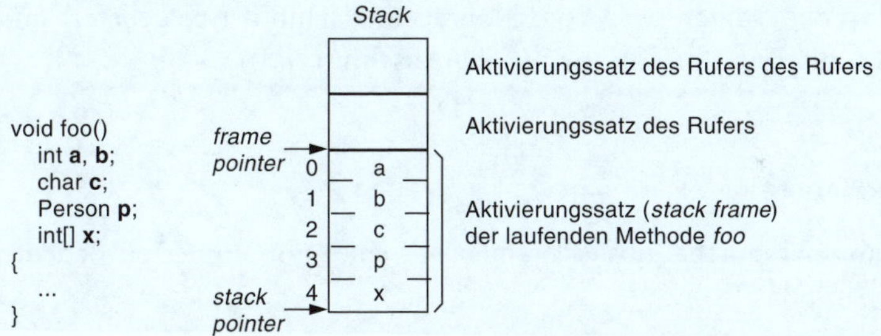

Abb. 5.5 *Lokale Variablen und ihre Speicherung im Aktivierungssatz ihrer Methode*

Aktivierungssätze werden auf dem *Stack* (Methodenkeller) der MicroJava-VM angelegt. Der Aktivierungssatz der gerade laufenden Methode wird durch zwei Register der VM begrenzt: Der *Frame Pointer* (fp) zeigt auf den Anfang des Aktivierungssatzes, der *Stack Pointer* (sp) auf das Ende, das gleichzeitig auch das momentane Ende des Stacks ist. Oberhalb des Aktivierungssatzes der laufenden Methode liegt der Aktivierungssatz des Rufers und darüber der Aktivierungssatz des Rufers des Rufers, bis hinauf zur Hauptmethode main.

Im Aktivierungssatz werden die lokalen Variablen der betreffenden Methode in der Reihenfolge ihrer Deklaration abgelegt. Jede Variable belegt genau ein Wort (4 Bytes). Die Adressen sind Wortnummern relativ zum Frame Pointer.

Einfügen von Namen

Bei der Deklaration eines Namens wird dieser wie folgt in die Symbolliste eingefügt:

```
Obj obj = Tab.insert(kind, name, type);
```

Der Parameter kind bezeichnet die Objektart des Namens (Con, Var, Type, Meth, Prog), und type ist der Typ des Namens. Die Methode insert erzeugt einen neuen Objektknoten mit den Werten der Parameter, prüft, ob der Name bereits deklariert ist, und hängt den Knoten dann hinten an die Symbolliste an. Bei Variablen und Feldern werden fortlaufende Adressen vergeben, bei Variablen wird außerdem die Deklarationsstufe (global oder lokal) eingetragen (siehe Seite 103). Der erzeugte Objektknoten wird schließlich zurückgegeben, damit er im Rufer weiterverarbeitet werden kann. Die folgende attributierte Grammatik zeigt die Verarbeitung von Variablendeklarationen:

```
VarDecl                     (. Struct type; String name; .)
= Type <↑type>
  ident <↑name>             (. Tab.insert(Obj.Var, name, type); .)
  { "," ident <↑name>       (. Tab.insert(Obj.Var, name, type); .)
  }
  ";" .
```

Der Parameter kind hat hier den Wert Obj.Var, da es sich um Variablendeklarationen handelt. Der Typ der Namen wird vom Nonterminalsymbol Type geliefert und ist ein Struct-Objekt mit Typinformationen (siehe Abschnitt 5.3).

Vordeklarierte Namen

In jeder Programmiersprache gibt es Namen mit einer vordefinierten Bedeutung. Für MicroJava sind das:

- Standardtypen: int, char
- Standardkonstanten: null
- Standardmethoden: ord(ch), chr(i), len(arr)

Diese Namen werden als vordeklariert betrachtet und am Beginn der Compilation in die Symbolliste eingetragen (siehe Abb. 5.6). Wenn sie später im Quellprogramm auftreten, werden sie in der Symbolliste gesucht, und es wird der entsprechende Objektknoten zurückgegeben. Vordeklarierte Namen unterscheiden sich in ihrer Verwendung also nicht von benutzerdeklarierten Namen. Der einzige Unterschied liegt darin, dass sie am Beginn der Compilation vordeklariert wurden.

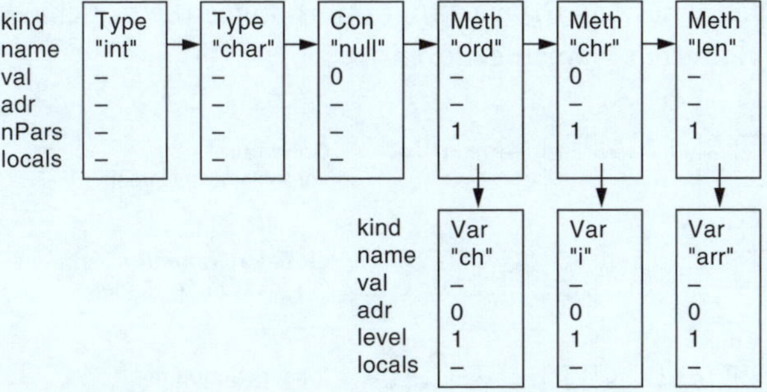

Abb. 5.6 *Vordeklarierte Namen in der Symbolliste*

Alternativ könnten vordeklarierte Namen auch als Schlüsselwörter betrachtet werden. Das würde aber eine Sonderbehandlung im Compiler erfordern: Wenn ein Typname ein Schlüsselwort ist, müsste man ihm einem vordefinierten Typ zuordnen, wenn er hingegen ein benutzerdeklarierter Name ist, ist er in der Symbolliste zu suchen:

```
Type <↑type>
= ident <↑name>    (. Obj obj = Tab.find(name);    // type name - look it up
                      type = obj.type; .)
| "int"            (. type = Tab.intType; .)       // keyword - assign predefined type
| "char"           (. type = Tab.charType; .) .    // keyword - assign predefined type
```

Einfacher ist es, vordeklarierte und benutzerdeklarierte Namen gleich zu behandeln, wie das in folgender attributierten Grammatik gezeigt wird:

```
Type <↑type>
= ident <↑name>    (. Obj obj = Tab.find(name); type = obj.type; .) .
```

Der Nachteil ist allerdings, dass dann vordeklarierte Namen durch eine Neudeklaration überschrieben werden können.

5.2 Scopeknoten

Jeder deklarierte Name ist nur in einem bestimmten Bereich (Scope) des Quellprogramms sichtbar. In MicroJava gibt es zum Beispiel globale Namen, die im gesamten Programm sichtbar sind, lokale Namen, die nur in der Methode sichtbar sind, in der sie deklariert wurden, und Feldnamen, die nur in ihrer Klasse sichtbar sind. Vordeklarierte Namen gehören schließlich zu einem speziellen Scope, den man das »Universum« nennt. In MicroJava gibt es also folgende Scopes:

- ❑ Programm — enthält globale Namen
- ❑ Methode — enthält lokale Namen
- ❑ Klasse — enthält Felder
- ❑ Universum — enthält vordeklarierte Namen

Abb. 5.7 zeigt ein Beispiel eines MicroJava-Programms sowie die verschiedenen Scopes, zu denen die deklarierten Namen gehören.

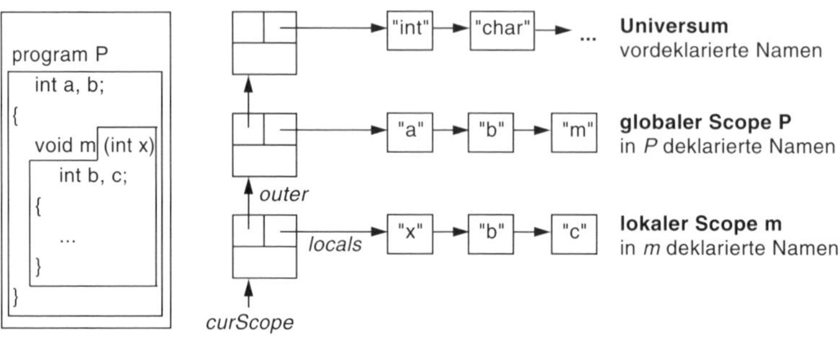

Abb. 5.7 *Beispielprogramm mit Scopes und ihrem Inhalt*

Wie man sieht, besteht die Symbolliste aus mehreren Teillisten – eine für jeden Scope. Wenn der Compiler das Quellprogramm durchläuft und sich in der Methode m befindet, ist der aktuelle Scope (curScope) jener von m; er enthält Objektknoten für die lokalen Variablen x, b und c. Der nächstäußere Scope ist jener des Programms P mit Objektknoten für die globalen Variablen a und b sowie für die Methode m. Der äußerste Scope ist schließlich das »Universum«, das Objektknoten für alle vordeklarierten Namen enthält. Für jeden Scope gibt es einen Scope-Knoten, der mit locals auf die lokalen Objekte dieses Scopes zeigt und mit outer auf den nächstäußeren Scope.

Trifft der Compiler auf die Verwendung eines Namens, so wird dieser in allen offenen Scopes gesucht. Die Suche beginnt immer im aktuellen Scope (curScope) und setzt sich durch Folgen der outer-Zeiger auf die nächstäußeren Scopes fort. Wenn zum Beispiel der Name b gesucht wird, so wird er bereits im Scope von m gefunden. Das ist auch das erwartete Verhalten: Die lokale Variable b verdeckt die gleichnamige globale Variable. Wird der Name a gesucht, wird er im Scope von m nicht gefunden, aber im Scope von P. Wird schließlich der Name int gesucht, wird er weder im Scope von m noch im Scope von P gefunden, aber im Universum. Die Teillisten werden durch Scopeknoten zusammengehalten, die wie folgt aussehen:

```
class Scope {
    Scope  outer;    // to next outer scope
    Obj    locals;   // to local objects of this scope
    int    nVars;    // number of variables declared in this scope
}
```

Wenn ein neuer Scope beginnt (am Anfang des Programms, einer Methode oder einer Klasse), wird eine Methode openScope aufgerufen, die einen leeren Scope erzeugt und mit den bestehenden Scopes verknüpft. Der neue Scope wird zum aktuellen Scope (curScope) und die Deklarationsstufe curLevel wird erhöht. curScope und curLevel sind globale Variablen der Klasse Tab.

```
static void openScope() {
    Scope s = new Scope();
    s.outer = curScope;
    curScope = s;
    curLevel++;
}
```

Am Ende des Programms, einer Methode oder einer Klasse wird der aktuelle Scope durch Aufruf der Methode closeScope wieder geschlossen. curScope zeigt dann wieder auf den nächstäußeren Scope und curLevel wird dekrementiert. Scopes werden also kellerartig verwaltet.

```
static void closeScope() {
    curScope = curScope.outer;
    curLevel--;
}
```

Die Methoden openScope und closeScope gehören wie insert und find zur Klasse Tab. Die Methode insert trägt Namen immer in curScope ein.

Die folgende attributierte Grammatik zeigt am Beispiel von Methodendeklarationen, an welcher Stelle openScope und closeScope aufgerufen werden.

```
MethodDecl              (. Struct type; String name; .)
=  Type <↑type>
   ident <↑name>        (. curMethod = Tab.insert(Obj.Meth, name, type);
                           Tab.openScope(); .)
   "(" ... ")"
   "{"                  (. curMethod.locals = Tab.curScope.locals; .)
   ...
   "}"                  (. Tab.closeScope(); .) .
```

Der Name der Methode wird noch in den äußeren Scope eingetragen, bevor ein neuer Scope geöffnet wird. Die Parameter und lokalen Variablen der Methode werden bei ihrer Deklaration bereits in diesen neuen Scope eingetragen. Bevor die Anweisungen der Methode beginnen, wird die Liste der lokalen Variablen in curMethod.locals verankert, damit sie nicht verloren geht, wenn der Scope am Ende der Methode wieder geschlossen wird. curMethod ist ebenfalls eine globale Variable und bezeichnet die Methode, an der der Compiler gerade arbeitet.

Zur Veranschaulichung sehen wir uns nun schrittweise an, wie das Programm aus Abb. 5.7 verarbeitet wird. Am Beginn der Compilation wird das Universum erzeugt, das den aktuellen Scope bildet (Abb. 5.8).

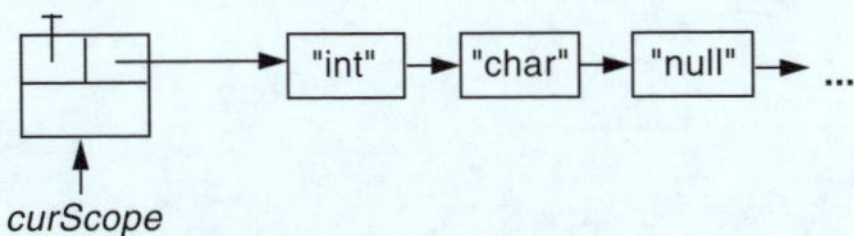

***Abb. 5.8** Symbolliste beim Programmstart*

Nach Beginn des Programms wird openScope aufgerufen und die beiden globalen Variablen a und b sowie die Methode m werden mittels insert in den neuen Scope eingefügt (Abb. 5.9).

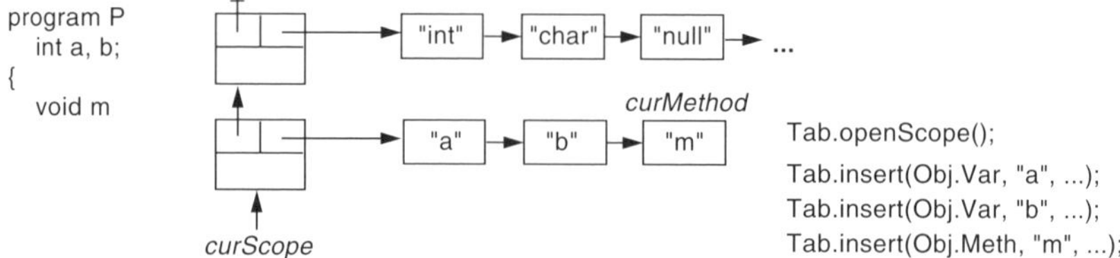

Abb. 5.9 *Symbolliste nach den Deklarationen von a, b und m*

Bei der Deklaration der Methode m wird wieder openScope aufgerufen und der Parameter x sowie die beiden lokalen Variablen b und c werden mittels insert in den neuen Scope eingefügt. Am Beginn der Anweisungen von m werden die Objekte des aktuellen Scopes in curMethod.locals verankert, um sie nach Schließen des Scopes nicht zu verlieren (Abb. 5.10).

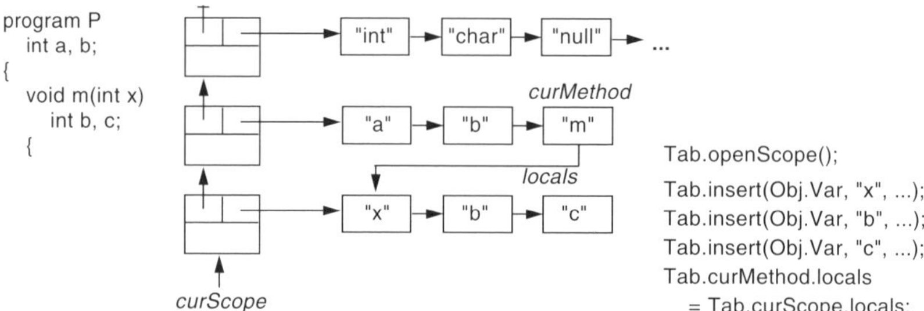

Abb. 5.10 *Symbolliste beim Erreichen der Anweisungen von m*

Am Ende der Methode m wird der aktuelle Scope mittels closeScope geschlossen. curScope zeigt nun wieder auf den Scope von P. Die lokalen Objekte von m hängen aber noch an curMethod.locals (Abb. 5.11).

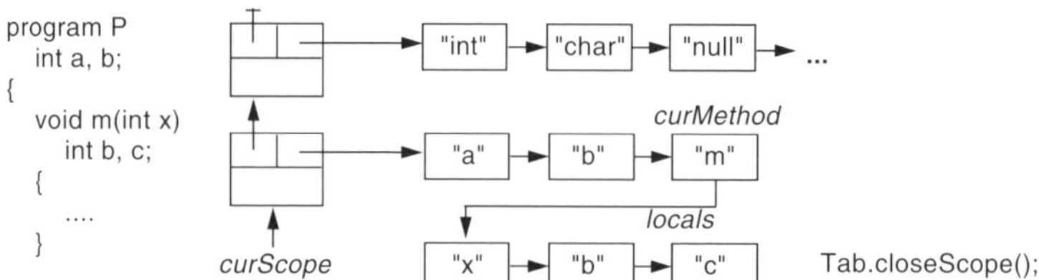

Abb. 5.11 *Symbolliste nach Abschluss von m*

Wenn nun eine weitere Methodendeklaration käme, würde wieder ein neuer Scope geöffnet und am Ende der Methode wieder geschlossen. Die Scopes werden also kellerartig verwaltet. In unserem Beispiel folgt aber keine weitere Methodendeklaration, sondern das Programm ist zu Ende. Daher wird der Scope von P mittels closeScope geschlossen, und wir sind wieder im Zustand, den Abb. 5.8 zeigt.

Einfügen von Namen in den aktuellen Scope

Nachdem wir nun wissen, wie Scopes verwaltet werden, sehen wir uns die Implementierung der Methode insert an, die Namen bei ihrer Deklaration in den aktuellen Scope (curScope) einträgt.

```
public static Obj insert (int kind, String name, Struct type) {
    //--- create and initialize object node
    Obj obj = new Obj(kind, name, type);
    if (kind == Obj.Var) {
        obj.adr = curScope.nVars; curScope.nVars++;
        obj.level = curLevel;
    }
    //--- insert object node into current scope
    Obj p = curScope.locals, last = null;
    while (p != null) {
        if (p.name.equals(name)) error(name + " declared twice");
        last = p; p = p.next;
    }
    if (last == null) curScope.locals = obj; else last.next = obj;
    return obj;
}
```

Es wird ein Objektknoten erzeugt und mit der Objektart (Con, Var, Type, Meth, Prog), dem deklarierten Namen und seinem Typ initialisiert. Für Variablen wird eine Adresse vergeben, die der bisherigen Anzahl von Variablen im aktuellen Scope entspricht (curScope.nVars). Die erste Variable bekommt also die Adresse 0, die zweite die Adresse 1, und so weiter. Außerdem wird die Deklarationsstufe der Variablen auf curLevel gesetzt, das in openScope und closeScope eingestellt wird.

Anschließend wird der Objektknoten in den aktuellen Scope (curScope) eingefügt. Dazu wird das Ende der Objektliste gesucht und dabei auf Mehrfachdeklarationen geprüft. Der Objektknoten wird dann an das Ende der Liste angehängt und für die Weiterverarbeitung an den Rufer zurückgegeben.

Suchen von Namen in Scopes

Bei jedem Auftreten eines Namens im Quellprogramm wird dieser mithilfe der Methode find in allen offenen Scopes gesucht.

```
Obj obj = Tab.find(name);
```

Die Suche beginnt im aktuellen Scope (curScope). Wenn der Name dort nicht gefunden wird, setzt sich die Suche im nächstäußeren Scope fort (siehe Abb. 5.7).

```
public static Obj find (String name) {
    for (Scope s = curScope; s != null; s = s.outer) {          // for all open scopes
        for (Obj p = curScope.locals; p != null; p = p.next) { // for all objects in this scope
            if (p.name.equals(name) return p;
        }
    }
    error(name + " is undeclared");
    return noObj;
}
```

Wenn der Name in keinem der Scopes gefunden wird, wird ein Fehlerobjekt noObj zurückgegeben und nicht null. Das trägt zur Robustheit des Compilers bei, da sonst beim späteren Zugriff auf dieses Objekt immer auf null geprüft werden müsste, um Folgefehler zu vermeiden. Das Fehlerobjekt wird so initialisiert, dass spätere Zugriffe mit hoher Wahrscheinlichkeit keine Folgefehler verursachen. Als Objektart wird zum Beispiel Obj.Var gewählt, als Name "$none" (ein Name, der in MicroJava-Programmen nicht vorkommen kann) und als Typ int.

5.3 Strukturknoten

Strukturknoten speichern Informationen über den Typ eines Namens, insbesondere seine Struktur: Bei Klassen werden die Felder gespeichert, bei Arrays der Elementtyp. In MicroJava gibt es folgende Arten von Typen, die durch einen Typcode gekennzeichnet sind:

```
static final int
    None  = 0,  // used for void methods
    Int   = 1,  // int (primitive type)
    Char  = 2,  // char (primitive type)
    Arr   = 3,  // array (structured type)
    Class = 4;  // class (structured type)
```

Das führt zu folgender Klasse für Strukturknoten:

```
class Struct {
    static final int None = 0, Int = 1, Char = 2, Arr = 3, Class = 4; // type kinds
    int     kind;      // None, Int, Char, Arr, Class
    Struct  elemType;  // for Arr: element type
    int     nFields;   // for Class: number of fields
    Obj     fields;    // for Class: list of fields
}
```

Auch hier werden einzelne Felder von Struct nur für gewissen Typarten verwendet: das Feld elemType nur für Arrays, die Felder nFields und fields nur für Klassen.

Für folgende (globale) MicroJava-Deklarationen:

```
int a, b;
char c;
```

zeigt Abb. 5.12 das Aussehen der Strukturknoten für die Typen int und char:

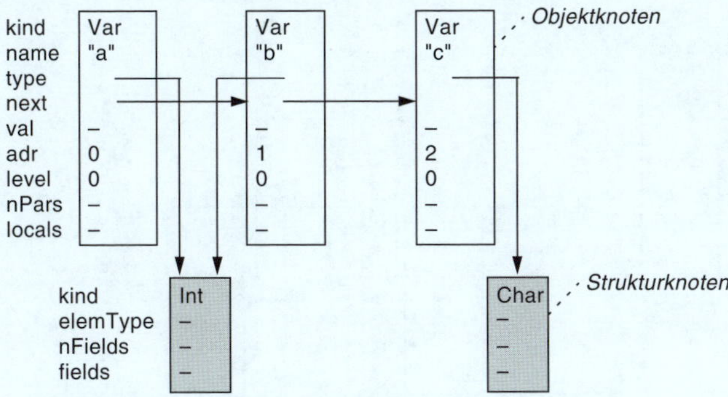

Abb. 5.12 *Strukturknoten für int und char*

In der gesamten Symbolliste gibt es für jeden Typ nur einen einzigen Strukturknoten (also auch für int und char). Alle Objektknoten, die sich auf diesen Typ beziehen, zeigen auf diesen eindeutigen Strukturknoten.

Abb. 5.13 zeigt die Strukturknoten für Arrays, die sich aus folgenden (globalen) MicroJava-Deklarationen ergeben:

```
int[] a;
int b;
```

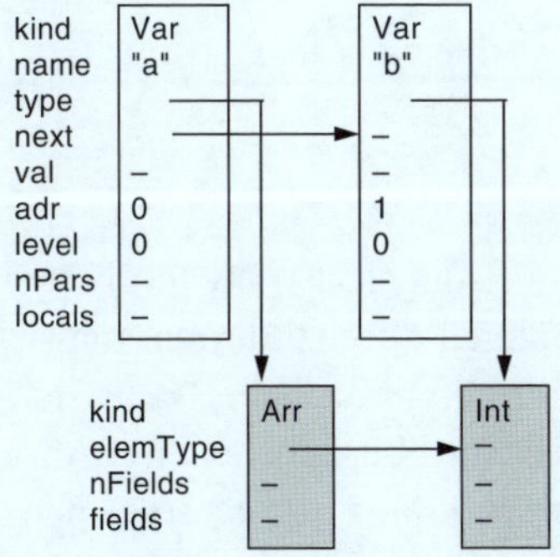

Abb. 5.13 *Strukturknoten für Arrays*

Die Variable a ist von der Typart »Arr of Int«, während b nur von der Typart Int ist. Man sieht auch hier, dass es nur einen einzigen Knoten für int gibt. Die Länge von Arrays ist in MicroJava (wie in Java) zur Compilationszeit nicht bekannt. Sie wird erst zur Laufzeit festgelegt und in den Array-Objekten am Heap gespeichert.

Schließlich sehen wir uns noch in Abb. 5.14 an, wie die Strukturknoten von Klassen für die folgenden (globalen) Deklarationen aussehen:

```
class C {
    int x, y, z;
}
C obj;
```

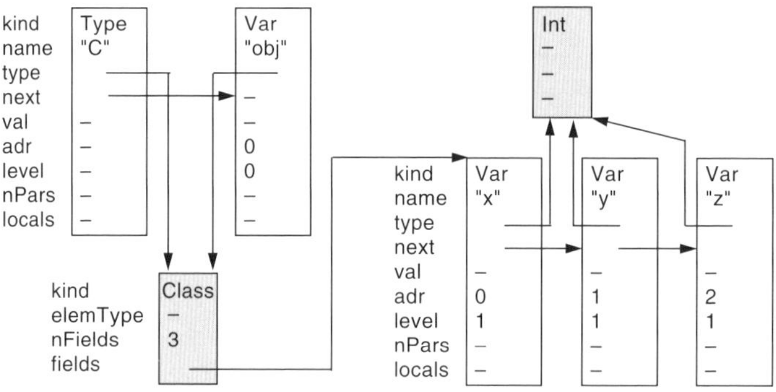

Abb. 5.14 *Strukturknoten für Klassen*

Der Typ von C ist eine Klasse mit drei Feldern, die wieder eine Liste von Objektknoten bilden. Die Adressvergabe bei Feldern beginnt bei 0 und die Deklarationsstufe ist 1. Alle drei Felder sind hier vom Typ int und zeigen daher auf denselben Int-Knoten. Der Typ von obj ist C, daher zeigt der Objektknoten von obj auf den Class-Knoten von C.

Man beachte, dass benannte Typen wie C in der Symbolliste durch zwei Knoten repräsentiert werden: ein Objektknoten, der den Namen C beschreibt, und ein Strukturknoten, der die Struktur von C beschreibt.

5.4 Typprüfungen

Eine der Aufgaben eines Compilers ist es, bei Zuweisungen, Parameterübergaben, Ausdrücken und sonstigen Operationen Typprüfungen durchzuführen, um sicherzustellen, dass die Typen der Operanden kompatibel sind. Dabei stellt sich die Frage, wann Typen als äquivalent betrachtet werden. Hier gibt es zwei Ansätze: *Namensäquivalenz* und *Strukturäquivalenz*. Wir sehen uns nun diese beiden Ansätze an und vergleichen ihre Vor- und Nachteile.

Namensäquivalenz

Bei Namensäquivalenz werden zwei Typen als gleich betrachtet, wenn sie durch den gleichen *Typnamen* bezeichnet werden. In folgenden Deklarationen

```
class T { ... }
T x;
T y;
```

sind x und y beide vom Typ T. Sie haben den gleichen Typnamen und daher auch den gleichen Typ. Abb. 5.15 ist zu entnehmen, dass die Objektknoten von x und y auf denselben Strukturknoten zeigen (den Strukturknoten des Typs T). Die Typprüfung kann daher durch einen simplen Zeigervergleich objx.type == objy.type durchgeführt werden, was einfach und effizient ist.

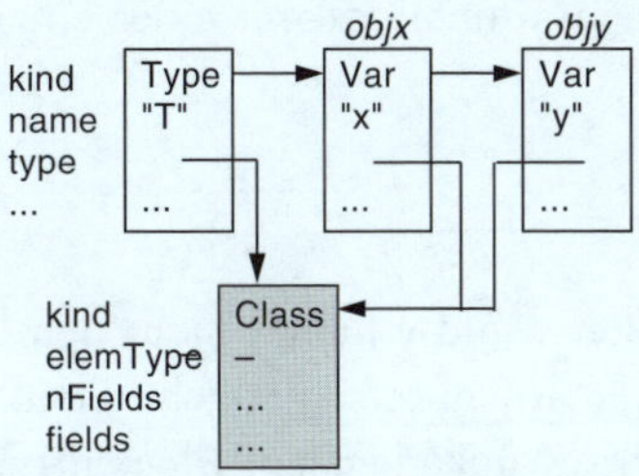

Abb. 5.15 *Namensäquivalenz – Typprüfung: objx.type == objy.type*

Strukturäquivalenz

Bei Strukturäquivalenz sind zwei Typen gleich, wenn sie die gleiche *Struktur* haben (d.h. gleiche Felder vom gleichen Typ bzw. denselben Elementtyp). Bei

```
class T1 { int a, b; }
class T2 { int c, d; }
T1 x;
T2 y;
```

sind die Typen von x und y gleich. Sie haben zwar nicht den gleichen Typnamen, aber die gleiche Struktur, nämlich eine Klasse mit zwei int-Feldern (Abb. 5.16).

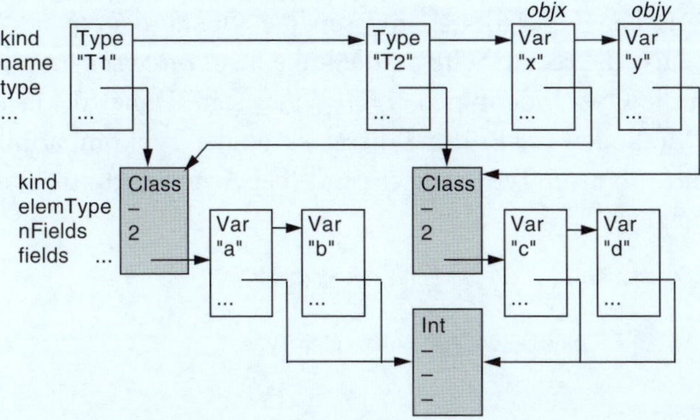

Abb. 5.16 *Strukturäquivalenz – Typprüfung: objx.type.structurallyEquivalentTo(objy.type)*

Die Prüfung der Strukturäquivalenz ist wesentlich aufwendiger als die Prüfung der Namensäquivalenz. Wenn man feststellen will, ob die Typen von x und y in Abb. 5.16 strukturäquivalent sind, muss man prüfen, ob die Strukturknoten von der gleichen Art sind und ob bei Klassen die gleiche Anzahl von Feldern mit strukturäquivalentem Typ vorliegt bzw. bei Arrays, ob die Elementtypen strukturäquivalent sind. Diese Prüfung kann sich rekursiv fortsetzen und ist teuer.

Daher wird in den meisten Programmiersprachen (z.B. in Pascal, C/C++, C# und Java) Namensäquivalenz verwendet. Sprachen mit Strukturäquivalenz sind zum Beispiel Algol68 oder Modula-3.

In MicroJava verwenden wir ebenfalls Namensäquivalenz mit einer einzigen Ausnahme, nämlich bei Arraytypen. Für Arrays

```
int[] x;
int[] y;
```

wird Strukturäquivalenz verwendet. Die Variablen x und y haben nicht den gleichen Typnamen, ihre Objektknoten zeigen daher auf unterschiedliche Strukturknoten (siehe Abb. 5.17). Trotzdem werden Arrays mit gleichem Elementtyp in MicroJava (und auch in Java) als äquivalent betrachtet.

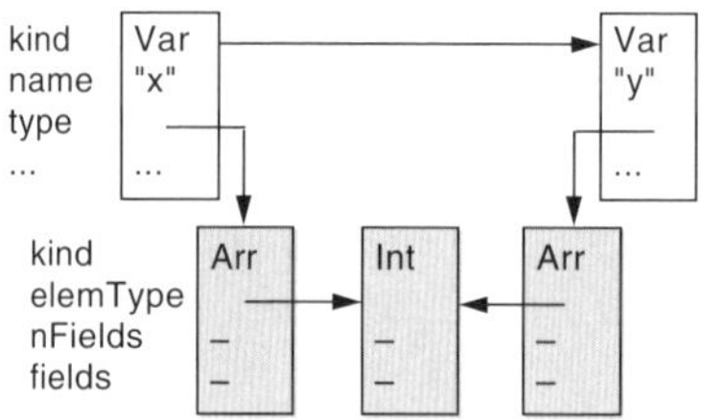

***Abb. 5.17** Strukturäquivalenz bei Arrays mit gleichem Elementtyp*

Arten der Typkompatibilität

MicroJava verlangt an verschiedenen Stellen unterschiedliche Arten von Typkompatibilität. Bei arithmetischen Operationen müssen die Operandentypen *gleich* sein, bei Zuweisungen muss die rechte Seite an die linke Seite *zuweisbar* sein, und bei Vergleichen müssen die Operandentypen *vergleichbar* sein. Daher deklarieren wir in der Klasse Struct Methoden zur Prüfung dieser Arten der Typkompatibilität. Die Methode equals prüft, ob zwei Typen gleich sind (bei Arrays Strukturäquivalenz, sonst Namensäquivalenz).

```
public boolean equals (Struct other) { // checks if this.equals(other)
    if (this.kind == Arr)
        return other.kind == Arr && other.elemType == this.elemType;
    else
        return other == this;
}
```

Die Methode assignableTo prüft bei Zuweisungen, ob die rechte Seite an die linke Seite zuweisbar ist. Dies ist der Fall, wenn die Typen der linken und rechten Seite gleich sind, wenn die rechte Seite null und die linke Seite von einem Referenztyp (Klasse oder Array) ist oder wenn beide Seiten Arrays sind und der Elementtyp der linken Seite der spezielle Typ Tab.noType ist.

Der letzte Fall erfordert eine Erklärung: Die Standardmethode len(arr) liefert die Länge eines Arrays und soll auf Arrays mit beliebigem Elementtyp anwendbar sein. Daher wird der formale Parameter von len in der Symbolliste so definiert, wie wenn er den Typ »Arr of noType« hätte. Da assignableTo die Zuweisung beliebiger Arrays an »Arr of noType« zulässt, kann man len für beliebige Arrays aufrufen.

```
public boolean assignableTo (Struct dest) { // checks if this.assignableTo(dest)
    return this.equals(dest)
    || this == Tab.nullType && dest.isRefType()
    || this.kind == Arr && dest.kind == Arr && dest.elemType == Tab.noType;
}

public boolean isRefType() {
    return kind == Class || kind == Arr;
}
```

Die Methode compatibleWith prüft bei Vergleichsoperationen, ob die beiden Operanden vergleichbar sind. Dies ist der Fall, wenn die beiden Typen gleich sind oder wenn einer der beiden Operanden null ist und der andere von einem Referenztyp.

```
public boolean compatibleWith (Struct other) { // checks if this.compatibleWith(other)
    return this.equals(other)
    || this == Tab.nullType && other.isRefType()
    || other == Tab.nullType && this.isRefType();
}
```

5.5 Lösen von LL(1)-Konflikten mittels der Symbolliste

Die Syntax von Methoden ist in MicroJava etwas ungewöhnlich, da die Deklaration lokaler Variablen vor dem Anweisungsblock kommen muss:

```
void foo() {
    int a;
{ a = 0; ...
}
```

Vertrauter wäre es, Methoden wie in Java deklarieren zu können:

```
void foo() {
    int a;
    a = 0; ...
}
```

Das würde allerdings zu einem LL(1)-Konflikt führen, da ein Block dann sowohl Deklarationen als auch Anweisungen enthalten könnte:

```
Block = "{" { VarDecl | Statement } "}".
```

Sowohl VarDecl als auch Statement können mit einem Namen (ident) beginnen, sodass der Parser bei Vorliegen eines ident nicht entscheiden könnte, ob eine Deklaration oder eine Anweisung beginnt. Dieser Konflikt ist auch durch Umformung der Grammatik nur schwer zu beseitigen – die Grammatik würde an Lesbarkeit verlieren.

Wir können den Konflikt allerdings mit semantischer Information aus der Symbolliste lösen. Deklarationen beginnen mit einem Typnamen, während Anweisungen mit einem Variablen- oder Methodennamen beginnen. Wir können daher eine Hilfsmethode des Parsers schreiben, die prüft, ob das Vorgriffssymbol sym ein Typname ist:

```
private static boolean nextTokenIsType() {
    if (sym != ident) return false;
    Obj obj = Tab.find(la.val);          // look up ident in the symbol table ...
    return obj.kind == Obj.Type;         // ... and return true if it denotes a type
}
```

Diese Methode kann der Parser nun aufrufen, um in der Methode Block zwischen Deklarationen und Anweisungen zu unterscheiden (in Pseudocode):

```
private static void Block() {
    check(lbrace);
    for (;;) {
        if (nextTokenIsType()) VarDecl();
        else if (sym ∈ First(Statement)) Statement();
        else if (sym ∈ {rbrace, eof}) break;
        else {
            error("invalid declaration or statement");
            while (sym ∉ First(Statement) - {ident} ∪ {rbrace, eof}) scan(); // recover
            errDist = 0;
        }
    }
    check(rbrace);
}
```

Wenn ein Typname vorliegt, steigt der Parser in VarDecl ein, wenn ein gültiger Statement-Beginn vorliegt, steigt er in Statement ein, wenn er eine schließende geschwungene Klammer oder eof antrifft, verlässt er die Schleife, ansonsten wird ein Fehler gemeldet und synchronisiert.

Man sieht, dass man LL(1)-Konflikte manchmal auch mit semantischer Information lösen kann. Das erlaubt es, fast jede Grammatik mit dem rekursiven Abstieg zu analysieren, auch wenn sie ursprünglich nicht LL(1) ist.

5.6 Initialisierung der Symbolliste

Am Beginn einer Compilation muss die Symbolliste mit den vordeklarierten Namen initialisiert werden, was am besten im statischen Konstruktor der Klasse Tab geschieht. Mit anderen Worten: Es muss das »Universum« aufgebaut werden, das wie in Abb. 5.18 dargestellt aussieht.

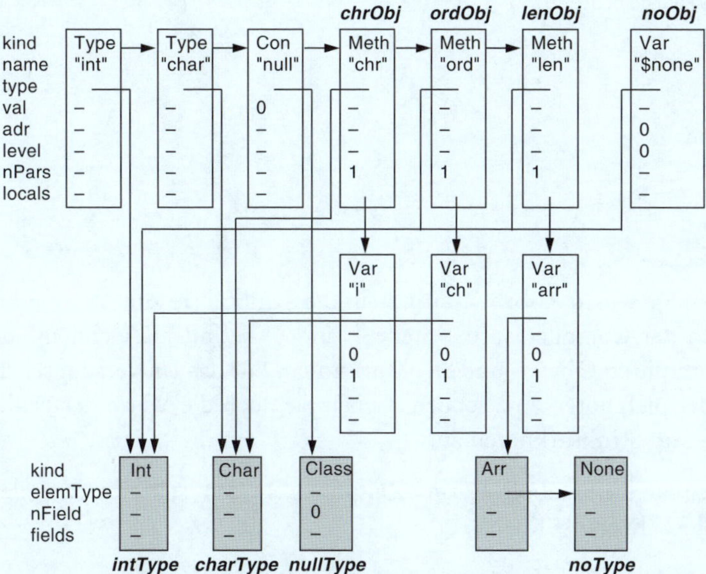

Abb. 5.18 *Initialisierung des Universums*

Einige der Objekt- und Strukturknoten werden über einen speziellen Namen exportiert (z.B. chrObj, intType, ...), sodass sich folgende Schnittstelle der Symbollistenklasse ergibt:

```
public class Tab {
    public static Scope   curScope;     // current scope
    public static int     curLevel;     // nesting level of current scope
    public static Struct  intType, charType, nullType, noType;   // predeclared types
    public static Obj     chrObj, ordObj, lenObj, noObj;         // predeclared objects
    public static Obj     insert (int kind, String name, Struct type) { ... }
    public static Obj     find (String name) { ... }
    public static Obj     findField (String name, Struct type) {...}
    public static void    openScope() { ... }
    public static void    closeScope() { ... }
}
```

5.7 Übungsaufgaben

1. *Symbolliste mit einfachen Typen.* Gegeben sei folgendes Programm:

```
program P
    final int a = 16;
    char b;
{
    void foo (int c, int d)
        char e;
    {   ... // <== 1
    }

    void bar()
        int f, g;
    {   ... // <== 2
    }
}
```

   a) Zeichnen Sie wie in Abb. 5.7 dargestellt die Symbolliste zum Zeitpunkt, an dem sich der Compiler an der Stelle 1 (in foo) befindet. Zeichnen Sie alle Scopes mit ihren Objekt- und Strukturknoten. Für das Universum reicht es, einige Beispielknoten zu zeichnen. Geben Sie auch die Werte der Felder in Objekt- und Strukturknoten an.

   b) Zeichnen Sie die Symbolliste zum Zeitpunkt, an dem sich der Compiler an der Stelle 2 (in bar) befindet.

2. *Symbolliste mit Arrays.* Gegeben sei folgende Methode:

```
void foo()
    int[] a, b;
    int c;
    char[] d, e;
{   ... // <== 1
}
```

   Zeichnen Sie die Symbolliste zum Zeitpunkt, an dem sich der Compiler an der Stelle 1 befindet. Sie brauchen nur den Scope der Methode foo zu zeichnen.

3. *Symbolliste mit Klassen.* Gegeben sei folgendes Programm:

```
program P
    class C1 { int f, g; }
    class C2 { int h; char ch; }
{   void foo()
        C1 a, b;
        C2 c;
    {   ... // <== 1
    }
}
```

Zeichnen Sie die Symbolliste zum Zeitpunkt, an dem sich der Compiler an der Stelle 1 befindet. Zeichnen Sie die Scopes von P und foo. Den Scope des Universums brauchen Sie nicht zu zeichnen.

4. *Objekt- und Strukturknoten.* Warum gibt es für benannte Typen wie int oder Person sowohl einen Objektknoten als auch einen Strukturknoten? Welche Informationen werden im Objektknoten und welche im Strukturknoten gespeichert?

5. *Typprüfungen.* Erklären Sie mit eigenen Worten den Unterschied zwischen Namensäquivalenz und Strukturäquivalenz bei Typprüfungen. Warum wird in Java (und auch in MicroJava) zwar in der Regel Namensäquivalenz verwendet, für Arrays jedoch Strukturäquivalenz?

6. *Implementierung von Strukturäquivalenz.* Implementieren Sie die Methode t1.equals(t2) in der Klasse Struct so, dass sie prüft, ob der Typ t1 strukturäquivalent zum Typ t2 ist.

7. *Parameter.* Warum wird die Liste der Parameter zusammen mit den lokalen Variablen im Objektknoten einer Methode gespeichert und warum bleibt sie auch erhalten, nachdem der Scope der Methode geschlossen wurde?

8. *Indirekte Rekursion.* MicroJava unterstützt zwar direkte Rekursion, bei der eine Methode sich selbst aufrufen kann. Es unterstützt aber keine indirekte Rekursion, bei der zum Beispiel eine Methode foo eine Methode bar aufruft und diese wiederum foo. Warum wird indirekte Rekursion von MicroJava nicht unterstützt?

9. *Implementierung der Symbolliste.* Implementieren Sie für den MicroJava-Compiler die Symbolliste Tab zusammen mit den Klassen Obj für Objektknoten, Struct für Strukturknoten und Scope für Scopeknoten gemäß der Beschreibung in diesem Kapitel und den Schnittstellen dieser Klassen (siehe Anhang B).

6 Codeerzeugung

Wir kommen nun zur letzten Phase des Compilers – der Codeerzeugung. Sie ist die komplizierteste und aufwendigste Compilerphase und weit weniger systematisch als die lexikalische Analyse oder die Syntaxanalyse, unter anderem deshalb, weil die Zielmaschinen und ihre Instruktionen meist sehr detailreich und nicht immer ganz regulär sind. Wir verwenden aber in unserem Compiler die MicroJava-VM, die einfach und regulär ist, sodass hier vieles an Komplexität wegfällt. Die wichtigsten Aufgaben der Codeerzeugung sind:

- **Erzeugung von Maschinenbefehlen.** Für jede Operation der Quellsprache ist die passende Instruktion zu wählen. Manchmal kann eine Operation durch unterschiedliche Instruktionen realisiert werden, die auch unterschiedlich effizient sind. Außerdem müssen für die Operanden die passenden *Adressierungsarten* gewählt werden. Eine Speicherzelle kann zum Beispiel mit absoluter Adresse, relativ zu einer Basisadresse oder mit Indizierung angesprochen werden.
- **Umwandlung von Verzweigungen und Schleifen in Sprünge.** Die Zielmaschine kennt keine Quellsprachenkonstrukte wie `if` oder `while`. Der Steuerfluss muss daher durch Sprungbefehle ausgedrückt werden.
- **Verwaltung von Aktivierungssätzen für lokale Variablen.** Jede Methode hat ihre eigenen lokalen Variablen. Beim Aufruf einer Methode muss daher ein neuer Aktivierungssatz für die lokalen Variablen angelegt und an ihrem Ende wieder freigegeben werden. Das geschieht durch spezielle Instruktionen, die der Compiler erzeugen muss.
- **Eventuelle Optimierungen.** Optimierungen sind ein umfangreiches Thema. Sie werden meist in einer eigenen Phase vor der Codeerzeugung durchgeführt und benutzen dazu eine Zwischenrepräsentation des Programms (zum Beispiel einen abstrakten Syntaxbaum). Im MicroJava-Compiler verzichten wir aber bewusst auf umfangreiche Optimierungen und führen nur einige einfache Optimierungen durch, die während der Codeerzeugung erfolgen können. Für umfangreichere Optimierungen siehe zum Beispiel [ALSU08], [Appe02], [Coop22], [FLC09] oder [Much97].

- **Ausgabe der Objektdatei.** Am Ende der Übersetzung muss das erzeugte Maschinenprogramm in einer Datei gespeichert werden, die dann zur Ausführung gelangt. Das Format dieser Datei kann ziemlich komplex sein. Für MicroJava ist es aber, wie wir sehen werden, sehr einfach. Falls bei der Compilation Fehler entdeckt werden, wird keine Objektdatei ausgegeben.

Die generelle Vorgehensweise bei der Implementierung eines Codegenerators ist wie folgt:

1. **Studieren der Zielmaschine.** Zunächst einmal muss man sich mit der Zielmaschine vertraut machen. Sehen Sie sich dazu das entsprechende Handbuch der Zielmaschine an und lernen Sie ihre Eigenschaften kennen: Welche Register gibt es und für welche Zwecke darf man sie verwenden? Welche Datenformate werden unterstützt (ganze Zahlen, Gleitkommazahlen, Bits etc.)? Welche Adressierungsarten können verwendet werden? Welche Instruktionen gibt es und wie werden sie codiert?
2. **Festlegen der Laufzeitdatenstrukturen.** Das Layout von Aktivierungssätzen, globalen Daten oder Heapobjekten ist nicht durch die Zielmaschine vorgegeben, sondern kann durch den Compilerbauer festgelegt werden.
3. **Verwalten des Codespeichers.** Der Maschinencode wird nicht sofort in eine Datei geschrieben, sondern zunächst in einem Codespeicher verwaltet, da zum Beispiel die Adressen in manchen Sprungbefehlen erst nachträglich eingesetzt werden können. Zur Verwaltung des Codespeichers gehört auch die Codierung der Instruktionen im Binärformat.
4. **Registerverwaltung.** Registermaschinen haben einen begrenzten Registersatz, der effizient verwaltet werden muss. Die MicroJava-VM ist allerdings eine *Stackmaschine*, die statt Registern einen Keller (*Expression Stack*) verwendet. Daher entfällt die Registerverwaltung im MicroJava-Compiler.
5. **Implementierung der Codeerzeugungsmethoden.** Dies geschieht üblicherweise bottom-up in der folgenden Reihenfolge:
   - Laden von Variablen und Konstanten auf den Expression Stack
   - Verarbeitung zusammengesetzter Bezeichner (z.B. `x.y` oder `a[i]`)
   - Übersetzung von Ausdrücken (z.B. `a + 2 * b`)
   - Verwaltung von Sprüngen und Marken
   - Übersetzung von Anweisungen
   - Übersetzung von Methoden und Parametern

Wir werden uns bei der Codeerzeugung an diese Reihenfolge halten und beginnen daher mit dem Studium der Zielmaschine – der MicroJava-VM mit ihren Speicherbereichen und Instruktionen. Die MicroJava-VM ist keine völlig hypothetische Maschine, sondern ist an die Java-VM angelehnt, obwohl sie etwas vereinfacht wurde. Durch das Studium dieser VM erhält man wertvolle Einblicke in die generelle Funktionsweise virtueller Maschinen.

6.1 Die MicroJava-VM

Die MicroJava-VM (*μJVM*) ist eine virtuelle Maschine, also eine in Software implementierte CPU, die zwischen der eigentlichen Hardware (z.B. einer Intel-CPU) und dem MicroJava-Programm liegt (Abb. 6.1).

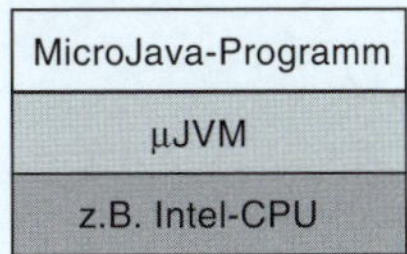

Abb. 6.1 *Die μJVM als Schicht zwischen der Hardware und dem MicroJava-Programm*

Die μJVM hat einen eigenen Instruktionssatz samt Interpreter. MicroJava-Programme werden in diese Instruktionen übersetzt und vom Interpreter der μJVM ausgeführt.

Der Einschub einer VM zwischen Hardware und Applikationsebene hat den Vorteil, dass Programme auf beliebiger Hardware laufen können, sofern es dort eine Implementierung der entsprechenden VM gibt. Daher nutzen viele moderne Programmiersprachen wie Java, Python oder Smalltalk eine VM als Ausführungsumgebung.

Arbeitsweise der μJVM

Die μJVM ist eine *Stackmaschine*, d.h., sie hat keine Register, sondern einen *Expression Stack* (*EStack*), auf den die Werte von Operanden geladen werden müssen, bevor man sie verarbeiten kann. Instruktionen holen ihre Operanden vom EStack und legen ihr Resultat wieder auf dem EStack ab.

Sehen wir uns das in einem Beispiel an. Nehmen wir an, dass es zwei lokale Variablen i und j gibt, die auf den Adressen 0 und 1 im *Aktivierungssatz* (*Frame*) der aktuellen Methode liegen und die Werte 3 und 4 haben (Abb. 6.2).

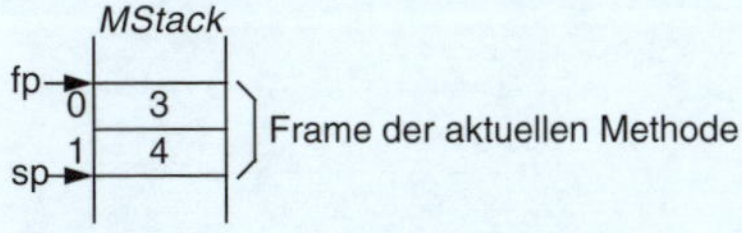

Abb. 6.2 *Frame der aktuellen Methode*

Die MicroJava-Anweisung

```
i = i + j * 5;
```

wird dann in folgende Instruktionen übersetzt (siehe auch Abschnitt 6.1.2), die Abb. 6.3 zusammen mit ihrer Wirkungsweise auf den EStack zeigt:

Instruktion	*EStack*	*Erläuterung*
load0	3	lade lokale Variable von Adresse 0 (d.h. Variable i)
load1	3 4	lade lokale Variable von Adresse 1 (d.h. Variable j)
const5	3 4 5	lade Konstante 5
mul	3 20	multipliziere die beiden obersten Stackelemente
add	23	addiere die beiden obersten Stackelemente
store0		speichere oberstes Stackelement auf Adresse 0

Abb. 6.3 *Abarbeitung der Anweisung i = i + j * 5;*

Die ersten drei Instruktionen laden die lokalen Variablen i und j sowie die Konstante 5 auf den EStack. Die mul-Instruktion multipliziert die beiden obersten Stackelemente 4 und 5 und legt das Ergebnis 20 wieder auf den EStack. Die add-Instruktion addiert die beiden obersten Stackelemente 3 und 20 und legt das Ergebnis 23 wieder auf den EStack. Die letzte Instruktion store0 speichert schließlich das oberste Stackelement auf die Adresse 0, also in die lokale Variable i.

Wie man sieht, wird der EStack nur zur Speicherung von Operanden während der Berechnungen benutzt und ist am Ende jeder Anweisung wieder leer. Seine Zellen übernehmen sozusagen die Rolle von Registern bei Registermaschinen.

6.1.1 Speicherbereiche

Die µJVM verwaltet Bereiche für Daten und Code, die wir uns nun ansehen.

Globale Variablen

Globale Variablen werden in einem Wortarray fester Größe gespeichert und bleiben während der gesamten Programmausführung bestehen (Abb. 6.4). Die Größe des Arrays wird vom Compiler aus der Anzahl der globalen Variablen ermittelt.

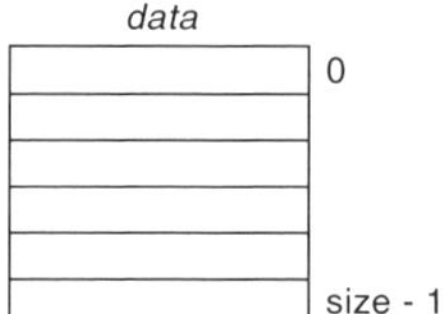

Abb. 6.4 *Globale Variablen*

Jede Variable belegt genau 1 Wort (4 Bytes). Variablen werden über Wortnummern adressiert. Die Instruktion getstatic 2 lädt zum Beispiel die globale Variable mit Adresse 2 von data auf den EStack.

Lokale Variablen

Lokale Variablen liegen im *Aktivierungssatz* (*Frame*) ihrer Methode. Bei jedem Methodenaufruf wird ein neuer Frame auf dem *Methodenkeller* (*MStack*) angelegt und am Ende der Methode wieder freigegeben. Frames werden also kellerartig verwaltet (Abb. 6.5).

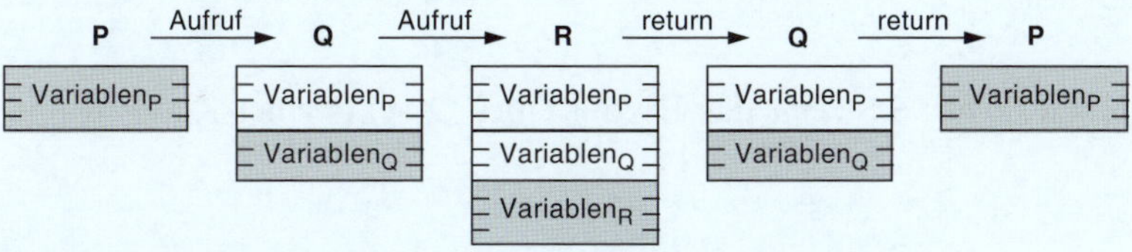

Abb. 6.5 *Kellerartige Verwaltung der Frames für lokale Variablen*

Abb. 6.6 zeigt das Layout des Methodenkellers.

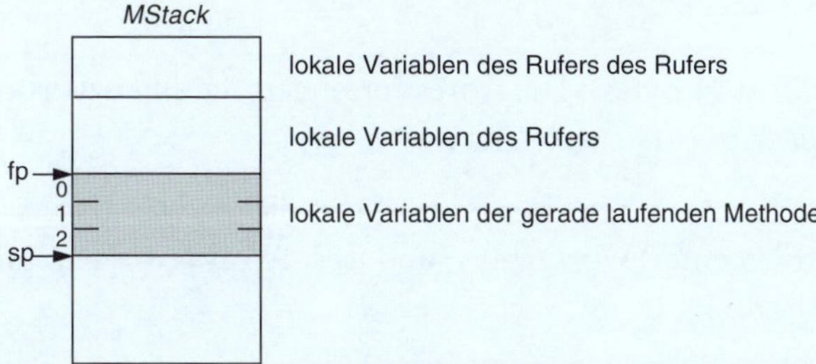

Abb. 6.6 *Layout des Methodenkellers*

Der Frame der gerade laufenden Methode wird durch den *Frame Pointer* (fp) und den *Stack Pointer* (sp) begrenzt, der gleichzeitig auch das Ende des belegten Teils von MStack markiert. Jeder Frame enthält die lokalen Variablen seiner Methode, wobei jede Variable genau 1 Wort belegt. Die Adressen sind Wortnummern relativ zu fp. Die Instruktion load0 lädt zum Beispiel die lokale Variable mit Adresse 0 aus dem Frame der gerade laufenden Methode auf den EStack.

Heap

Der Heap enthält die dynamisch erzeugten Objekte von Klassen und Arrays. Er ist ein Wortarray fester Größe. Neue Objekte werden durch die Instruktionen new und newarray an der Stelle free angelegt, und free wird entsprechend erhöht (siehe Abb. 6.7). Referenzen sind Wortadressen relativ zum Beginn des Heaps. Im Gegensatz zu Java gibt es in der µJVM keinen Garbage Collector. Objekte am Heap bleiben also während der gesamten Programmausführung bestehen.

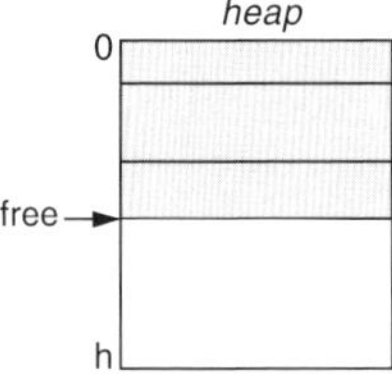

Abb. 6.7 Heap

Klassenobjekte. Abb. 6.8 zeigt das Layout eines Objekts einer Klasse C mit drei Feldern.

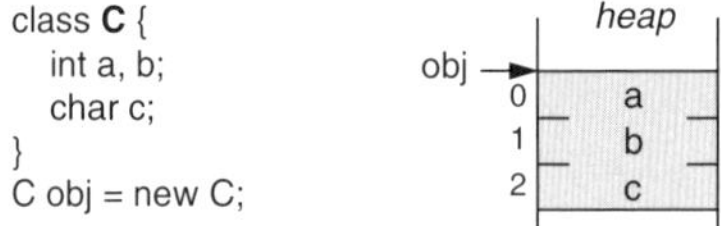

Abb. 6.8 Layout von Klassenobjekten

Jedes Feld belegt genau 1 Wort (4 Bytes). Die Adressierung erfolgt über Wortnummern relativ zum Beginn des Objekts.

Arrayobjekte. In Arrayobjekten enthält das erste Wort die Länge des Arrays, anschließend folgen die Elemente. Wortarrays und char-Arrays werden unterschiedlich gespeichert (Abb. 6.9).

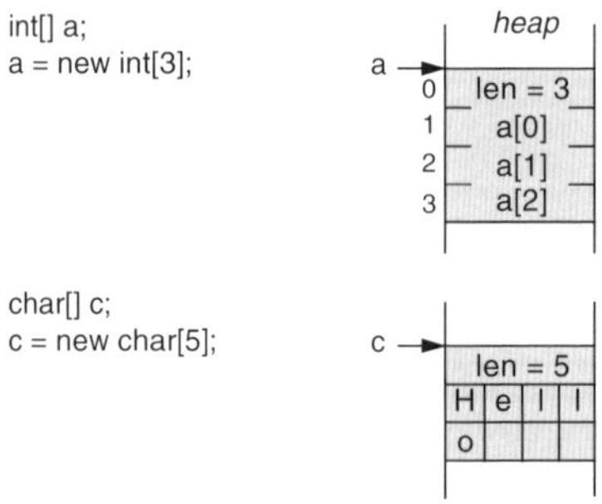

Abb. 6.9 Layout von Arrayobjekten

In einem Wortarray belegt jedes Element ein Wort, und die Adressierung erfolgt über Wortnummern. In einem char-Array werden die Elemente jeweils in einem Byte gespeichert, und die Adressierung erfolgt über Bytenummern. Die Größe des Arrayobjekts ist aber immer ein Vielfaches von 4 Bytes.

Code

Der Codebereich der µJVM ist ein Bytearray fixer Größe, in dem die Instruktionen der Methoden in der Reihenfolge ihrer Deklaration abgespeichert werden. Die Größe des Codebereichs wird durch die deklarierten Methoden bestimmt. Das VM-Register pc (*program counter*) zeigt während der Ausführung immer auf die gerade ausgeführte Instruktion. mainPc ist die Adresse der main-Methode, bei der die Ausführung des Programms beginnt (Abb. 6.10).

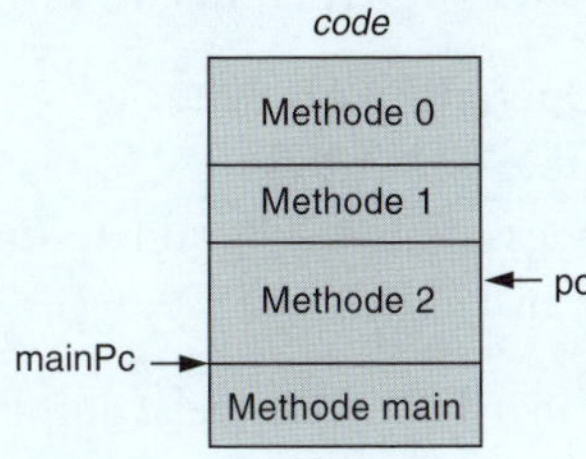

Abb. 6.10 *Codebereich*

6.1.2 Instruktionssatz

Die µJVM hat einen eigenen Instruktionssatz, in den MicroJava-Programme übersetzt werden. Er ist an den Instruktionssatz der Java-VM (JVM) angelehnt, enthält aber weniger und teilweise auch etwas vereinfachte Instruktionen.

Die Instruktionen der µJVM sind äußerst kompakt und benötigen oft nur ein einziges Byte, weshalb man auch von *Bytecode* spricht. Im Gegensatz zur JVM sind die Instruktionen der µJVM allerdings ungetypt, d.h., der Typ der Operanden wird nicht in den Instruktionen mitcodiert (Abb. 6.11).

µJVM	**JVM**	
	für int	*für float*
load0	iload0	fload0
load1	iload1	fload1
add	iadd	fadd

Abb. 6.11 *Ungetypte Instruktionen der µJVM im Gegensatz zu getypten Instruktionen der JVM*

Um zum Beispiel zwei Werte zu addieren, unterscheidet die JVM, ob es sich um int- oder float-Werte handelt, und verwendet entsprechend unterschiedliche Instruktionen. Dies ist nötig, weil die JVM einen *Bytecode Verifier* enthält, der vor der Ausführung des Bytecodes prüft, ob die Operationen auf Operanden des richtigen Typs angewendet werden. Obwohl die Typprüfung bereits im Compiler erfolgt, prüft die JVM die Typen nochmals, da der Bytecode ja in der Zwischenzeit manipuliert worden sein könnte. Die µJVM verzichtet aus Einfachheitsgründen auf diese Prüfung.

Instruktionsformat

Das Instruktionsformat der μJVM ist im Vergleich zu jenem anderer Prozessoren sehr einfach. Ein Programm besteht aus einer Folge von Instruktionen, die alle mit einem Byte für den Instruktionscode (opcode) beginnen und bis zu zwei Operanden der Größe 1, 2 oder 4 Bytes aufweisen können:

```
Code        = {Instruction}.
Instruction = opcode {operand}.
```

Beispiele für Instruktionen mit unterschiedlicher Anzahl von Operanden sind:

0 Operanden:	add	hat zwei implizite Operanden am EStack
1 Operand:	load 7	lädt die lokale Variable von Adresse 7
2 Operanden:	enter 1, 4	legt einen Aktivierungssatz mit 1 Parameter und 4 lokalen Variablen an

Instruktionen ohne explizite Operanden (wie z.B. add) benutzen meist implizite Operanden am EStack.

Adressierungsarten

Die Instruktionen sprechen über ihre Operanden Daten an, die je nach Instruktion auf unterschiedliche Art adressiert werden. Die μJVM unterstützt sechs Adressierungsarten, die im Folgenden samt Beispiel aufgelistet sind. Die Operanden haben dabei unterschiedliche Bedeutung.

- **Immediate** const 7 *für Konstanten*
  Der Operand ist eine Konstante und bedeutet sich selbst.
- **Local** load 3 *für lokale Variablen am MStack*
  Der Operand ist eine Adresse einer lokalen Variablen relativ zu fp.
- **Static** getstatic 3 *für globale Variablen in* data
  Der Operand ist eine Adresse einer globalen Variablen in data.
- **Stack** add *für geladene Werte am EStack*
  Es gibt keine expliziten Operanden, sondern implizite Operanden, die vom EStack geholt werden. add erwartet zum Beispiel zwei Werte am EStack, die addiert werden.
- **Relative** getfield 3 *für Felder eines Objekts*
  Der Operand ist der Offset eines Objektfeldes. Die Instruktion erwartet die Basisadresse des Objekts am EStack (siehe Abb. 6.12).
- **Indexed** aload *für Elemente eines Arrays*
  Die Instruktion erwartet als implizite Operanden die Basisadresse eines Arrays und einen Indexwert am EStack (siehe Abb. 6.12).

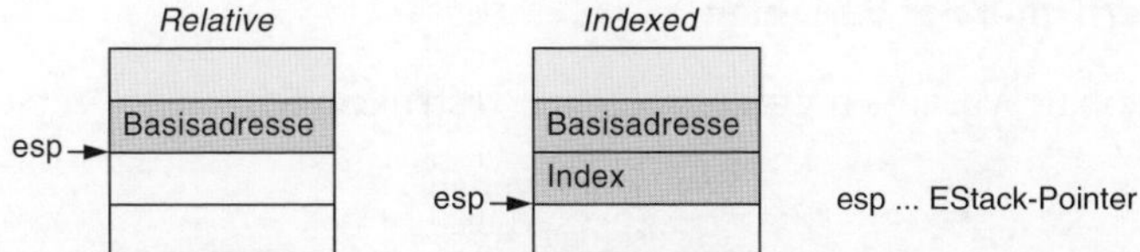

Abb. 6.12 *EStack vor Ausführung einer Instruktion mit Adressierungsart Relative oder Indexed*

Die Tabellen in den folgenden Abschnitten zeigen die Instruktionen der MicroJava-VM (zweite Spalte) zusammen mit ihrem Befehlscode (erste Spalte) und ihrer Wirkungsweise (vierte Spalte). Die dritte Spalte der Tabellen zeigt den Inhalt des *EStack* vor und nach der jeweiligen Instruktion. Das Format

..., val, val
..., val

bedeutet, dass die Instruktion zwei Worte vom *EStack* holt und ein neues Wort auf den *EStack* legt. Die Operanden der Befehle haben folgende Bedeutung:

- b Byte (8 Bit, vorzeichenbehaftet)
- s Short int (16 Bit, vorzeichenbehaftet)
- w Wort (32 Bit, vorzeichenbehaftet)

Die Operationen push und pop beziehen sich auf den *EStack*. local[b] bedeutet die lokale Variable mit Adresse b im aktuellen Frame. data[s] bezeichnet die globale Variable mit Adresse s.

Laden und Speichern lokaler Variablen

Zum Zugriff auf lokale Variablen gibt es folgende Instruktionen:

1	**load b**	... ..., val	**Load local variable** push(local[b]);
2..5	**load*n***	... ..., val	**Load local variable** (Kurzform, n = 0..3) push(local[n]);
6	**store b**	..., val ...	**Store local variable** local[b] = pop();
7..10	**store*n***	..., val ...	**Store local variable** (Kurzform, n = 0..3) local[n] = pop();

Da die meisten Methoden nur wenige lokale Variablen haben, sind niedrige Adressen wesentlich häufiger als hohe Adressen. Daher gibt es Kurzformen dieser Instruktionen für die Adressen 0 bis 3 (load0, load1, load2, load3, store0, store1, store2, store3), die in einem einzigen Byte codiert werden. Für höhere Adressen muss die Langform load b und store b verwenden werden, wobei die Adresse in einem Byte b codiert wird. Die Langform benötigt also 2 Bytes. Da die Adresse in einem Byte codiert wird, können bis zu 128 lokale Variablen adressiert werden. Variablen vom Typ char werden im niederwertigsten Byte eines Worts gespeichert.

Laden und Speichern globaler Variablen

Zum Zugriff auf globale Variablen gibt es folgende Instruktionen:

11	**getstatic s**	... ..., val	**Load global variable** push(data[s]);
12	**putstatic s**	..., val ...	**Store global variable** data[s] = pop();

Da es meist mehr globale als lokale Variablen gibt, wird ihre Adresse mit 2 Bytes codiert.

Laden und Speichern von Objektfeldern

Zum Zugriff auf Objektfelder gibt es folgende Instruktionen:

13	**getfield s**	..., adr ..., val	**Load object field** adr = pop(); push(heap[adr+s]);

14	**putfield s**	..., adr, val
		...
			Store object field
			val = pop(); adr = pop();
			heap[adr+s] = val;

getfield und putfield erwarten die Adresse eines Objekts am EStack, putfield auch den abzuspeichernden Wert. Abb. 6.13 zeigt die Übersetzung von Zuweisungen zwischen lokalen und globalen Variablen sowie zwischen Objektfeldern.

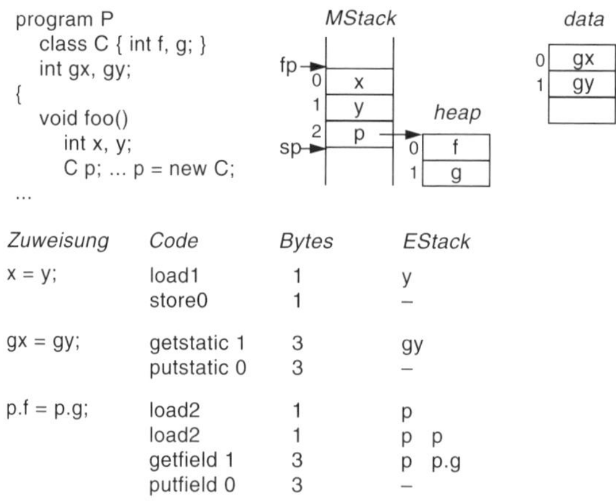

Zuweisung	Code	Bytes	EStack
x = y;	load1	1	y
	store0	1	–
gx = gy;	getstatic 1	3	gy
	putstatic 0	3	–
p.f = p.g;	load2	1	p
	load2	1	p p
	getfield 1	3	p p.g
	putfield 0	3	–

***Abb. 6.13** Beispiele für Zuweisungen zwischen verschiedenen Arten von Variablen*

Man sieht, dass die Zuweisung zwischen lokalen Variablen nur 2 Bytes benötigt, während die Zuweisung zwischen globalen Variablen 6 Bytes und die Zuweisung zwischen Objektfeldern 8 Bytes braucht. Das ist nicht unüblich und ist ein Argument dafür, möglichst lokale Variablen zu verwenden.

Laden von Konstanten

Zum Laden von Konstanten gibt es folgende Instruktionen:

15..20	**const*n***	...	**Load constant** (Kurzform, n = 0..5)
		..., val	push(n);
21	**const_m1**	...	**Load minus one** (Kurzform)
		..., -1	push(-1);
22	**const w**	...	**Load constant**
		..., val	push(w);

Auch hier gibt es zum Laden kleiner Konstanten (im Bereich 0 bis 5) Kurzformen const0 bis const5, die in einem einzigen Byte codiert werden, während zum Laden großer Konstanten die Langform const w verwendet werden muss, die 5 Bytes benötigt. Da auch die Konstante -1 häufig vorkommt, gibt es zum Laden dieser Konstanten die Kurzform const_m1.

Arithmetik

Für arithmetische Operationen und Shifts gibt es folgende Instruktionen:

23	**add**	..., val1, val2	**Add**
		..., val1+val2	push(pop() + pop());
24	**sub**	..., val1, val2	**Subtract**
		..., val1-val2	push(-pop() + pop());
25	**mul**	..., val1, val2	**Multiply**
		..., val1*val2	push(pop() * pop());
26	**div**	..., val1, val2	**Divide**
		..., val1/val2	x = pop(); push(pop() / x);
27	**rem**	..., val1, val2	**Remainder**
		..., val1%val2	x = pop(); push(pop() % x);
28	**neg**	..., val	**Negate**
		..., - val	push(-pop());
29	**shl**	..., val, x	**Shift left**
		..., val1	x = pop(); push(pop() << x);
30	**shr**	..., val, x	**Shift right** (arithmetically)
		..., val1	x = pop(); push(pop() >> x);
31	**inc b1, b2**	...	**Increment local variable**
		...	local[b1] = local[b1] + b2;

Die Instruktion inc b1, b2 dient zum Inkrementieren einer lokalen Variablen (z.B. x++). Das Byte b2 wird als vorzeichenbehaftet betrachtet, wodurch auch eine Dekrementierung (x--) möglich ist.

Abb. 6.14 zeigt einige Beispiele arithmetischer Operationen sowie ihre Übersetzung in Bytecode.

```
void foo()
   int x, y;
   ...
```


Operation	*Code*	*Bytes*	*EStack*
x + y * 3	load0	1	x
	load1	1	x y
	const3	1	x y 3
	mul	1	x y*3
	add	1	x+y*3
x++;	inc 0,1	3	–
x--;	inc 0, -1	3	–

Abb. 6.14 *Beispiele für arithmetische Operationen*

Objekterzeugung

In MicroJava gibt es Objekte von Klassen und von Arrays. Sie werden mit folgenden Instruktionen erzeugt:

```
32   new s        ...         New class object
                  ..., adr       allocate area of s words;
                                 initialize area to all 0;
                                 push(adr(area));

33   newarray b   ..., len    New array object
                  ..., adr       len = pop();
                                 if (b==0)
                                    allocate array with len+1 elems of byte size;
                                 else if (b==1)
                                    allocate array with len+1 elems of word size;
                                 initialize array to all 0;
                                 store len as the first word of the array object;
                                 push(adr(array))
```

Bei der Erzeugung eines Klassenobjekts (new s) wird die gewünschte Größe in Worten mitgegeben. Bei der Erzeugung eines Arrayobjekts (newarray b) wird ein Schalter mitgegeben, der spezifiziert, ob ein Wortarray oder ein Bytearray erzeugt werden soll. Die Länge des Arrays wird nicht als expliziter Operand der Instruktion codiert, sondern muss vorher auf den EStack geladen werden, da die Arraylänge oft ein Ausdruck ist, dessen Wert zur Compilationszeit nicht bekannt ist. Die Arraylänge wird im ersten Wort des neuen Arrayobjekts abgelegt und wird unter anderem von der MicroJava-VM für Indexprüfungen bei Arrayzugriffen verwendet.

Abb. 6.15 zeigt Beispiele für die Erzeugung von Klassen- und Arrayobjekten, sowohl für Wortarrays als auch für Bytearrays.

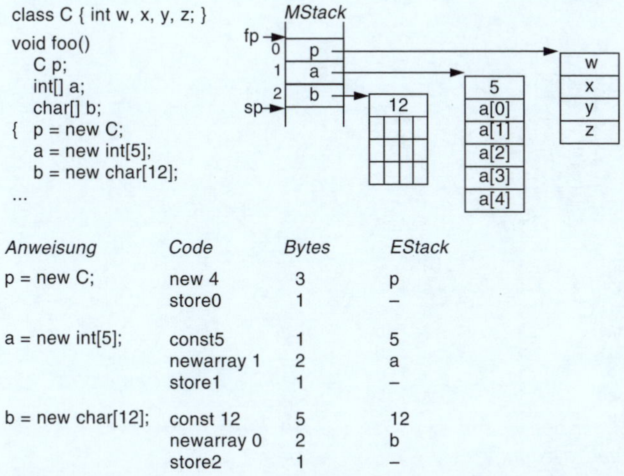

Anweisung	*Code*	*Bytes*	*EStack*
p = new C;	new 4	3	p
	store0	1	–
a = new int[5];	const5	1	5
	newarray 1	2	a
	store1	1	–
b = new char[12];	const 12	5	12
	newarray 0	2	b
	store2	1	–

Abb. 6.15 *Beispiele für die Erzeugung von Klassen- und Arrayobjekten*

Arrayzugriff

Für den Zugriff zu Arrays gibt es folgende Instruktionen:

34	**aload**	..., adr, index
		..., val
			Load array element
			i = pop(); adr = pop();
			push(heap[adr+1+i]);

35	**astore**	..., adr, index, val
		...
			Store array element
			val = pop(); i = pop(); adr = pop();
			heap[adr+1+i] = val;

36	**baload**	..., adr, index
		..., val
			Load byte array element
			i = pop(); adr = pop();
			x = heap[adr+1+i/4];
			push(byte i%4 of x);

37	**bastore**	..., adr, index, val
		...
			Store byte array element
			val = pop(); i = pop(); adr = pop();
			x = heap[adr+1+i/4];
			set byte i%4 in x;
			heap[adr+1+i/4] = x;

38	**arraylength**	..., adr
		..., len
			Get array length
			adr = pop();
			push(heap[adr]);

Die Instruktionen aload und astore greifen auf Elemente von Wortarrays zu, die Instruktionen baload und bastore auf Elemente von Bytearrays. Sie erwarten die Basisadresse eines Arrays und einen Index auf dem EStack, astore und bastore auch den abzuspeichernden Wert. Die Indexprüfung wird von der VM anhand der gespeicherten Arraylänge durchgeführt. Die Instruktion arraylength liefert die Länge eines Arrays. Abb. 6.16 zeigt ein Beispiel für Arrayzugriffe.

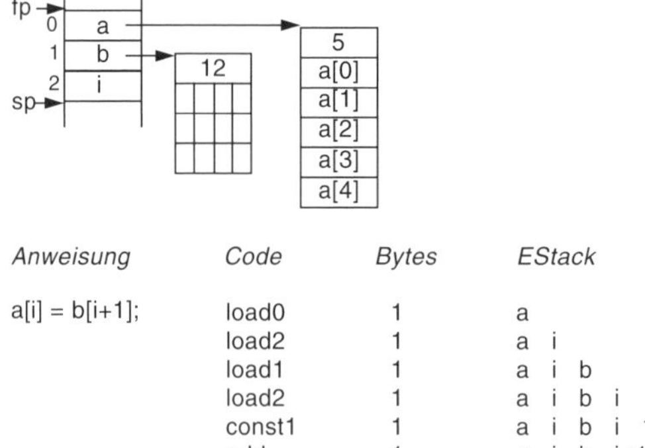

Anweisung	*Code*	*Bytes*	*EStack*
a[i] = b[i+1];	load0	1	a
	load2	1	a i
	load1	1	a i b
	load2	1	a i b i
	const1	1	a i b i 1
	add	1	a i b i+1
	baload	1	a i b[i+1]
	astore	1	–

Abb. 6.16 *Beispiele für Arrayzugriffe*

Wie man sieht, ist es wichtig, dass die Operanden der Instruktionen in der richtigen Reihenfolge auf den EStack geladen werden. Was hier wie von »Zauberhand« aussieht, wird sich später als relativ einfach und systematisch herausstellen, wenn wir die Codeerzeugung für Arrayzugriffe im Detail behandeln.

Stackmanipulation

Folgende Instruktionen manipulieren den Inhalt des EStack:

39	**pop**	..., val ...	**Remove topmost stack element** dummy = pop();
40	**dup**	..., val ..., val, val	**Duplicate topmost stack element** x = pop(); push(x); push(x);

41	**dup2**	..., v1, v2
		..., v1, v2, v1, v2
			Duplicate top two stack elements
			y = pop(); x = pop();
			push(x); push(y); push(x); push(y);

Die Instruktion pop wird verwendet, um den Rückgabewert einer Funktionsmethode vom EStack zu entfernen, wenn er nicht verwendet wird. Ein Beispiel für die Verwendung von dup2 wird in Abb. 6.17 gezeigt (Variablen aus Abb. 6.16).

Anweisung	*Code*	*Bytes*	*EStack*
a[i]++;	load0	1	a
	load2	1	a i
	dup2	1	a i a i
	aload	1	a i a[i]
	const1	1	a i a[i] 1
	add	1	a i a[i]+1
	astore	1	–

Abb. 6.17 *Beispiel für die Verwendung von dup2*

Sprünge

Wie auf jedem Rechner gibt es auch auf der μJVM bedingte und unbedingte Sprünge, die durch folgende Instruktionen ausgedrückt werden:

42	**jmp s**		**Jump unconditionally** pc = pc + s;

43..48	**j<cond> s**	..., val1, val2
		...
			Jump conditionally (eq, ne, lt, le, gt, ge)
			y = pop(); x = pop();
			if (x cond y) pc = pc + s;

Ein unbedingter Sprung erfolgt immer, während ein bedingter Sprung nur dann erfolgt, wenn eine vorher ausgewertete Bedingung true ergibt. Bei bedingten Sprüngen gibt es sechs Varianten:

jeq	jump on equal
jne	jump on not equal
jlt	jump on less than
jle	jump on less or equal
jgt	jump on greater than
jge	jump on greater or equal

Die Instruktionen erwarten zwei Werte auf dem EStack, die sie entsprechend ihrer Bedingung vergleichen, und springen, wenn die Bedingung erfüllt ist. Die Sprungdistanzen sind bei allen Sprüngen relativ zum Program Counter pc (also zum Beginn der Sprunginstruktion) und können positiv oder negativ sein. Somit sind Vorwärts- und Rückwärtssprünge möglich.

Abb. 6.18 zeigt ein Beispiel für einen bedingten Sprung in einer if-Anweisung. Wenn die Bedingung falsch ist, wird über den if-Zweig gesprungen, ansonsten wird der if-Zweig betreten. Wir werden uns das in Abschnitt 6.8.2 noch genauer ansehen. In diesem Beispiel sind x und y lokale Variablen auf den Adressen 0 und 1.

Anweisung	*Code*	*Bytes*	*EStack*
if (x > y) y = x;	load0	1	x
	load1	1	x y
	jle 5	3	–
	load0	1	x
	store1	1	–

Abb. 6.18 *Beispiel für einen bedingten Sprung (Sprungdistanz = 5 Bytes relativ zum Sprung)*

Methodenaufruf

Die folgenden Instruktionen werden für den Aufruf und die Rückkehr von Methoden sowie für den Aufbau und Abbau des Frames für die lokalen Variablen der aufgerufenen Methode verwendet. Die Operationen PUSH und POP beziehen sich auf den MStack, während sich push und pop auf den EStack beziehen.

49	**call s**		**Call method** PUSH(pc+3); pc := pc + s;
50	**return**		**Return** pc = POP();
51	**enter b1, b2**	..., params ...	**Enter method** psize = b1; lsize = b2; *// in words* PUSH(fp); fp = sp; sp = sp + lsize; initialize frame to 0; for (i = psize-1; i >= 0; i--) local[i] = pop();
52	**exit**		**Exit method** sp = fp; fp = POP();

Die Wirkungsweise dieser Instruktionen ist einigermaßen komplex und wird daher anhand von Abb. 6.19 veranschaulicht.

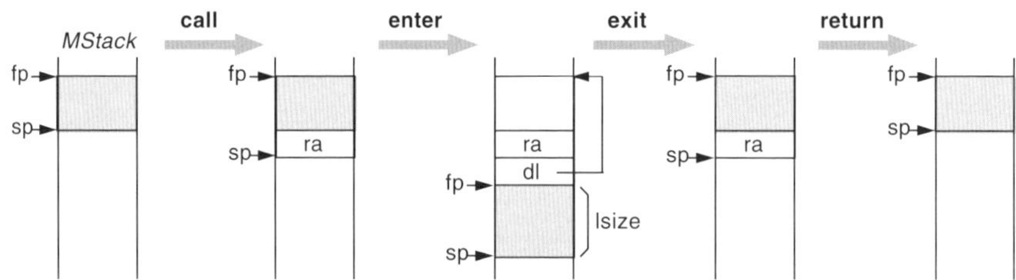

Abb. 6.19 *Methodenaufruf und Aufbau eines Frames für lokale Variablen*

Beim Aufruf einer Methode führt der Rufer eine call-Instruktion aus, die die Return-Adresse ra (= pc+3) auf den MStack legt und zur aufgerufenen Methode springt. Die Sprungdistanz ist wieder relativ zum Beginn der call-Instruktion und kann positiv oder negativ sein.

Die erste Instruktion jeder Methode ist enter. Sie legt einen Zeiger zum Frame des Rufers auf den MStack. Über diesen Zeiger, der *Dynamic Link* (dl) genannt wird, findet die µJVM bei der Rückkehr der Methode wieder zum Frame des Rufers zurück. Anschließend wird fp auf das Ende von MStack gesetzt und sp um die Anzahl der Variablen der gerufenen Methode (lsize) erhöht. Dadurch wird ein neuer Frame für die lokalen Variablen der gerufenen Methode angelegt. Der Inhalt des Frames wird gelöscht und eventuelle Parameter (psize) werden vom EStack an den Beginn des Frames kopiert (Details siehe Seite 161).

Am Ende der Methode wird exit aufgerufen. exit entfernt den Frame der Methode und setzt fp – dem Dynamic Link folgend – wieder auf den Frame des Rufers. Somit ist der Zustand vor Ausführung von enter wiederhergestellt.

Als letzte Instruktion der Methode wird return ausgeführt. Sie holt sich die Return-Adresse mittels POP und setzt damit nach der Aufrufstelle im Rufer fort. Der MStack ist nun wieder im gleichen Zustand wie vor der Ausführung der call-Instruktion.

Ein-/Ausgabe

Die μJVM unterstützt die Ein- und Ausgabe von Ganzzahlen und Zeichen auf der Konsole. Dazu bietet sie folgende Instruktionen an:

53	**read**	... ..., val	**Read integer** readInt(x); push(x);
54	**print**	..., val, width ...	**Print integer** width = pop(); writeInt(pop(), width);
55	**bread**	... ..., val	**Read character** readChar(ch); push(ch);
56	**bprint**	..., val, width ...	**Print character** width = pop(); writeChar(pop(), width);

Die Instruktionen print und bprint erwarten auf dem EStack neben dem auszugebenden Wert auch eine Feldweite. Der Wert wird rechtsbündig mit dieser Feldweite auf der Konsole ausgegeben. Wenn die Feldweite kleiner als die Anzahl der Zeichen des auszugebenden Werts ist, wird der Wert mit der minimal benötigten Feldweite ausgegeben.

Laufzeitfehler

Die folgende Instruktion meldet einen Laufzeitfehler und bricht dann das Programm ab:

57	**trap b**		**Generate run time error** print error message depending on b; stop execution;

In MicroJava-Programmen gibt es nur eine einzige Stelle, an der eine trap-Instruktion erzeugt wird, nämlich wenn eine Funktionsmethode an ihr Ende gelangt, ohne einen Rückgabewert mittels return zurückgegeben zu haben.

Beispiel

Zum Abschluss dieses Abschnitts sehen wir uns nun eine vollständige Methode samt dem dafür erzeugten Code an (Abb. 6.20). Die Methode hat vier lokale Variablen, die auf den Adressen 0 bis 3 in ihrem Frame liegen. Am Beginn der Methode wird dieser Frame mit einer Länge von vier Worten mittels enter angelegt. Da die Methode keine Parameter hat, ist der erste Operand der enter-Instruktion 0. Wie man sieht, werden die if- und die while-Anweisung in Sprünge übersetzt. Wie die einzelnen Instruktionen erzeugt werden, ist dann Inhalt der nachfolgenden Abschnitte.

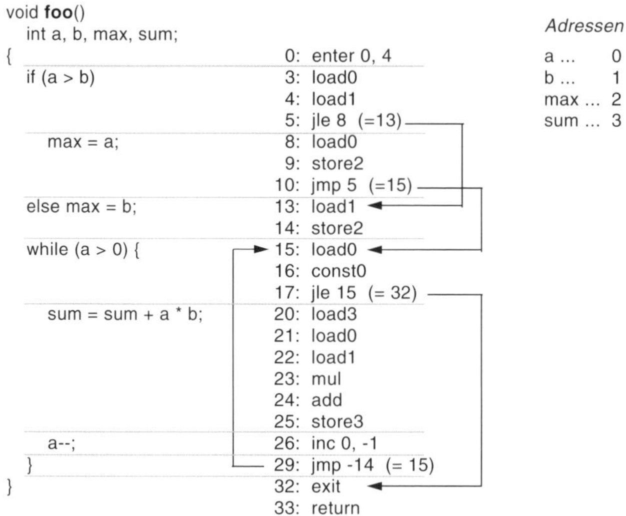

Abb. 6.20 *Beispiel einer Methode und des daraus erzeugten Codes*

6.2 Codespeicher

Die vom Compiler erzeugten Instruktionen werden nicht sofort auf eine Datei geschrieben, sondern in einen Codespeicher, da in einigen Sprunginstruktionen noch nachträglich Sprungdistanzen eingefügt werden müssen.

Der Codespeicher ist ein Bytearray in der Klasse Code, die den Codegenerator darstellt. Ein Füllstandzeiger pc zeigt auf die nächste freie Stelle im Codespeicher. Zur Ausgabe der Instruktionen gibt es die Methoden put, put2 und put4, die 1, 2 oder 4 Bytes an den Codespeicher anfügen.

```
class Code {
   static final int // instruction codes
      load = 1, load0 = 2, load1 = 3, load2 = 4, load3 = 5,
      store = 6, store0 = 7, store1 = 8, store2 = 9, store3 = 10,
      getstatic = 11, putstatic = 12, ...;
   private static byte[] code = new byte[10000]; // code buffer
   public static int     pc = 0;
   public static void put (int x) { code[pc++] = (byte) x; }
   public static void put2 (int x) { put(x >> 8); put(x); }
   public static void put4 (int x) { put2(x >> 16); put2(x); }
   ...
}
```

Aufgrund des äußerst einfachen Instruktionsformats der μJVM ist auch die Ausgabe der Instruktionen einfach. Die Instruktionen load0, store 7, getstatic 2 und const 10 können zum Beispiel wie folgt ausgegeben werden:

```
Code.put(Code.load0);
Code.put(Code.store); Code.put(7);
Code.put(Code.getstatic); Code.put2(2);
Code.put(const); Code.put4(10);
```

6.3 Operanden der Codeerzeugung

Wir kommen nun zur eigentlichen Codeerzeugung und beginnen mit einem Konzept, das ganz wesentlich für ihre Systematik ist: den Operandendeskriptoren. Wenn wir Code für eine bestimmte Operation erzeugen wollen, brauchen wir Informationen über ihre Operanden. Um zum Beispiel zwei Werte zu addieren, sieht das generelle Codemuster wie folgt aus:

... load operand 1 ...
... load operand 2 ...
add

Welche Instruktionen müssen wir nun aber zum Laden der Operanden erzeugen? Das hängt von der Art der Operanden ab. Je nach Operandenart benötigen wir unterschiedliche Ladeinstruktionen:

Operandenart	*Benötigte Ladeinstruktion*
Konstante	const c
lokale Variable	load a
globale Variable	getstatic a
Objektfeld	getfield a
Arrayelement	aload
geladener Wert am EStack	–
Funktionsmethode	call a

Wir brauchen also einen Deskriptor, der uns die Art eines Operanden (und somit seine Adressierungsart) sowie weitere Informationen anzeigt (bei Variablen ihre Adresse, bei Konstanten ihren Wert etc.). Die folgende Aufstellung zeigt, welche Informationen wir über die einzelnen Operandenarten brauchen (siehe auch die Beschreibung der Adressierungsarten auf Seite 122):

Operandenart	*Bezeichnung*	*Benötigte Informationen*
Konstante	Con	Konstantenwert
lokale Variable	Local	Adresse im Frame
globale Variable	Static	Adresse in data
Objektfeld	Fld	Adresse relativ zum Objektbeginn
Arrayelement	Elem	– (Informationen stehen am EStack)
Wert am EStack	Stack	– (Informationen stehen am EStack)
Methode	Meth	Adresse im Code, Methodenobjekt

Wir fassen diese Informationen in einer Klasse Operand zusammen:

```
class Operand {
   static final int // operand kinds
      Con = 0, Local = 1, Static = 2, Stack = 3, Fld = 4, Elem = 5, Meth = 6;

   int    kind;  // Con, Local, Static, ...
   Struct type;  // type of operand
   int    val;   // for Con: constant value
   int    adr;   // for Local, Static, Fld, Meth: address
   Obj    obj;   // for Meth: method object with formal parameters
}
```

Auch hier sind einzelne Felder nur für bestimmte Operandenarten belegt: val wird zum Beispiel nur für Konstanten benutzt, obj nur für Methoden.

Operandendeskriptoren beziehen ihre Informationen in der Regel aus Objekten der Symbolliste. Wenn der Compiler einen Namen im Programm sieht, schlägt er ihn in der Symbolliste nach und bildet aus dem gefundenen Objektknoten mittels folgendem Konstruktor einen Operandendeskriptor.

```
public Operand (Obj obj) {
   type = obj.type; val = obj.val; adr = obj.adr;
   switch (obj.kind) {
      case Obj.Con:   kind = Con; break;
      case Obj.Var:   if (obj.level == 0) kind = Static; else kind = Local;
                      break;
      case Obj.Meth:  kind = Meth; this.obj = obj; break;
      case Obj.Type:  error("a type is not a valid operand"); break;
      case Obj.Prog:  error("the program cannot be used as an operand"); break;
   }
}
```

Es gibt noch einen weiteren Konstruktor, mit dem ein Operandendeskriptor aus einer Konstanten aufgebaut werden kann:

```
public Operand (int val) {
   kind = Con; type = Tab.intType; this.val = val;
}
```

Wenn Operandendeskriptoren meist ohnehin aus Objektknoten aufgebaut werden, warum kann man dann nicht gleich den Objektknoten anstatt eines Operandendeskriptors verwenden? Das hat zwei Gründe: Zum einen können Operanden auch zusammengesetzte Bezeichner wie a[i] oder x.f darstellen und nicht bloß einfache Namen; zum anderen beschreiben Operanden einen Wert, dessen Speicherort sich während der Codeerzeugung ändern kann. Eine lokale Variable befindet sich zum Beispiel anfangs auf dem MStack. Nachdem sie geladen wurde, befindet sie sich aber auf dem EStack. Der Speicherort hat sich also geändert, was durch einen geänderten Operandendeskriptor ausgedrückt wird (siehe Abb. 6.21). Objektknoten der Symbolliste ändern sich hingegen nie.

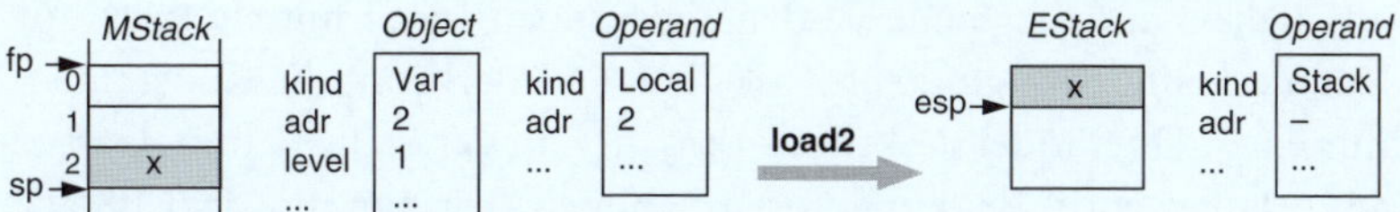

Abb. 6.21 *Variable x am MStack und nach dem Laden am EStack*

Operandendeskriptoren entstehen während der Codeerzeugung und beschreiben die Art und den Speicherort von Operanden. Die meisten Parsermethoden liefern als Ergebnis ihrer Übersetzung einen Operandendeskriptor, der im Rufer als Informationsquelle für die Codeerzeugung dient und zu neuen Operandendeskriptoren führt, die wieder von der entsprechenden Parsermethode zurückgegeben werden. Abb. 6.22 zeigt die Aufrufhierarchie von Parsermethoden und die von ihnen gelieferten Operandendeskriptoren für die Zuweisung x = y + z * 3, wobei x, y und z lokale Variablen auf den Adressen 0, 1 und 2 sind.

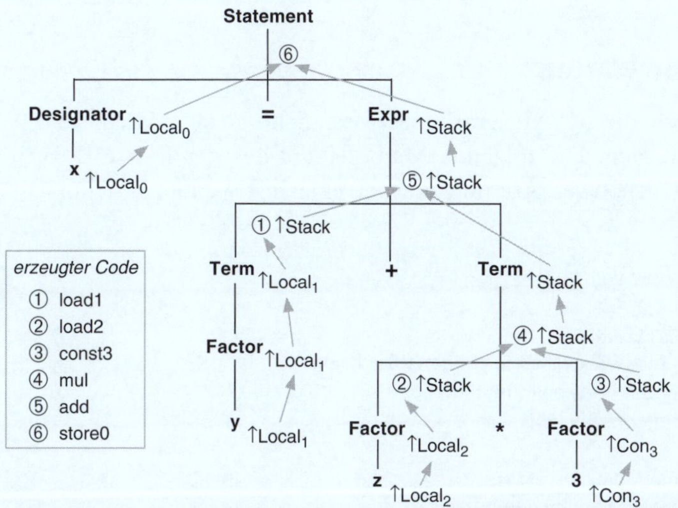

Abb. 6.22 *Aufrufhierarchie von Parsermethoden und die von ihnen gelieferten Operanden*

Statement ruft Designator auf. Designator erkennt den Namen x, schlägt ihn in der Symbolliste nach und erzeugt aus dem gelieferten Objektknoten einen Operandendeskriptor der Art Local mit Adresse 0 ($Local_0$). Dieser wird von Designator zurückgeliefert. Der Parser läuft weiter, erkennt "=", ruft Expr auf und weiter Term und Factor. Factor erkennt den Namen y und erzeugt einen Operandendeskriptor $Local_1$, der auch von Factor und Term zurückgeliefert wird. Bevor der Parser weiterläuft, lädt er an der Stelle ① den Operanden $Local_1$ mittels der Instruktion load1 auf den EStack. Nun erkennt der Parser "+", ruft Term auf und dieser Factor. Factor erkennt den Namen z und liefert dafür einen Operandendeskriptor $Local_2$. Bevor der Parser weiterläuft, lädt er an der Stelle ② den Operanden $Local_2$ mittels load2 auf den EStack. Dann erkennt er "*" und ruft Factor auf. Factor erkennt die Konstante 3 und liefert dafür einen Operandendeskriptor Con_3, der an der Stelle ③ mittels const3 auf den EStack geladen wird. Beide Faktoren befinden sich nun auf dem EStack, sodass sie an der Stelle ④ mittels mul multipliziert werden können. Das Ergebnis liegt wieder auf dem EStack, daher gibt Term einen Operanden der Art Stack zurück. Beide Terme befinden sich nun auf dem EStack, sodass sie an der Stelle ⑤ mittels add addiert werden können. Das Ergebnis liegt wieder auf dem EStack, daher gibt Expr einen Operanden der Art Stack zurück. Da Designator einen Operanden $Local_0$ geliefert hat, weiß der Compiler, dass er an der Stelle ⑥ den Wert vom EStack mittels store0 an die Variable auf Adresse 0 zuweisen muss.

Wie man sieht, liefern die Operandendeskriptoren dem Compiler alle Informationen, die nötig sind, um die passenden Instruktionen zu erzeugen. Dies ist das allgemeine Prinzip der Codeerzeugung, das wir auch in den folgenden Abschnitten verwenden werden.

6.4 Laden von Werten

Bevor Werte durch die μJVM verarbeitet werden können, müssen sie auf den EStack geladen werden. Die folgende Methode load aus der Klasse Code nimmt einen Operanden beliebiger Art und erzeugt eine Instruktion, um ihn auf den EStack zu laden.

```
public static void load (Operand x) { // in class Code
    switch (x.kind) {
        case Operand.Con:
            if (0 <= x.val && x.val <= 5) put(const0 + x.val);
            else if (x.val == -1) put(const_m1);
            else { put(const); put4(x.val); }
            break;
        case Operand.Static:
            put(getstatic); put2(x.adr); break;
        case Operand.Local:
            if (0 <= x.adr && x.adr <= 3) put(load0 + x.adr);
            else { put(load); put(x.adr); }
            break;
        case Operand.Fld: // assert: object base address is on stack
            put(getfield); put2(x.adr); break;
        case Operand.Elem: // assert: array base address and index are on stack
            if (x.type ==Tab.charType) put(baload); else put(aload);
            break;
        case Operand.Stack: break; // nothing (already loaded)
        case Operand.Meth: error("cannot load a method");
    }
    x.kind = Operand.Stack;
}
```

Es ist typisch für die Codeerzeugung, dass die Auswahl der zu erzeugenden Instruktionen zu zahlreichen Fallunterscheidungen führt. In der Methode load wird zunächst nach der Art des Operanden unterschieden. Ist er eine Konstante, so wird weiter unterschieden zwischen Konstanten im Bereich 0 bis 5, die durch eine Kurzform (const0 bis const5) geladen werden können, der Konstante -1, für die es den speziellen Ladebefehl const_m1 gibt, und anderen Konstanten, die durch die Langform geladen werden (const w). Ähnlich ist es bei den anderen Operandenarten. Man beachte, dass für Operanden der Art Stack kein Ladecode erzeugt wird, da sie bereits geladen sind. Am Ende der Methode load ist der Operand geladen. Daher wird seine Operandenart auf Operand.Stack eingestellt.

Die Methode load ist sehr hilfreich. Man kann damit nun beliebige Operanden laden, ohne sich um die Details der Ladeinstruktionen kümmern zu müssen.

Laden von Variablen

Variablen kommen in Ausdrücken vor, genauer gesagt in der Produktion Factor. Wir sehen uns daher nun mittels einer attributierten Grammatik an, wie Variablen dabei geladen werden.

```
Factor <↑x>          (. String name; .)
= ident <↑name>      (. Obj obj = Tab.find(name);          // obj.kind = Var | Con
                        Operand x = new Operand(obj);      // x.kind = Local | Static | Con
                        Code.load(x); .)                   // x.kind = Stack
| ... .
```

Der Name wird in der Symbolliste gesucht und sein Objektknoten obj in einen Operanden x umgewandelt, der anschließend geladen wird. Abb. 6.23 zeigt das am Beispiel einer lokalen Variablen v auf Adresse 2.

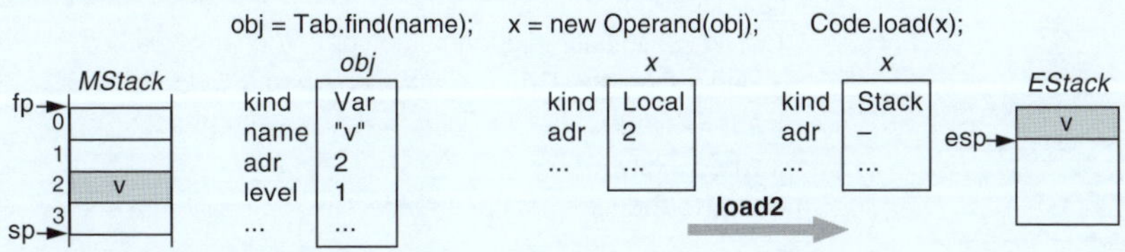

Abb. 6.23 *Laden einer Variablen*

Laden von Konstanten

Konstanten kommen wie Variablen in der Produktion Factor vor. Wir sehen uns daher wieder mittels einer attributierten Grammatik an, wie Konstanten geladen werden.

```
Factor <↑x>          (. ... int val; .)
= ...
| number <↑val>      (. Operand x = new Operand(val);  // x.kind = Con
                        Code.load(x); .) .             // x.kind = Stack
```

Aus dem Zahlenwert wird ein Operand erzeugt, der anschließend geladen wird. Abb. 6.24 visualisiert diesen Prozess.

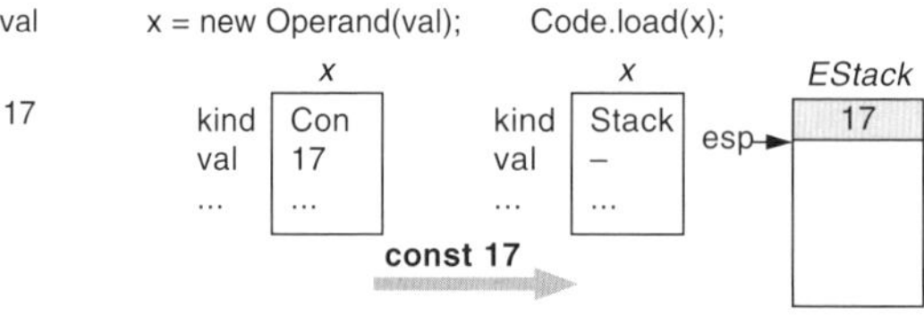

***Abb. 6.24** Laden einer Konstanten*

Laden von Objektfeldern

Um ein Objektfeld var.f in der Produktion von Designator zu laden, müssen wir die dafür angegebenen Kontextbedingungen prüfen (siehe Anhang A).

$Designator_0$ = $Designator_1$ "." ident .

- Der Typ von $Designator_1$ muss eine Klasse sein. (cc 1)
- ident muss ein Feld von $Designator_1$ sein. (cc 2)

Wir beschreiben den Ladevorgang wieder durch eine attributierte Grammatik.

```
Designator <↑x>        (. String name, fname; .)
= ident <↑name>        (. Obj obj = Tab.find(name);
                          Operand x = new Operand(obj); .)
  { "." ident <↑fname> (. if (x.type.kind == Struct.Class) { // context condition 1
                            Code.load(x);
                            Obj fld = Tab.findField(fname, x.type); // checks also cc 2
                            x.kind = Operand.Fld; // change operand to kind Fld
                            x.adr = fld.adr;
                            x.type = fld.type;
                          } else error(name + " is not an object"); .)
  | ...
  } .
```

Der Name var wird in der Symbolliste gesucht und in einen Operanden x umgewandelt. Wenn .f folgt, wird zunächst sichergestellt, dass der Typ von var eine Klasse ist (Kontextbedingung 1). Anschließend wird var geladen, da ja beim späteren Laden des Feldes die Basisadresse des Objekts am EStack liegen muss. Dann wird das Feld f in der Klasse von var gesucht, und es wird der entsprechende Objektknoten fld zurückgegeben. Die Methode findField ist ähnlich zu find, sucht aber nur in den Feldern des angegebenen Typs. Wenn das Feld nicht gefunden wurde, wird ein Fehler ausgegeben. Das entspricht der Prüfung der zweiten Kontextbedingung. Schließlich wird der Operandendeskriptor x so eingestellt, dass er von der Art Fld ist; seine Adresse und sein Typ werden aus dem Objektknoten fld übernommen. Falls Fehler gefunden und gemeldet wurden, ist es egal, welcher Code erzeugt wird. Er wird später ohnehin verworfen.

Nun könnten weitere Feldzugriffe folgen (z.B. var.f.g), und der Prozess würde sich wie in der attributierten Grammatik beschrieben wiederholen. Wenn das aber nicht der Fall ist, gibt Designator den Fld-Operanden x als Ergebnis zurück. Würde man x später laden, würde eine getfield-Instruktion erzeugt werden. Die Basisadresse des Objekts liegt ja bereits auf dem EStack. Abb. 6.25 visualisiert das Laden von Objektfeldern und zeigt die Abfolge der dabei erzeugten Operandendeskriptoren.

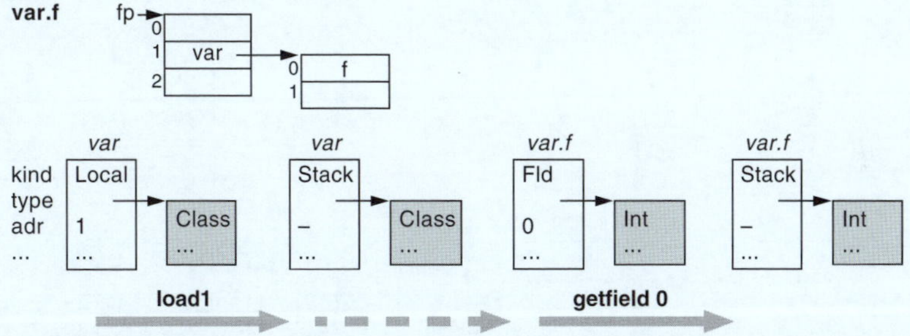

Abb. 6.25 *Laden von Objektfeldern – Abfolge von Operandendeskriptoren*

Laden von Arrayelementen

Als Nächstes sehen wir uns das Laden eines Arrayelements a[i] an. Dafür gibt es ebenfalls Kontextbedingungen, die zu prüfen sind (siehe auch Anhang A):

Designator$_0$ = Designator$_1$ "[" Expr "]".

- Der Typ von Designator$_1$ muss ein Array sein. (cc 1)
- Der Typ von Expr muss int sein. (cc 2)

Wir beschreiben den Prozess wieder durch eine attributierte Grammatik.

```
Designator <↑x>       (. String name; Operand x, y; .)
= ident <↑name>       (. Obj obj = Tab.find(name); Operand x = new Operand(obj); .)
  { ...
  | "["               (. Code.load(x);
                         if (x.type.kind != Struct.Arr) error(name + " is not an array"); .) // cc 1
    Expr <↑y>         (. if (y.type != Tab.intType) error("index must be of type int"); // cc 2
                         Code.load(y);
                         x.kind = Operand.Elem; // change operand kind to Elem
                         x.type = x.type.elemType; .)
    "]"
  } .
```

Zunächst wird wieder der Arrayname a in der Symbolliste gesucht und in einen Operanden x umgewandelt. Folgt nun eine Indexklammer, wird x geladen, da ja bei Arrayzugriffen die Adresse des Arrays am EStack liegen muss. Außerdem wird sichergestellt, dass x ein Array darstellt (Kontextbedingung 1). Der Indexausdruck liefert einen Operanden y, dessen Typ int sein muss (Kontextbedingung 2). Es wird nun auch der Index geladen und die Operandenart von x auf Elem eingestellt. Der Typ von x wird auf den Elementtyp des Arrays gesetzt. Würde man x später laden, würde eine aload- oder eine baload-Instruktion erzeugt. Die Adresse des Arrays und der Index liegen ja bereits auf dem EStack.

Abb. 6.26 visualisiert diesen Prozess und zeigt die Abfolge der erzeugten Operandendeskriptoren.

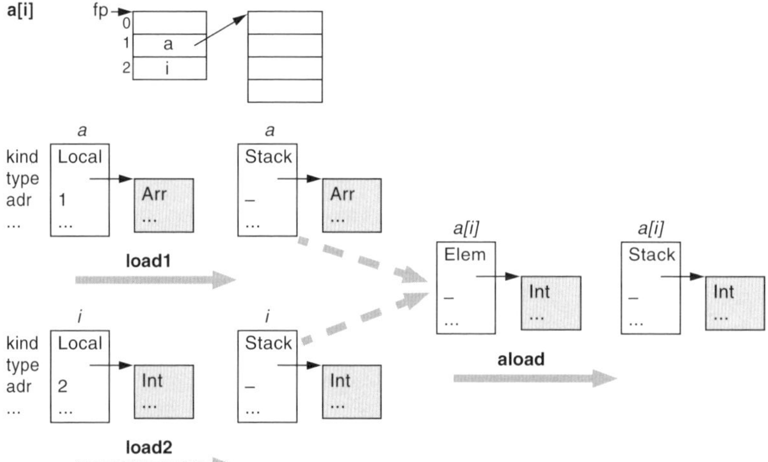

Abb. 6.26 *Laden von Arrayelementen – Abfolge von Operandendeskriptoren*

Natürlich kann man Array- und Feldzugriffe auch kombinieren, zum Beispiel in a[i].f, vorausgesetzt, dass a[i] auf ein Objekt mit einem Feld f zeigt. Abb. 6.27 verdeutlicht, welche Operandendeskriptoren dabei entstehen.

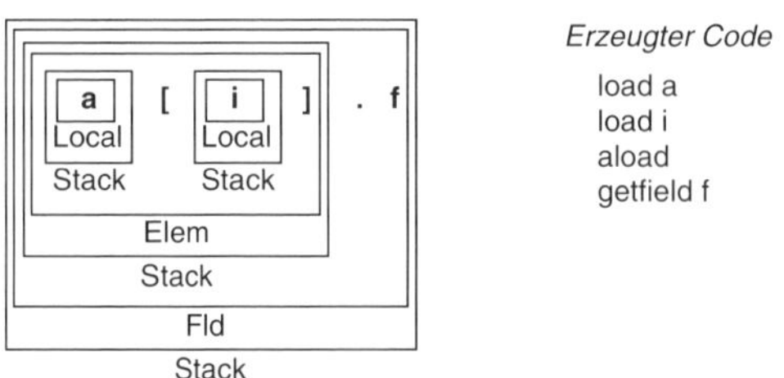

Abb. 6.27 *Operandendeskriptoren für das Laden von a[i].f*

Die Variable a wird zu einem Local-Operanden, der auf den EStack geladen wird (load a), ebenso i (load i). Die beiden werden dann zu einem Elem-Operanden zusammengefasst, der ebenfalls geladen wird (aload). Dies ist die Basisadresse eines Objekts, das mit dem Feld f zu einem Fld-Operanden gemacht wird, der schließlich ebenfalls geladen wird (getfield f).

6.5 Ausdrücke

Nachdem wir nun einfache und strukturierte Variablen sowie Konstanten laden können, widmen wir uns der Codeerzeugung für arithmetische Ausdrücke. Auf einer Stackmaschine wie der µJVM müssen dabei immer zuerst die Operanden geladen werden, bevor die Instruktion für den Operator erzeugt wird. Das Muster für die Berechnung von x + y lautet also:

```
... load x ...
... load y ...
add
```

Ausdrücke werden durch die Produktion Expr beschrieben, für die folgende Kontextbedingungen zu prüfen sind:

Expr = "-"Term.

- Term muss vom Typ int sein.

$Expr_0$ = $Expr_1$ AddOp Term.

- $Expr_1$ und Term müssen beide vom Typ int sein.

Die Codeerzeugung für Expr wird durch folgende attributierte Grammatik beschrieben:

```
Expr <↑x>              (. Operand x, y; int op; .)
=  ( Term <↑x>
   | "-" Term <↑x>     (. if (x.type != Tab.intType)  // context condition 1
                            error("operand must be of type int");
                          if (x.kind == Operand.Con) x.val = - x.val;
                          else {
                            Code.load(x); Code.put(neg);
                          } .)
   )
   { ( "+"             (. op = Code.add; .)
     | "-"             (. op = Code.sub; .)
     )                 (. Code.load(x); .)
     Term <↑y>         (. Code.load(y);
                          if (x.type != Tab.intType || y.type != Tab.intType) // context condition 2
                            error("operands must be of type int");
                          Code.put(op); .)
   } .
```

Die beiden Terme liefern die beiden Operanden x und y. Wenn vor dem ersten Term ein "-" steht, muss er negiert werden. Ist der Term eine Konstante, kann die Negation zur Compilationszeit erfolgen, ansonsten muss er geladen und durch die Instruktion neg negiert werden. Dies ist eine der wenigen Optimierungen, die wir im MicroJava-Compiler durchführen.

Nach dem ersten Term können weitere Terme folgen, die durch "+" oder "-" verknüpft sind. Wir merken uns die für den Operator später auszugebende Instruktion (add oder sub) in der Variablen op. Bevor der zweite Term analysiert wird, muss der erste geladen werden, weil wir die Terme ja in der richtigen Reihenfolge auf den EStack bringen müssen und bei der Analyse des zweiten Terms bereits Code erzeugt werden könnte. Schließlich laden wir auch den zweiten Term y und geben die vorgemerkte Instruktion für den Operator aus.

Als Nächstes sehen wir uns die Codeerzeugung für Terme an. Auch hier ist wieder eine Kontextbedingung zu beachten:

$Term_0$ = $Term_1$ MulOp Factor.

- $Term_1$ und Factor müssen beide vom Typ int sein.

Die Codeerzeugung wird durch folgende attributierte Grammatik beschrieben:

```
Term <↑x>                (. Operand x, y; int op; .)
= Factor <↑x>
  { ( "*"                (. op = Code.mul; .)
    | "/"                (. op = Code.div; .)
    | "%"                (. op = Code.rem; .)
    )                    (. Code.load(x); .)
    Factor <↑y>          (. Code.load(y);
                            if (x.type != Tab.intType || y.type != Tab.intType) // context condition
                              error("operands must be of type int");
                            Code.put(op); .)
  }.
```

Die Verarbeitung ist ähnlich zu der von Expr. Die beiden Faktoren liefern die Operanden x und y, die auf den EStack geladen werden. Die später für den Operator auszugebende Instruktion (mul, div oder rem) merken wir uns in der Variablen op und geben sie nach dem Laden des zweiten Faktors aus.

Nun fehlt nur noch die Codeerzeugung für Faktoren. Wir lassen vorerst Funktionsaufrufe unberücksichtigt, die ebenfalls Faktoren sind und in Abschnitt 6.9 behandelt werden. Folgende Kontextbedingungen sind zu prüfen:

Factor = "new" ident .

- ident muss eine Klasse bezeichnen. (cc 1)

Factor = "new" ident "[" Expr "]".

- ident muss einen Typ bezeichnen. (cc 2)
- Der Typ von Expr muss int sein. (cc 3)

Die attributierte Grammatik lautet dann:

```
Factor <↑x>              (. Operand x; int val; String name; .)
= Designator <↑x>        // for function calls see later
| number <↑val>          (. x = new Operand(val); .)
| charCon <↑val>         (. x = new Operand(val); x.type = Tab.charType; .)
| "(" Expr <↑x> ")"

| "new" ident <↑name>    (. Obj obj = Tab.find(name); Struct type = obj.type; .)
  ( "["                  (. if (obj.kind != Obj.Type) error ("type expected"); .) // cc 2
    Expr <↑x> "]"        (. if (x.type != Tab.intType) error("array size must be of type int"); // cc 3
                            Code.load(x);
                            Code.put(Code.newarray);
                            if (type = Tab.charType) Code.put(0); else Code.put(1);
                            type = new Struct(Struct.Arr, type); .)
  |                      (. if (obj.kind != Obj.Type || type.kind != Struct.Class) // cc 1
                              error("class type expected")
                            Code.put(Code.new_); Code.put2(type.nFields); .)
  )                      (. x = new Operand(); x.kind = Operand.Stack; x.type = type; .) .
```

Diese Grammatik ist etwas komplizierter als die vorhergehenden. Zuerst aber zu den ersten vier Alternativen, die noch einfach sind: Designator liefert einen Operanden der Art Local, Static, Fld oder Elem. Bei Feld- und Arrayzugriffen wird in Designator bereits Code erzeugt. number und charCon liefern einen Konstantenwert val, der zu einem Operanden umgewandelt wird. Expr liefert ebenfalls einen Operanden. Der in diesen vier Alternativen erzeugte Operand wird von Factor zurückgegeben.

Nun zur fünften Alternative, die die Erzeugung von Array- und Klassenobjekten beschreibt. Der Name in new ident wird in der Symbolliste gesucht, und sein Typ wird in type gespeichert. Anschließend kann entweder ein Längenausdruck folgen oder nichts.

Wenn ein Längenausdruck folgt, handelt es sich um die Erzeugung eines Arrayobjekts. Es wird geprüft, ob ident einen Typ bezeichnet (cc 2) und ob die angegebene Arraylänge vom Typ int ist (cc 3). Die Arraylänge wird geladen, und anschließend wird newarray 0 oder newarray 1 ausgegeben, in Abhängigkeit davon, ob es sich um ein Bytearray oder ein Wortarray handelt. Der Typ des erzeugten Objekts wird von type auf »Arr of type« umgewandelt.

Wenn kein Längenausdruck folgt, handelt es sich um die Erzeugung eines Klassenobjekts. Es wird geprüft, ob ident nicht nur einen Typ, sondern einen Klassentyp bezeichnet (cc 1). Anschließend wird eine new-Instruktion ausgegeben. Die Anzahl der anzulegenden Worte wird aus type.nFields entnommen.

In beiden Fällen wird schließlich ein neuer Operand der Art Stack mit dem Typ type erzeugt und von Factor zurückgegeben.

Wir sehen uns nun ein zusammenfassendes Beispiel an, das die Aufrufe von Parsermethoden bei der Codeerzeugung für den Ausdruck var.f + 2 * var.g sowie die dabei entstehenden Operandendeskriptoren zeigt (Abb. 6.28).

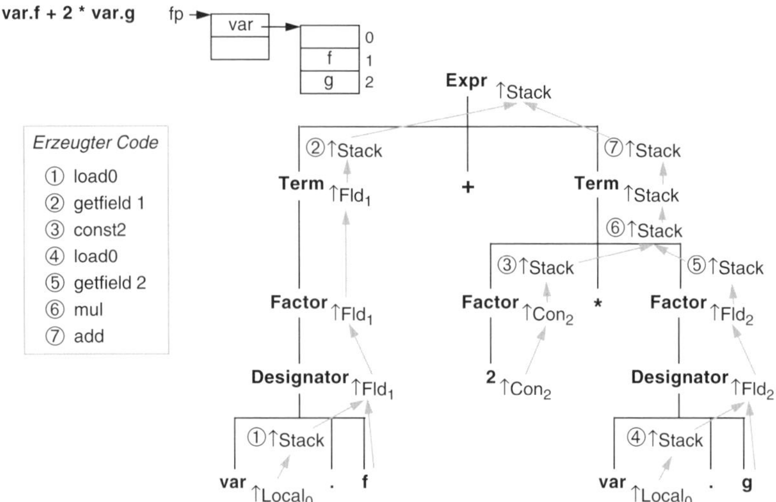

Abb. 6.28 *Parsermethoden und Operanden bei der Übersetzung eines Ausdrucks*

Expr ruft Term, Factor und Designator auf, wo var erkannt und zu einem $Local_0$-Operanden gemacht wird. Dieser wird an der Stelle ① geladen, weil für Feldzugriffe die Adresse des Objekts auf dem EStack liegen muss. Das Feld f wird in der Klasse von var gesucht, und es wird ein Fld_1-Operand erzeugt (f hat den Offset 1), der von Designator, Factor und Term zurückgegeben wird. Bevor nun in Expr mit dem Operator "+" fortgefahren wird, muss der erste Term an der Stelle ② geladen werden.

Nun wird der zweite Term bearbeitet. Es wird in Factor die Konstante 2 erkannt und zu einem Con_2-Operanden umgewandelt, der von Factor zurückgegeben wird. Bevor Term mit dem Operator "*" fortfährt, muss der erste Faktor an der Stelle ③ geladen werden. Anschließend wird der zweite Faktor analysiert, der ähnlich wie vorher einen Fld_2-Operanden für var.g liefert. Dieser wird ebenfalls geladen (Stelle ⑤). Da nun beide Faktoren am EStack liegen, wird an der Stelle ⑥ eine mul-Instruktion erzeugt; das Ergebnis der Multiplikation liegt wieder am EStack und wird von Term als Stack-Operand zurückgegeben. An der Stelle ⑦ werden die beiden am EStack liegenden Terme mittels add addiert, und Expr gibt als Ergebnis der Addition einen Stack-Operanden zurück.

Abb. 6.28 zeigt auch den an den einzelnen Stellen erzeugten Code. Man sieht aus dem Beispiel, dass die Codeerzeugung ganz systematisch in den Parsermethoden erfolgt, wobei die gelieferten Operandendeskriptoren alle Informationen enthalten, die nötig sind, um die entsprechenden Instruktionen zu erzeugen.

6.6 Zuweisungen

Als Nächstes wenden wir uns der Codeerzeugung für Anweisungen zu und beginnen mit der einfachsten Anweisungsart, nämlich mit Zuweisungen. Zuweisungen haben das Schema

```
designator = expr;
```

Je nachdem, von welcher Art der Designator auf der linken Seite der Zuweisung ist (eine lokale/globale Variable, ein Objektfeld oder ein Arrayelement), müssen unterschiedliche Instruktionen erzeugt werden (Abb. 6.29).

localVar = expr;	globalVar = expr;	obj.f = expr;	a[i] = expr;
... *load expr* ... **store** $adr_{localVar}$	... *load expr* ... **putstatic** $adr_{globalVar}$	**load obj** ... load expr ... **putfield** adr_f	**load a** **load i** ... *load expr* ... **astore**

Abb. 6.29 *Codevarianten für Zuweisungen in Abhängigkeit von ihrer linken Seite*

In jedem der vier Fälle muss zuerst der Ausdruck auf der rechten Seite der Zuweisung auf den EStack geladen werden. Anschließend muss je nach Art der linken Seite eine store-, putstatic-, putfield- oder astore-Instruktion ausgegeben werden. Die grauen Instruktionen in den letzten beiden Fällen von Abb. 6.29 werden bereits von Designator erzeugt (siehe Abschnitt 6.4). Auch bei Zuweisungen sind wieder Kontextbedingungen zu beachten:

Statement = Designator "=" Expr ";".

- Designator muss eine Variable, ein Arrayelement oder ein Objektfeld sein. (cc 1)
- Der Typ von Expr muss mit dem Typ von Designator *zuweisungskompatibel* sein. (cc 2)

Die folgende attributierte Grammatik beschreibt die Übersetzung von Zuweisungen:

```
Statement               (. Operand x, y; .)
= Designator <↑x>       // may already generate code
  "=" Expr <↑y>         (. Code.load(y);
                           if (y.type.assignableTo(x.type))
                             Code.assignTo(x);  // x: Local | Static | Fld | Elem
                           else error("incompatible types in assignment"); .)
  ";" .
```

Die Zuweisungskompatibilität (cc 2) wird in assignableTo geprüft (siehe Abschnitt 5.4). Die Überprüfung der ersten Kontextbedingung sowie die Erzeugung der passenden Instruktion für die Zuweisung erfolgen in der Methode assignTo, die wie folgt aussieht:

```
public static void assignTo (Operand x) {
   // x denotes the left-hand side of an assignment; the right-hand side is already loaded
   switch (x.kind) {
      case Operand.Local:
         if (x.adr <= 3) put(store0 + x.adr) else { put(store); put(x.adr); }
         break;
      case Operand.Static:
         put(putstatic); put2(x.adr);
         break;
      case Operand.Fld: // base address of object already loaded
         put(putfield); put2(x.adr);
         break;
      case Operand.Elem: // array address and index already loaded
         if (x.type == Tab.charType) put(bastore); else put(astore);
         break;
      default:
         error("invalid left-hand side in assignment");
   }
}
```

Inkrement- und Dekrement-Anweisungen

Die Inkrement-Anweisung (z.B. x++;) und die Dekrement-Anweisung (z.B. x--;) sind eine Spezialform von Zuweisungen, da sie der Langform x = x + 1; bzw. x = x -1; entsprechen. Auch hier gibt es wieder Kontextbedingungen zu beachten:

Statement = Designator ("++" | "--") ";".

- Designator muss eine Variable, ein Arrayelement oder ein Objektfeld sein. (cc 1)
- Designator muss vom Typ int sein. (cc 2)

Die Übersetzung sieht wie folgt aus:

```
IncDecStatement          (. Operand x, y; .)
= Designator <↑x>        (. if (x.type != Tab.intType) error("type int expected"); // cc 2
                            if (x.kind == Operand.Fld) Code.put(Code.dup);
                            else if (x.kind == Operand.Elem) Code.put(Code.dup2);
                            y = (Operand) x.clone();
                            Code.load(y);
                            Code.put(Code.const1); .)
   ( "++"                (. Code.put(Code.add); .)
   | "--"                (. Code.put(Code.sub); .)
   )                     (. Code.assignTo(x); .) // checks also cc1
   ";" .
```

Falls Designator ein Objektfeld oder ein Arrayelement ist, sind bereits Adressteile auf den EStack geladen worden. Diese werden mittels dup bzw. dup2 dupliziert. Dann wird das Duplikat geladen und schließlich 1 addiert oder subtrahiert, bevor das Ergebnis dem Designator zugewiesen wird.

Die Anweisung a[i]++; würde zum Beispiel zu folgendem Code führen (a und i sind hier lokale Variablen auf den Adressen 0 und 1):

```
            EStack
load0       a
load1       a  i
dup2        a  i  a  i
aload       a  i  a[i]
const1      a  i  a[i]  1
add         a  i  a[i]+1
astore      –
```

In der obigen Implementierung wurde nicht von der inc-Instruktion der μJVM Gebrauch gemacht, die auf lokale Variablen angewendet werden kann. Das lässt sich aber leicht einbauen und wird als Übungsaufgabe überlassen.

6.7 Sprünge und Marken

Bevor wir uns um Verzweigungen und Schleifen kümmern, müssen wir uns überlegen, wie wir Sprünge und Sprungmarken implementieren. Wie bei jeder Maschine gibt es auch bei der μJVM *unbedingte Sprünge*, die immer erfolgen

```
jmp offset
```

und *bedingte Sprünge*, die nur dann erfolgen, wenn eine vorher ausgewertete Bedingung wahr ist, zum Beispiel:

```
... load operand1 ...
... load operand2 ...
jeq offset              // means: if (operand1 == operand2) jmp offset
```

Insgesamt gibt es sechs Arten bedingter Sprünge, die durch die sechs möglichen Vergleichsoperatoren bestimmt sind (Abb. 6.30).

Vergleichsoperatoren (in der Klasse Code)	*Bedingte Sprünge*	
	jcc	== jeq
static final int		
eq = 0,	jeq	jump on equal
ne = 1,	jne	jump on not equal
lt = 2,	jlt	jump on less than
le = 3,	jle	jump on less or equal
gt = 4,	jgt	jump on greater than
ge = 5;	jge	jump on greater or equal

Abb. 6.30 *Vergleichsoperatoren und bedingte Sprünge*

Unbedingte Sprünge werden erzeugt durch:

```
Code.put(Code.jmp);
Code.put2(offset)
```

Bedingte Sprünge werden erzeugt, indem der Vergleichsoperator zur Instruktion jcc addiert und dadurch die passende Sprunginstruktion gewählt wird:

```
Code.put(Code.jcc + operator);
Code.put2(offset);
```

Die Sprungdistanz ist in beiden Fällen ein Offset (2 Bytes) relativ zum Beginn der Sprunginstruktion.

Vorwärts- und Rückwärtssprünge

Die Sprungdistanz kann positiv oder negativ sein, daher können Sprünge vorwärts oder rückwärts führen. *Rückwärtssprünge* sind einfacher zu erzeugen, da das Sprungziel bei sequenzieller Codeerzeugung bereits bekannt ist und die Sprungdistanz bei der Erzeugung der Sprunginstruktion sofort eingetragen werden kann (Abb. 6.31).

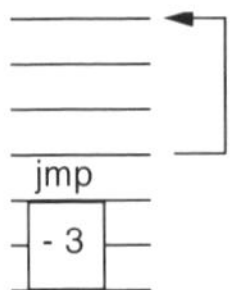

Abb. 6.31 *Rückwärtssprünge*

Bei *Vorwärtssprüngen* kennt man das Sprungziel bei der Ausgabe der Sprunginstruktion noch nicht. Daher muss man die 2 Bytes für die Sprungdistanz offen lassen und sie später nachtragen, wenn das Sprungziel bekannt wird (Abb. 6.32).

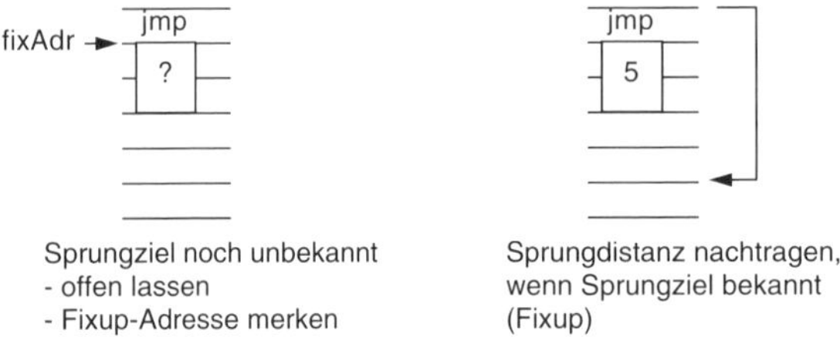

Abb. 6.32 *Vorwärtssprünge*

In manchen Situationen kann es vorkommen, dass mehrere Vorwärtssprünge zum gleichen Sprungziel führen. Das ist zum Beispiel der Fall, wenn eine Schleife durch mehrere break-Anweisungen verlassen wird. Ein weiteres Beispiel sind zusammengesetzte boolesche Ausdrücke, die mit && und || verknüpft sind. Darauf werden wir in Abschnitt 6.8.4 zu sprechen kommen.

Wenn mehrere Vorwärtssprünge zum gleichen Sprungziel führen, müssen die Fixup-Adressen dieser Sprünge in einer Liste zusammengefasst werden. Sobald die Adresse des Sprungziels bekannt ist, wird die Fixup-Liste aufgelöst und die korrekten Sprungdistanzen werden in den Sprüngen nachgetragen (Abb. 6.33).

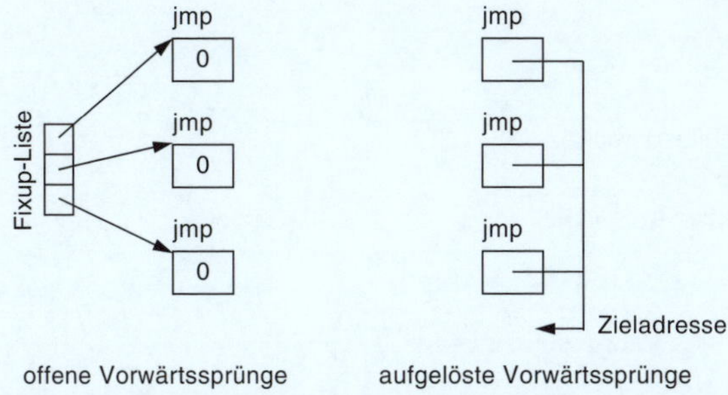

Abb. 6.33 *Fixup-Liste für mehrere offene Vorwärtssprünge*

Marken

Die Zieladressen von Sprüngen werden durch Marken definiert, die in Form einer Klasse Label implementiert sind. Die beiden Operationen auf Marken sind:

- label.here(); definiert die Marke label an der aktuellen pc-Position
- label.putAdr(); gibt die Sprungdistanz zur Marke label an der aktuellen pc-Position aus

Die beiden Operationen werden wie folgt benutzt:

```
Label label = new Label();   // creates a new and yet undefined label
...
Code.put(Code.jmp);
label.putAdr();              // emits an empty cell and adds its fixup address to the fixup list
...
label.here();                // defines label at the current pc position and resolves the fixup list
```

Jede Marke hat eine Adresse (die negativ ist, wenn die Marke noch undefiniert ist) und eine Fixup-Liste. Somit können wir uns bereits die Implementierung der Klasse Label ansehen:

```
public class Label {
    private int adr;                          // adr >= 0: label address (already defined)
                                              // adr < 0:  label still undefined
    private ArrayList<Integer> fixupList;     // list of fixup addresses
    public Label() {
        adr = -1;                             // still undefined
        fixupList = new ArrayList<Integer>(); // empty list
    }
```

```
	public void putAdr() {
		if (adr >= 0) { // backward jump; label is already defined
			Code.put2(adr - (Code.pc - 1));
		} else { // forward jump; label is still undefined
			fixupList.add(Code.pc);
			Code.put2(0);
		}
	}
	public void here() {
		if (adr >= 0) error("label defined twice");
		for (Integer pos: fixupList) {
			Code.put2(pos, Code.pc - (pos - 1));
		}
		adr = Code.pc;
	}
}
```

Die Methode putAdr gibt die Sprungdistanz zur betreffenden Marke aus. Bei Rückwärtssprüngen ist die Marke bereits definiert (adr >= 0), daher wird die Distanz vom Beginn der Sprunginstruktion (Code.pc - 1) zur Markenadresse adr ausgegeben. Bei Vorwärtssprüngen wird 0 ausgegeben und die Adresse der Zelle wird in die Fixup-Liste eingetragen (Abb. 6.34).

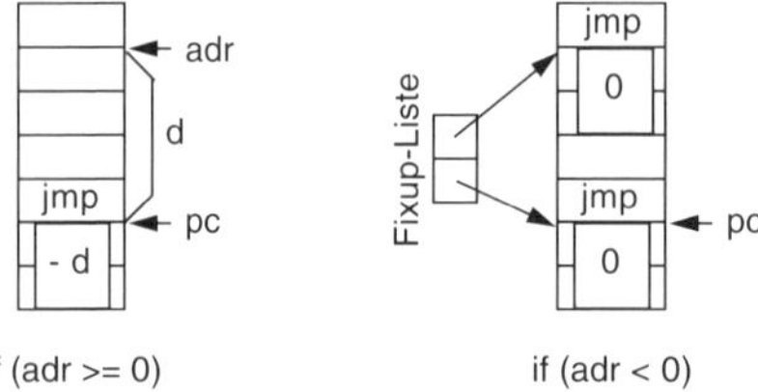

Abb. 6.34 *Wirkungsweise von putAdr*

Die Methode here löst die Fixup-Liste auf, indem sie in jede Fixup-Zelle die Distanz vom Beginn des Sprungs (pos - 1) zur aktuellen pc-Position einträgt. Anschließend wird die Marke an der aktuellen pc-Position definiert (Abb. 6.35).

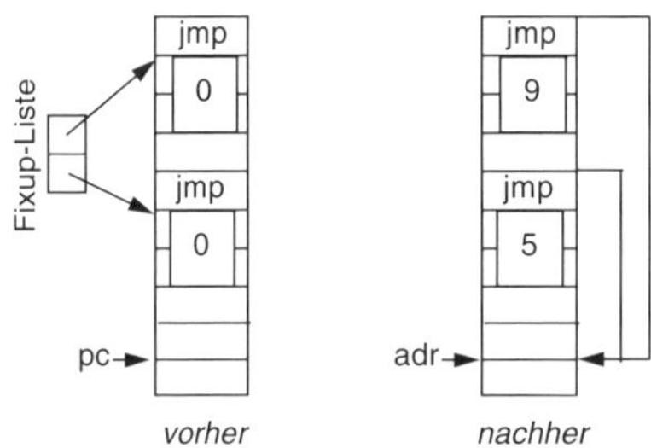

Abb. 6.35 *Wirkungsweise von here*

Bedingungen

In Verzweigungen und Schleifen kommen Abfragen vor, die Bedingungen enthalten, zum Beispiel

```
if (a > b) ...
```

Wenn die Bedingung wahr ist, läuft das Programm weiter, ansonsten springt es über den if-Zweig. Das erfordert folgendes Codemuster:

```
... load a ...
... load b ...
jle ...
```

Und hier stellt sich ein kleines Problem: Die µJVM hat keine expliziten Vergleichsinstruktionen, sondern Vergleiche werden als Teil der bedingten Sprünge durchgeführt. Daher muss die Information über den durchzuführenden Vergleich bis zur Sprunginstruktion transportiert werden.

Wir lösen dieses Problem, indem das Nonterminalsymbol Condition, das Bedingungen behandelt, eine neue Art von Operanden liefert – einen Cond-Operanden, der nicht nur den verwendeten Vergleichsoperator enthält, sondern auch zwei Marken für unaufgelöste Vorwärtssprünge aus der Bedingung heraus. Die Klasse Operand wird daher um folgende fett gedruckten Elemente erweitert:

```
class Operand {
    static final int Con = 0, Local = 1, Static = 2, Stack = 3, Fld = 4, Elem = 5, Meth = 6, Cond = 7;
    ...
    int     op;       // for Cond: operator of condition
    Label   tLabel;   // for Cond: target label for true-jumps
    Label   fLabel;   // for Cond: target label for false-jumps
}
```

Die Marken tLabel und fLabel werden nur für zusammengesetzte boolesche Ausdrücke verwendet, die mit || und && gebildet werden. Bei einfachen Ausdrücken sind sie unbenutzt. Abb. 6.36 zeigt, wie diese Felder für einen zusammengesetzten booleschen Ausdruck belegt werden. op ist der Operator des letzten Vergleichs im Ausdruck. Die Marken fLabel und tLabel werden von *False-Jumps* und *True-Jumps* angesprungen.

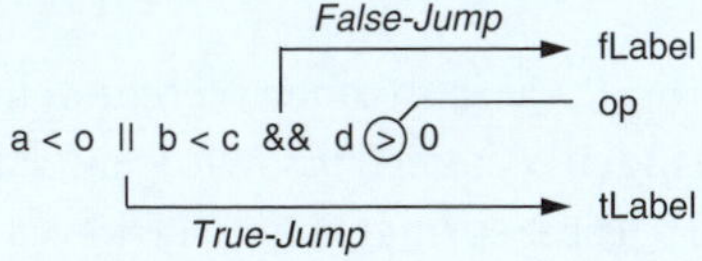

Abb. 6.36 *Felder eines Cond-Operanden für einen zusammengesetzten booleschen Ausdruck*

Ein True-Jump springt, wenn der vorangegangene Vergleich true ergibt, ein False-Jump springt, wenn er false ergibt.

Wenn in einem Ausdruck x || y der erste Operand bereits true ist, ist der gesamte Ausdruck true; der zweite Operand braucht gar nicht mehr ausgewertet zu werden. Man nennt das »*Kurzschlussauswertung*« (siehe Abschnitt 6.8.4). Daher findet im Ausdruck von Abb. 6.36 an der Stelle des Operators || ein True-Jump statt: wenn a < 0 ist, wird zum tLabel gesprungen. Ähnlich, wenn in einem Ausdruck x && y der erste Operand bereits false ist, ist der gesamte Ausdruck false. Daher findet in Abb. 6.36 an der Stelle des Operators && ein False-Jump statt: Wenn b < c nicht erfüllt ist, wird zum fLabel gesprungen.

Um Cond-Operanden bei der Erzeugung initialisieren zu können, deklarieren wir einen weiteren Konstruktor der Klasse Operand:

```
public Operand (int kind, int val, Struct type) {
    this.kind = kind; this.val = val; this.type = type;
    if (kind == Cond) {
        op = val;
        tLabel = new Label(); // still undefined
        fLabel = new Label(); // still undefined
    }
}
```

Außerdem deklarieren wir in der Klasse Code einige Hilfsmethoden zum Erzeugen von unbedingten und bedingten Sprüngen (True-Jumps und False-Jumps).

```
public class Code {
    private static final int eq = 0, ne = 1, lt = 2, le = 3, gt = 4, ge = 5;
    private static int inverse[] = {ne, eq, ge, gt, le, lt}; // inverse of eq, ne, lt, le, gt, ge
    ...
    public static void jump (Label lab) { // unconditional jump
        put(jmp); lab.putAdr();
    }
    public static void tJump (int op, Label lab) { // conditional true-jump
        put(jcc + op); // jeq, jne, jlt, jle, jgt, jge
        lab.putAdr();
    }
    public static void fJump (int op, Label lab) { // conditional false-jump
        put(jcc + inverse[op]); // jne, jeq, jge, jgt, jle, jlt
        lab.putAdr();
    }
}
```

Folgendes Beispiel zeigt die Benutzung der Methode fJump in einer (vereinfachten) if-Anweisung, wobei Condition einen Cond-Operanden x liefert. Es wird ein False-Jump erzeugt, der in Abhängigkeit von x.op zu x.fLabel springt. Die Marke x.fLabel wird am Ende des if-Zweigs definiert und der Sprung wird aufgelöst (Fixup).

```
IfStatement                      (. Operand x; .)
= "if" "(" Condition <↑x> ")"    (. Code.fJump(x.op, x.fLabel); .)
     Statement                   (. x.fLabel.here(); .) .
```

6.8 Ablaufkontrollstrukturen

Da wir nun mit Sprüngen umgehen können, widmen wir uns jetzt den Ablaufkontrollstrukturen, also Verzweigungen und Schleifen, die durch Sprünge implementiert werden. Die einfachste Ablaufkontrollstruktur ist die while-Schleife, die wir uns nun ansehen.

6.8.1 while-Anweisung

Eine while-Schleife kreist, solange eine Bedingung gilt, die am Beginn jedes Schleifendurchlaufs geprüft wird.

Wenn man Code für ein bestimmtes Sprachkonstrukt erzeugen will, ist es immer ratsam, vorher das betreffende Konstrukt im Quellcode und im Zielcode schematisch gegenüberzustellen. Abb. 6.37 zeigt das für die while-Anweisung.

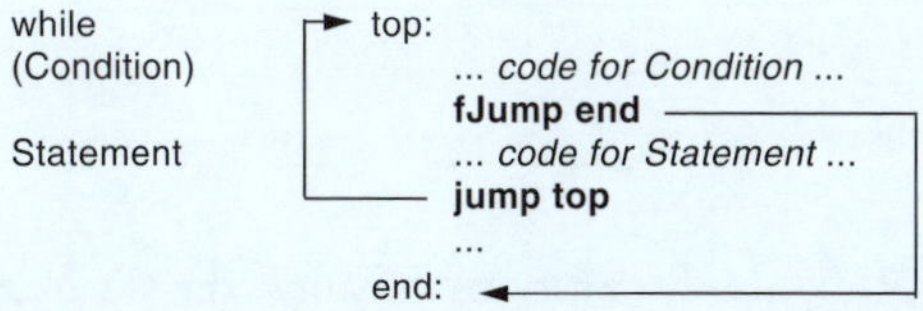

```
while           top:
(Condition)          ... code for Condition ...
                     fJump end
Statement            ... code for Statement ...
                     jump top
                     ...
                end:
```

Abb. 6.37 *Schema für die Übersetzung von while-Anweisungen*

Am Beginn der Schleife wird eine Marke top gesetzt, die am Ende der Schleife angesprungen wird. Wenn die Bedingung am Anfang der Schleife falsch ist, erfolgt ein Aussprung (False-Jump) aus der Schleife zu einer Marke end, die nach dem Ende der Schleife gesetzt wird. Für Condition und Statement wird Code erzeugt, der Teil dieses Schemas ist, aber den Kontrollfluss nicht beeinflusst.

Das können wir nun gleich durch eine attributierte Grammatik implementieren:

```
WhileStatement              (. Operand x; .)
=   "while"                 (. Label top = new Label();
                               top.here(); .)
    "(" Condition <↑x> ")"  (. Code.fJump(x.op, x.fLabel); .)
    Statement               (. Code.jump(top);
                               x.fLabel.here(); .) .
```

Condition liefert einen Cond-Operanden x. Code.fJump springt dann in Abhängigkeit vom Operator x.op zur Marke x.fLabel, die der Marke end in Abb. 6.37 entspricht und die nach dem Rücksprung zur Marke top gesetzt wird (x.fLabel.here();).

Abb. 6.38 zeigt eine einfache while-Schleife und den für sie erzeugten Code.

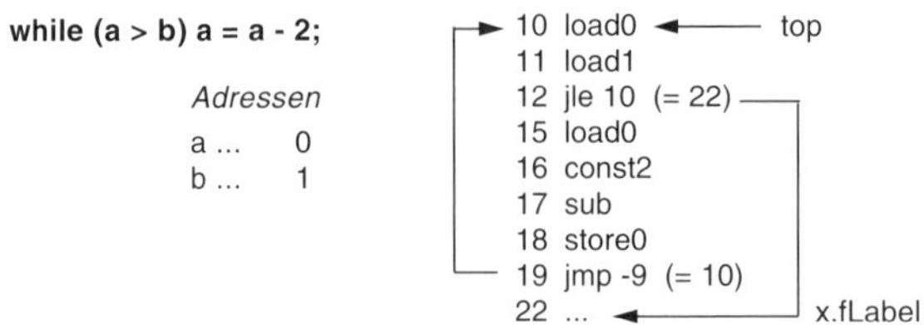

Abb. 6.38 *Beispiel: while-Schleife und daraus erzeugter Code*

Da die Bedingung a > b lautet, wird als False-Jump jle erzeugt; es wird also gesprungen, wenn a <= b ist. Da es sich um einen Vorwärtssprung handelt, wird die Sprungdistanz erst eingetragen, wenn das Sprungziel x.fLabel nach der Schleife definiert wird. Zur Erinnerung: Die Sprungdistanz ist die Differenz zwischen dem Sprungziel (hier 22) und dem Beginn der Sprunginstruktion (hier 12).

6.8.2 if-Anweisung

Die if-Anweisung ist etwas komplizierter als die while-Anweisung, da sie in zwei Varianten vorkommen kann: mit und ohne else-Zweig. Wir sehen uns die beiden Varianten wieder schematisch an, bevor wir die Codeerzeugung implementieren (Abb. 6.39).

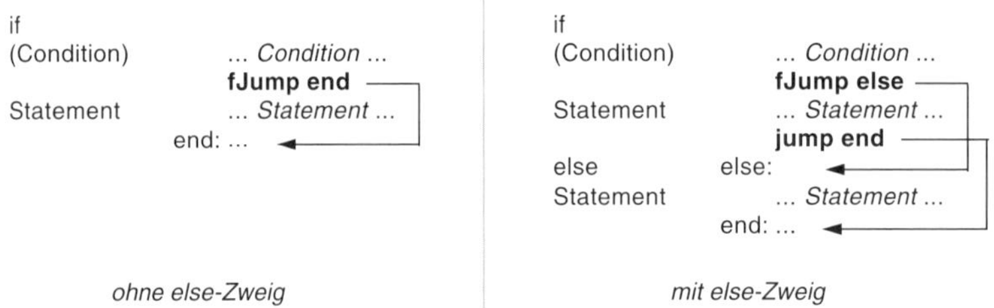

Abb. 6.39 *Schema für die Übersetzung von if-Anweisungen (ohne und mit else)*

Wenn die Bedingung falsch ist, muss über den if-Zweig gesprungen werden, entweder zum Ende der Anweisung oder zum else-Zweig. Liegt ein else-Zweig vor, muss am Ende des if-Zweigs ein unbedingter Sprung über den else-Zweig hinweg erzeugt werden. Wir haben hier also zwei (verschränkte) Vorwärtssprünge, die an der richtigen Stelle aufgelöst werden müssen.

Wir sehen uns nun wieder die Implementierung der if-Anweisung durch eine attributierte Grammatik an, und zwar gleich für beide Varianten (mit und ohne else-Zweig).

```
IfStatement                   (. Operand x; Label end; .)
= "if"
  "(" Condition <↑x> ")"      (. Code.fJump(x.op, x.fLabel); .)
  Statement
  ( "else"                    (. end = new Label();
                                 Code.jump(end);
                                 x.fLabel.here(); .)
    Statement                 (. end.here(); .)
  |                           (. x.fLabel.here(); .)
  ) .
```

Der optionale else-Zweig wird durch zwei Alternativen ausgedrückt, wobei die zweite Alternative leer ist und nur aus einer semantischen Aktion besteht.

Condition liefert wieder einen Cond-Operanden x. In Abhängigkeit von x.op erfolgt ein False-Jump zur Marke x.fLabel. Liegt ein else-Zweig vor, wird diese Marke vor den Anweisungen des else-Zweigs gesetzt (der Sprung führt also zum else-Zweig), ansonsten wird sie im leeren else-Zweig gesetzt (der Sprung führt also zum Ende der if-Anweisung).

Am Beginn des else-Zweigs wird außerdem ein unbedingter Sprung zum Ende des else-Zweigs erzeugt, denn wenn das Programm an diese Stelle kommt, hat es den if-Zweig bereits ausgeführt und muss den else-Zweig überspringen.

Abb. 6.40 zeigt eine einfache if-Anweisung und den für sie erzeugten Code.

```
if (a > b) max = a; else max = b;       10 load0
                                        11 load1
Adressen                                12 jle 8 (= 20)
a ...    0                              15 load0
b ...    1                              16 store2
max ... 2                               17 jump 5 (= 22)
                                        20 load1        x.fLabel
                                        21 store2
                                        22 ...          end
```

Abb. 6.40 *Beispiel: if Anweisung und daraus erzeugter Code*

Man sieht die beiden Vorwärtssprünge: den False-Jump über den if-Zweig und den unbedingten Sprung über den else-Zweig.

6.8.3 break-Anweisung

Die break-Anweisung wird in MicroJava zum Aussprung aus Schleifen verwendet. Die Codeerzeugung dafür ist einfach: Ein break wird in einen unbedingten Aussprung aus der Schleife übersetzt. Nach der Schleife setzen wir eine Marke, die von break angesprungen wird.

Bei geschachtelten Schleifen gibt es allerdings ein kleines Problem: Jede Schleife muss ihre eigene Aussprungmarke haben, und man muss dafür sorgen, dass die Marke einer inneren Schleife nicht jene der äußeren Schleife überschreibt. Wir lösen das durch einen globalen Markenstack.

```
Label          curBreakLab = null;                  // current break label
Stack<Label> breakLabs = new Stack<>();  // break labels of outer loops
```

Wenn der Compiler an den Beginn einer Schleife kommt, legt er die aktuelle Aussprungmarke auf den Stack und holt sie am Ende der Schleife wieder hervor. Das wird in folgender attributierten Grammatik gezeigt, die auch die Übersetzung der break-Anweisung beschreibt.

```
Statement
= "while"                  (. breakLabs.push(curBreakLab);        // save outer break label
                              curBreakLab = new Label();
                              ... .)
  "(" Condition <↑x> ")"   (. ... .)
  Statement                (. ...
                              curBreakLab.here();                  // breaks lead to this location
                              curBreakLab = breakLabs.pop(); .) // restore outer break label
| "break" ";"              (. if (curBreakLab == null) error("break outside of a loop");
                              Code.jump(curBreakLab); .)
| ... .
```

In Java können Schleifen mit einer Marke versehen werden, die man in einer break-Anweisung referenzieren kann (z.B. break outerLab;). Dadurch können auch äußere Schleifen aus einer inneren Schleife heraus verlassen werden. Wenn man das auch in MicroJava implementieren wollte, müsste man Markennamen (z.B. outerLab) als Objekte in der Symbolliste speichern, zusammen mit ihrer Adresse. Wenn das Programm dann so eine Marke mit break referenziert, könnte der Compiler sie in der Symbolliste nachschlagen, ihre Adresse holen und diese anspringen.

6.8.4 Kurzschlussauswertung boolescher Ausdrücke

Wir haben bereits in Abschnitt 6.7 gesehen, dass boolesche Ausdrücke, die mit || und && zusammengesetzt sind, im »Kurzschlussverfahren« ausgewertet werden, d.h., die Berechnung des Ausdrucks bricht ab, sobald das Ergebnis feststeht. In Pseudocode kann man das wie folgt ausdrücken:

```
a || b   ⇔   if (a) true else b
a && b   ⇔   if (a) b else false
```

Wenn a in a || b bereits true ist, ist der ganzen Ausdruck true. Wenn a in a && b bereits false ist, ist der ganze Ausdruck false.

Die Kurzschlussauswertung lässt sich implementieren, indem man an der Stelle der booleschen Operatoren || und && True-Jumps und False-Jumps einfügt (siehe Abb. 6.41; die Buchstaben stehen für Vergleiche wie z.B. x > y).

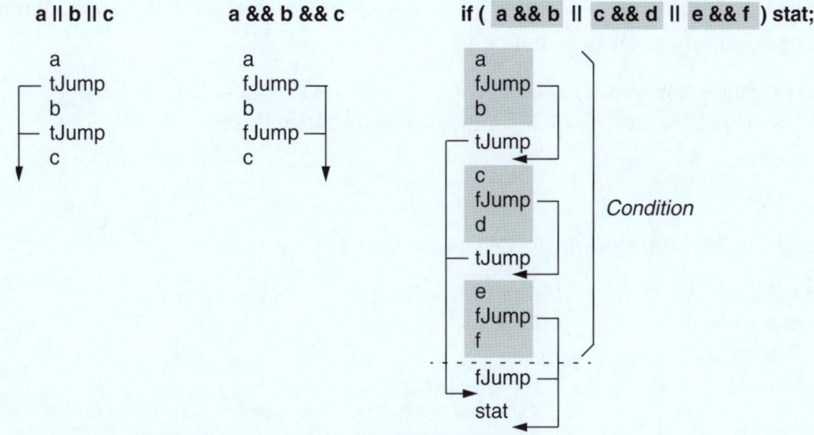

Abb. 6.41 *Kurzschlussauswertung boolescher Ausdrücke*

Wie man sieht, wird für jeden ||-Operator ein tJump erzeugt und für jeden &&-Operator ein fJump. Wenn man || und && kombiniert, entsteht die in Abb. 6.41 ganz rechts gezeigte verzahnte Struktur. Die fJumps der &&-Operatoren führen hinter die tJumps der ||-Operatoren.

Die gestrichelte Linie deutet das Ende der Condition in der if-Anweisung an. Man sieht, dass es an dieser Stelle zwei offene Fixup-Listen geben kann – eine für True-Jumps und eine für False-Jumps. Nach der Condition erfolgt in der if-Anweisung ein False-Jump über den if-Zweig. Dieser wird an die bestehende fJump-Kette angefügt und gleich anschließend werden eventuell vorhandene tJumps eingeleitet, da ja nun der if-Zweig beginnt, der ausgeführt werden soll, wenn Condition den Wert true ergibt. Die fJumps führen zur Stelle nach dem if-Zweig.

Da es in einer Condition True-Jumps geben kann, müssen wir das in der attributierten Grammatik der while- und if-Anweisung berücksichtigen. Sie werden nach dem fJump eingeleitet:

```
WhileStatement              (. Operand x; .)
=  "while"                  (. Label top = new Label();
                               top.here(); .)
   "(" Condition <↑x> ")"   (. Code.fJump(x.op, x.fLabel);
                               x.tLabel.here(); .)
   Statement                (. Code.jump(top);
                               x.fLabel.here(); .) .
```

Zusammengesetzte boolesche Ausdrücke gehorchen folgender Grammatik:

```
Condition   = CondTerm {"||" CondTerm}.
CondTerm    = CondFactor {"&&" CondFactor}.
CondFactor  = Expr RelOp Expr.
RelOp       = "==" | "!=" | ">" | ">=" | "<" | "<=".
```

Wir sehen uns nun die Codeerzeugung dafür an, wobei für CondFactor folgende Kontextbedingungen zu beachten sind:

CondFactor = Expr RelOp Expr.

- Die Typen beider Ausdrücke müssen *kompatibel* sein.
- Klassen und Arrays dürfen nur auf Gleichheit und Ungleichheit geprüft werden.

Die attributierte Grammatik für CondFactor lautet:

```
CondFactor <↑x>         (. Operand x, y; int op; .)
= Expr <↑x>             (. Code.load(x); .)
  RelOp <↑op>
  Expr <↑y>             (. Code.load(y);
                           if (! x.type.compatibleWith(y.type)) error("type mismatch");
                           if (x.type.isRefType() && op != Code.eq && op != Code.ne)
                             error("invalid compare");
                           x = new Operand(Operand.Cond, op, null); .) .
```

Die beiden Ausdrücke werden nur geladen. Der Vergleich findet erst später bei der Sprunginstruktion statt. CondFactor liefert einen Cond-Operanden x, wobei x.op den Vergleichsoperator enthält und die Marken tLabel und fLabel noch undefiniert sind. CondTerm implementiert dann die &&-Verknüpfung:

```
CondTerm <↑x>           (. Operand x, y; .)
= CondFactor <↑x>
  { "&&"                (. Code.fJump(x.op, x.fLabel); .)
    CondFactor <↑y>     (.  x.op = y.op; .)
  } .
```

Für jeden &&-Operator wird ein fJump erzeugt. CondTerm liefert wieder einen Cond-Operanden x, wobei x.op immer den Operator des letzten CondFactors enthält und es eventuell eine Kette von fJumps zu x.fLabel gibt, die in einer Fixup-Liste gespeichert sind. Condition wird schließlich wie folgt implementiert:

```
Condition <↑x>          (. Operand x, y; .)
= CondTerm <↑x>
  { "||"                (. Code.tJump(x.op, x.tLabel);
                           x.fLabel.here(); .)
    CondTerm <↑y>       (.  x.op = y.op;
                           x.fLabel = y.fLabel; .)
  } .
```

Für jeden ||-Operator wird ein tJump erzeugt, und eine eventuell existierende False-Jump-Kette wird gleich dahinter eingeleitet. Auch Condition liefert wieder einen Cond-Operanden x, der offene True-Jump- und False-Jump-Ketten enthalten kann. x.op ist der letzte Operator im letzten CondTerm und x.fLabel eine eventuelle False-Jump-Kette, die aus dem letzten CondTerm herausführt. Deshalb wird y.fLabel nach x.fLabel umgespeichert.

6.9 Methoden

Als letzten Teil der Codeerzeugung sehen wir uns nun die Implementierung von Methoden an, also ihren Aufruf samt Parameterübergabe, ihre Deklaration, die Verwaltung von Frames für lokale Variablen sowie die return-Anweisung.

Aufruf von Prozeduren

Prozeduren (void-Methoden) werden als Anweisungen aufgerufen. Der Aufruf

```
m(a, b);
```

führt zu folgendem Codeschema:

```
... load a ...
... load b ...
call m
```

Die Parameter werden vor dem Aufruf auf den EStack geladen. Dann erfolgt die call-Instruktion, die die Return-Adresse auf den MStack legt und zur Adresse der Methode m springt. Die Implementierung ist einfach:

```
Statement                    (. Operand x, y; ... .)
=  Designator <↑x>
   (  ActPars <↓x>           (. Code.callMethod(x);
                                if (x.type != Tab.noType) Code.put(Code.pop); .)
   |  "=" "Expr <↑y>         (. ... .)
   )
   ";"
|  ... .
```

Wenn ein Statement mit einem Designator beginnt, kann es ein Methodenaufruf oder eine Zuweisung sein. Bei Methodenaufrufen folgt eine Parameterliste, bei Zuweisungen ein Zuweisungsoperator. ActPars lädt die aktuellen Parameter auf den EStack, und callMethod erzeugt die call-Instruktion (siehe Seite 160).

Wenn die aufgerufene Methode nicht void war (x.type != Tab.noType), sondern eine Funktionsmethode, muss ihr Rückgabewert (der auf dem EStack zurückgegeben wird) entfernt werden. Daher wird in diesem Fall eine pop-Instruktion erzeugt.

Aufruf von Funktionsmethoden

Funktionsmethoden werden als Teil von Ausdrücken aufgerufen. Der Aufruf

```
c = m(a, b);
```

führt zu folgendem Codeschema:

```
... load a ...
... load b ...
call m
... store c ...
```

Die Parameter werden auf dem EStack übergeben und auch der Rückgabewert kommt auf dem EStack zurück und kann dann weiterverarbeitet oder abgespeichert werden. Die Implementierung von Funktionsaufrufen erfolgt in der Produktion Factor:

```
Factor <↑x>              (. Operand x; .)
= Designator <↑x>
  [ ActPars <↓x>         (. if (x.type == Tab.noType) error("void method called as a function");
                            Code.callMethod(x);
                            x.kind = Operand.Stack .)
  ]
| ... .
```

Wenn ein Factor ein Designator mit Parametern ist, handelt es sich um eine Funktionsmethode. ActPars lädt wieder die aktuellen Parameter auf den EStack. Es wird noch sichergestellt, dass die Methode nicht void ist, dann wird die call-Instruktion erzeugt. Da eine Funktionsmethode einen Rückgabewert auf dem EStack hinterlässt, wird der Operand x, der dann später von Factor zurückgegeben wird, auf Operand.Stack eingestellt.

Die Methode callMethod erzeugt die eigentliche call-Instruktion. Sie behandelt aber auch die Standardmethoden ord, chr und len, für die kein call erzeugt wird, sondern die »inline« in den Code eingebettet werden.

```
public static void callMethod (Operand m) {
   if (m.obj == Tab.ordObj || m.obj == Tab.chrObj) ; // nothing
   else if (m.obj == Tab.lenObj) // inline len function
      put(arraylength);
   else {
      put(call); put2(m.adr - (pc - 1)); // call with relative offset
   }
}
```

Die Behandlung der Standardfunktionen erfordert eine Erläuterung: Wenn zum Beispiel ord('a') aufgerufen wird, legt ActPars den Wert 'a' auf den EStack. Die Funktion ord ist vom Typ int und bestimmt somit den Typ des Rückgabewerts. Es reicht also, wenn man den geladenen Parameter 'a' als Rückgabewert vom Typ int interpretiert. Daher muss callMethod nichts machen. Factor liefert einfach den geladenen Parameter als int-Wert. Ähnlich ist es beim Aufruf von chr(i): Der Parameter i wird geladen, und Factor liefert einen Stack-Operanden vom Typ char.

Wenn len(a) aufgerufen wird, legt ActPars die Adresse des Arrays a auf den EStack. callMethod erzeugt eine arraylength-Instruktion, die die Länge des Arrays auf den EStack lädt. Factor liefert schließlich einen Stack-Operanden des Typs int (d.h. des Typs der Methode len), was der Arraylänge entspricht.

Aktivierungssätze (Frames)

Wenn eine Methode aufgerufen wird, muss der Compiler einen Aktivierungssatz (Frame) für ihre lokalen Variablen am MStack anlegen, der am Ende der Methode wieder freigegeben werden muss. Die Abfolge der Instruktionen call – enter – exit – return, die auch schon in Abb. 6.19 beschrieben wurde, wird in Abb. 6.42 nochmals gezeigt:

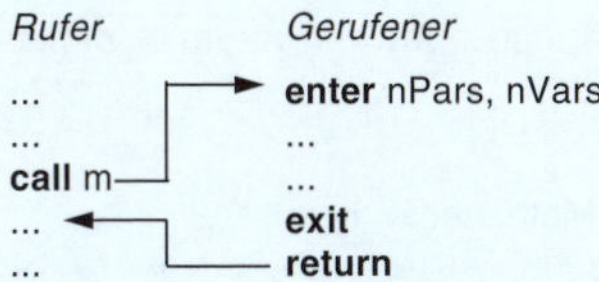

Abb. 6.42 *Methodenaufruf – beteiligte Instruktionen*

Die erste Instruktion jeder Methode ist enter, die einen Frame mit nVars Worten anlegt und ihn mit dem Frame des Rufers über einen *Dynamic Link* verkettet. Die Parameter werden vom EStack an den Beginn des MStacks verschoben, sodass der EStack am Beginn der Methode leer ist (Abb. 6.43).

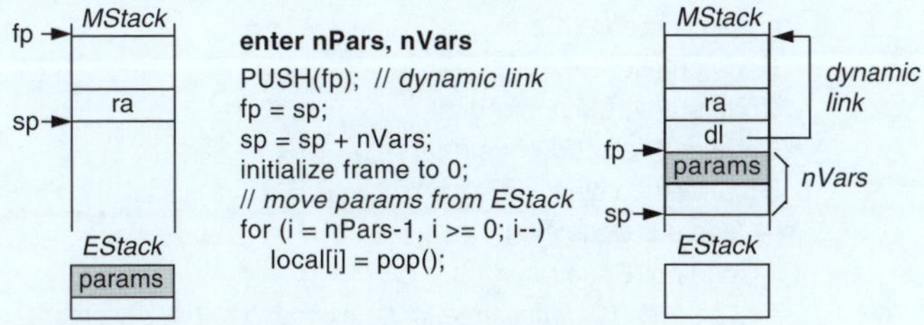

Abb. 6.43 *Wirkungsweise der enter-Instruktion*

Bevor eine Methode zurückkehrt, führt sie die Instruktion exit aus, die den aktuellen Frame wieder freigibt und fp und sp auf den Frame des Rufers zurücksetzt. exit macht also enter rückgängig. Wenn die Methode eine Funktionsmethode ist, wird ihr Rückgabewert auf dem EStack zurückgegeben (Abb. 6.44).

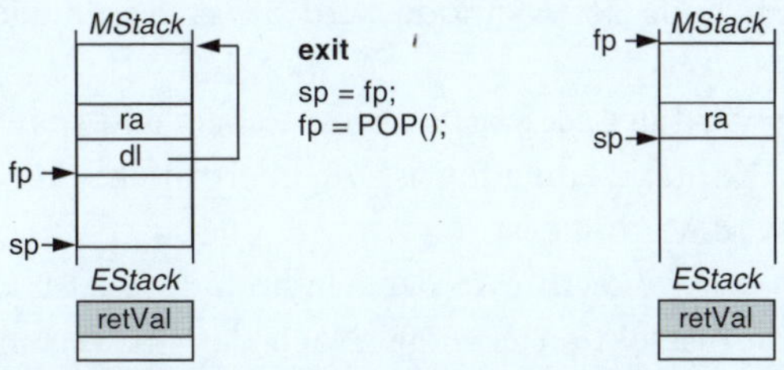

Abb. 6.44 *Wirkungsweise der exit-Instruktion*

Methodendeklaration

Eine Methode wird durch ihren Namen und ihre formalen Parameter deklariert. Sie kann lokale Variablen enthalten, für die ein eigener Scope in der Symbolliste erzeugt und ein Frame am MStack angelegt wird. Schließlich hat eine Methode auch Anweisungen, die zu Instruktionen im Codebereich führen. Die folgende attributierte Grammatik beschreibt eine Methodendeklaration:

```
MethodDecl                 (. Struct type; String name; int n; .)
= ( Type <↑type>           (. if (type.isRefType()) error("methods may only return int or char"); .)
  | "void"                 (. type = Tab.noType; .)
  )
  ident <↑name>            (. curMethod = Tab.insert(Obj.Meth, name, type);
                              Tab.openScope(); .)
  "(" FormPars <↑n> ")"    (. curMethod.nPars = n;
                              if (name.equals("main")) {
                                Code.mainPc = Code.pc;
                                if (curMethod.type != Tab.noType)
                                   error("main must be void");
                                if (curMethod.nPars != 0)
                                   error("main must not have parameters");
                              } .)
  { VarDecl }              (. curMethod.locals = Tab.curScope.locals;
                              curMethod.adr = Code.pc;
                              Code.put(Code.enter);
                              Code.put(curMethod.nPars);
                              Code.put(Tab.curScope.nVars); .)
  "{" {Statement} "}"      (. if (curMethod.type == Tab.noType) {
                                Code.put(Code.exit);
                                Code.put(Code.return_);
                              } else { // end of function reached without a return statement
                                Code.put(Code.trap); Code.put(1);
                              }
                              Tab.closeScope(); .) .
```

Eine Methodendeklaration beginnt mit einem Funktionstyp oder mit void. Der Typ von void-Methoden ist Tab.noType.

Der Name der Methode wird noch in den umgebenden Scope eingetragen, anschließend wird ein neuer Scope geöffnet, in den die Parameter und die lokalen Variablen eingetragen werden. Am Ende der Methode wird dieser Scope wieder geschlossen.

Die Adresse der main-Methode wird in Code.mainPc abgespeichert und später in die Objektdatei geschrieben. Als Kontextbedingung ist zu überprüfen, dass die main-Methode eine parameterlose void-Methode ist.

Vor Beginn der Anweisungen wird die Adresse der Methode in curMethod.adr gespeichert, und es wird eine enter-Instruktion erzeugt. Nach den Anweisungen wird für void-Methoden ein exit und ein return ausgegeben. Für den Fall, dass eine Funktionsmethode an ihr Ende gelangt, ohne vorher einen Wert mit einer return-

Anweisung (siehe Seite 164) zurückgegeben zu haben, wird eine trap-Instruktion erzeugt, die diesen Fehler meldet und das Programm abbricht.

Formale Parameter

Formale Parameter werden wie lokale Variablen behandelt und in den Scope ihrer Methode eingetragen. Außerdem werden sie gezählt.

```
FormPars <↑n>                (. int n = 0; .)
= [ FormPar                  (. n++; .)
    { "," FormPar            (. n++; .)
    }
  ] .
FormPar                      (. Struct type; String name; .)
= Type <↑type>
  ident <↑name>              (. Tab.insert(Obj.Var, name, type); .) .
```

Aktuelle Parameter

Die aktuellen Parameter einer Methode müssen auf den EStack geladen werden. Für jeden aktuellen Parameter muss außerdem überprüft werden, ob er zuweisungskompatibel mit dem entsprechenden formalen Parameter ist. Und schließlich muss sichergestellt werden, dass die Anzahl der aktuellen und formalen Parameter übereinstimmt. Das wird durch folgende attributierte Grammatik implementiert.

```
ActPars <↓m>                 (. Operand m, ap; .)
= "("                        (. if (m.kind != Operand.Meth) {
                                  error("not a method");
                                  m.obj = Tab.noObj;
                                }
                                int aPars = 0;            // number of actual parameters
                                int fPars = m.obj.nPars;  // number of formal parameters
                                Obj fp = m.obj.locals; .) // first formal parameter
  [ Expr <↑ap>               (. Code.load(ap); aPars++;   // load and count actual parameter
                                if ( fp != null && ! ap.type.assignableTo(fp.type))
                                  error("parameter type mismatch"); .)
    { "," Expr <↑ap>         (. Code.load(ap); aPars++;   // load and count actual parameter
                                fp = fp.next;             // next formal parameter
                                if ( fp != null && ! ap.type.assignableTo(fp.type))
                                  error("parameter type mismatch"); .)
    }
  ]                          (. if (aPars > fPars)        // check number of parameters
                                  error("too many actual parameters");
                                else if (aPars < fPars)
                                  error("too few actual parameters"); .)
  ")" .
```

Die Anzahl der formalen Parameter (fPars) wird aus m.obj.nPars entnommen, die Anzahl der aktuellen Parameter (aPars) wird mitgezählt. Die Variable fp durchläuft die formalen Parameter, das Attribut ap wird für jeden aktuellen Parameter geliefert. Für jeden aktuellen Parameter wird geprüft, ob er zuweisungskompatibel zum entsprechenden formalen Parameter ist. Außerdem werden die aktuellen Parameter auf den EStack geladen. Am Ende wird überprüft, ob die Anzahl der aktuellen und der formalen Parameter übereinstimmt. Abb. 6.45 visualisiert diesen Prozess für eine wie folgt deklarierte Methode:

```
void foo (int a, char b) { ... }
```

und ihren Aufruf:

```
foo(3, 'x');
```

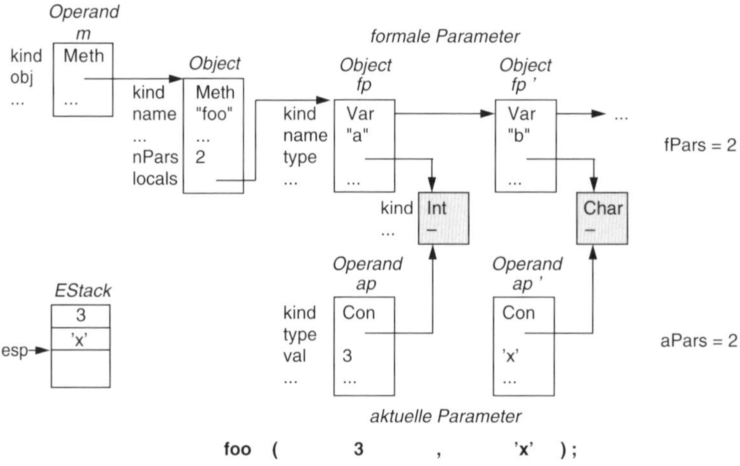

***Abb. 6.45** Verarbeitung und Überprüfung der aktuellen Parameter*

return-Anweisung

Die return-Anweisung existiert in zwei Varianten. Für Funktionsmethoden wird ein Rückgabewert auf den EStack gelegt, und es wird überprüft, ob der Rückgabewert zuweisungskompatibel zum Funktionstyp der Methode ist. void-Methoden kehren ohne Rückgabewert zum Rufer zurück.

In beiden Fällen wird anschließend eine exit- und eine return-Instruktion erzeugt, da die Methode mit return zum Rufer zurückkehren soll.

Die folgende attributierte Grammatik implementiert diesen Prozess:

```
Statement                (. Operand x; ... .)
= ...
| "return"
  ( Expr <↑x>            (. Code.load(x); // load return value
                            if (curMethod.type == Tab.noType)
                              error("void method must not return a value");
                            else if (! x.type.assignableTo(curMethod.type))
                              error("type of return value must match method type"); .)
  |                      (. if (curMethod.type != Tab.noType)
                              error("return value expected"); .)
  )                      (. Code.put(Code.exit);
                            Code.put(Code.return_); .)
  ";" .
```

6.10 Objektdatei

Als letzte Aktion der Codeerzeugung wird die Objektdatei ausgegeben. Zusätzlich zum Codespeicher werden folgende vom Lader benötigte Informationen an den Anfang der Objektdatei geschrieben:

- Größe des Codes in Bytes. Diese ergibt sich aus der aktuellen Länge des Codespeichers.
- Größe des globalen Datenbereichs in Worten. Diese ergibt sich aus der Anzahl globaler Variablen, die im Feld nVars des globalen Scopes gespeichert ist.
- Adresse der main-Methode. Diese wurde in Code.mainPc gespeichert.

Abb. 6.46 zeigt den Inhalt der Objektdatei. Die ersten 2 Bytes sind eine Kennung, anhand der überprüft werden kann, dass es sich um eine MicroJava-Objektdatei handelt.

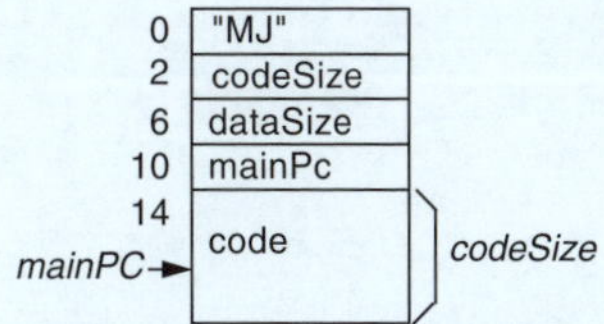

Abb. 6.46 *Inhalt der Objektdatei*

Der Lader legt Speicherbereiche für den Code, die globalen Daten, den Methodenkeller und den Heap an, lädt den Code in den Codebereich und beginnt dann die Interpretation an der Adresse mainPc.

Das Objektdateiformat von MicroJava ist äußerst einfach. Bei Produkt-Compilern enthält eine Objektdatei meist wesentlich mehr Informationen und orientiert sich üblicherweise am Objektdateiformat, das für ein bestimmtes Betriebssystem wie Windows oder Linux vorgegeben ist. Objektdateien enthalten dort zum Beispiel noch folgende Informationen:

- *Liste der exportierten Namen mit ihren Adressen.* Wenn Programme aus mehreren Dateien bestehen, braucht der Linker diese Informationen, um externe Referenzen zu Namen in anderen Dateien aufzulösen.
- *Liste der importierten Namen.* Wenn ein Name, der in einer anderen Datei deklariert ist, im Quellcode verwendet wird, muss der Linker die externe Referenz zu diesem Namen auflösen, indem er die Adresse dieses Namens einsetzt.
- *Metainformationen für den Debugger.* Ein Debugger benötigt Informationen über die Namen, Adressen und Typen aller deklarierten Symbole, damit er den binären Maschinenzustand (Stack und Heap) in einem Format anzeigen kann, das für Menschen lesbar ist.

6.11 Übungsaufgaben

1. *Operanden der Codeerzeugung (1).* Zeigen Sie ähnlich wie in Abb. 6.25 auf Seite 139, welche Operanden bei der Übersetzung des Ausdrucks `3 + p.f` entstehen und welcher Code dabei erzeugt wird. `p` ist eine lokale Variable auf Adresse 0, die auf ein Objekt zeigt, in dem das Feld `f` den Offset 1 hat.

2. *Operanden der Codeerzeugung (2).* Zeigen Sie ähnlich wie in Abb. 6.25, welche Operanden bei der Übersetzung des Ausdrucks `a[2*i] + i` entstehen und welcher Code dabei erzeugt wird. `a` ist eine lokale Variable auf Adresse 0, die auf ein `int`-Array zeigt, `i` ist eine lokale Variable auf Adresse 1.

3. *Ablaufkontrollstrukturen (1).* Geben Sie den MicroJava-Bytecode für folgendes Programmstück an:

   ```
   while (x > 0) {
       sum = sum + x;
       x--;
   }
   ```

   `sum` und `x` sind lokale `int`-Variablen auf den Adressen 0 und 1.

4. *Ablaufkontrollstrukturen (2).* Geben Sie den MicroJava-Bytecode für folgendes Programmstück an:

   ```
   if (x > 0) y = 1;
   else if (x < 0) y = -1;
   else y = 0;
   ```

   `x` und `y` sind lokale `int`-Variablen auf den Adressen 0 und 1.

5. *Zusammengesetzte boolesche Ausdrücke.* Geben Sie den MicroJava-Bytecode für folgendes Programmstück an:

```
if (a == 10 || 0 < a && a < b) a = 0; else a = 1;
```

a und b sind lokale Variablen auf den Adressen 0 und 1. Beachten Sie die Kurzschlussauswertung im zusammengesetzten booleschen Ausdruck.

6. *Methodenaufruf.* Gegeben sei folgende Methodendeklaration:

```
void foo (char ch, int n) {
    int x;
{ ... }
```

a) Geben Sie den MicroJava-Bytecode für diese Methode an, wobei der Methodenrumpf durch ... ausgedrückt werden kann.

b) Geben Sie den MicroJava-Bytecode für den Methodenaufruf foo('x', i+1) an, wobei i eine lokale int-Variable auf Adresse 0 ist.

7. *Funktionsaufruf.* Gegeben sei folgende Deklaration einer Funktionsmethode:

```
int max (int a, int b) {
    if (a > b) return a; else return b;
}
```

a) Geben Sie den MicroJava-Bytecode für diese Methode an.

b) Geben Sie den MicroJava-Bytecode für den Methodenaufruf sum = max(x, 10) an, wobei sum und x lokale int-Variablen auf den Adressen 0 und 1 sind.

8. *Inkrement- und Dekrement-Anweisung.* Auf Seite 146 haben wir die Codeerzeugung für die Inkrement- und Dekrement-Anweisung (x++ und x--) behandelt, allerdings ohne die Verwendung der inc-Instruktion der µJVM. Erstellen Sie eine attributierte Grammatik dieser Anweisung, die Code für die inc-Instruktion erzeugt (siehe Seite 125). Schreiben Sie dazu eine Methode Code.inc(x, val), die einen durch den Operandendeskriptor x beschriebenen Designator um den Wert val (1 oder -1) erhöht. Beachten Sie auch die Kontextbedingungen (siehe Anhang A).

9. *Spracherweiterung: erweiterte while-Schleife.* Erweitern Sie die while-Anweisung von MicroJava so, dass eine Schleife mehrere Schleifenköpfe und mehrere Schleifenrümpfe haben kann, zum Beispiel:

```
while (n % 2 == 0)   // loop header 1
    n = n / 2;
|| (n % 3 == 0)      // loop header 2
    n = n - 1;
```

Der erste Schleifenkopf wird mit while eingeleitet, die weiteren mit ||. Die Schleifenbedingungen werden sequenziell geprüft. Falls eine davon true ergibt, wird die dazugehörige Anweisung ausgeführt; nach dieser Anweisung springt das Programm wieder an den Beginn der Schleife zurück. Die Schleife terminiert, wenn keine der Schleifenbedingungen true ist. Die kontextfreie Grammatik dazu sieht wie folgt aus:

```
WhileStat = "while" "("Condition ")" Statement { "||" "(" Condition ")" Statement } .
```

Attributieren Sie diese Grammatik so, dass die richtigen Sprunginstruktionen in MicroJava-Bytecode erzeugt werden. Verwenden Sie dazu die im Buch beschriebenen Hilfsmethoden für die Marken- und Sprungverwaltung (Code.jump, Code.fJump und label.here). Beachten Sie, dass Condition einen Cond-Operanden liefert.

10. *Spracherweiterung: Enumerationstypen.* Welche Änderungen wären im Compiler nötig, wenn es in MicroJava Enumerationstypen gäbe? Die Deklaration

    ```
    enum Color {RED, BLUE, GREEN}
    ```

    würde einen Enumerationstyp mit drei Werten festlegen, die intern durch die Werte 0, 1 und 2 repräsentiert werden. Zeigen Sie auch mithilfe einer attributierten Grammatik, wie die Deklaration von Enumerationstypen und der Zugriff auf Enumerationswerte (z.B. Color.RED) zu behandeln sind. Es sind Änderungen im Scanner, im Parser, in der Symbolliste und im Codegenerator nötig.

11. *Spracherweiterung: Datentyp boolean.* Welche Änderungen wären im Compiler nötig, wenn es in MicroJava den Datentyp boolean mit den Konstanten true und false gäbe? Es soll auch möglich sein, das Ergebnis boolescher Ausdrücke in einer boolean-Variablen zu speichern, zum Beispiel:

    ```
    boolean boolVar = a < b && b < c;
    ```

    Ebenso sollen boolean-Variablen in Abfragen und als Operanden boolescher Ausdrücke verwendbar sein, zum Beispiel:

    ```
    if (boolVal) ...
    if (boolVar || a < b) ...
    ```

    Es soll ferner möglich sein, boolesche Ausdrücke mit einer print-Anweisung auszugeben.

12. *Implementierung des Codegenerators.* Implementieren Sie für den MicroJava-Compiler den Codegenerator als Klasse Code zusammen mit den Klassen Operand für die Operanden der Codeerzeugung und Label für die Verwaltung von Sprungmarken gemäß der Beschreibung in diesem Kapitel und den Schnittstellen dieser Klassen, die in Anhang B zusammengefasst sind.

7 Der Compilergenerator Coco/R

In den bisherigen Kapiteln dieses Buches haben Sie gelernt, wie man einen einfachen Compiler »manuell« (d.h. ohne Werkzeuge) implementiert. Diese manuelle Implementierung ist für kleine Compiler oder für compilerähnliche Werkzeuge völlig ausreichend. Sie haben aber auch gesehen, dass viele Compilerbau-Techniken (insbesondere bei der lexikalischen Analyse und bei der Syntaxanalyse) sehr systematisch sind und sich fast mechanisch anwenden lassen. Es ist daher nicht verwunderlich, dass man diese Techniken automatisieren kann.

Werkzeuge, die Compilerteile aus einer kompakten Spezifikation erzeugen, nennt man *Compilergeneratoren*. Die meisten davon erzeugen einen Scanner und einen Parser, während man die restlichen Compilerteile mit der Hand schreiben muss. Es gibt aber auch Werkzeuge für die Codegenerierung oder für Optimierungen, auf die wir hier allerdings nicht näher eingehen. Wir konzentrieren uns auf die Generierung von Scannern und Parsern (Abb. 7.1).

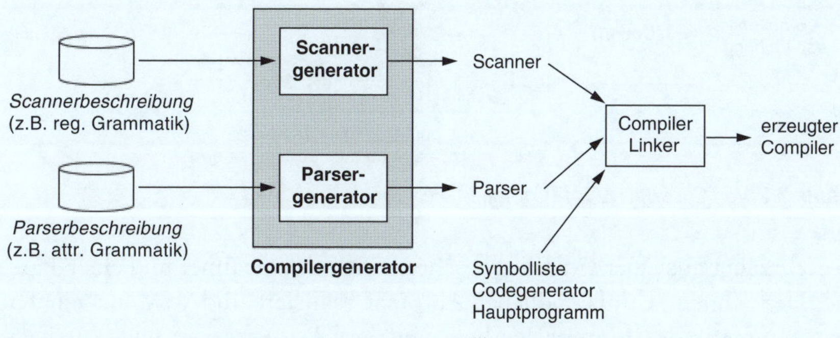

Abb. 7.1 *Arbeitsweise und Komponenten eines Compilergenerators*

Ein *Scannergenerator* erzeugt aus einer Scannerbeschreibung (z.B. aus einer regulären Grammatik der Terminalsymbole) einen Scanner als Quelltextklasse. Ein *Parsergenerator* erzeugt aus einer Parserbeschreibung (z.B. aus einer attributierten Grammatik) einen Parser – ebenfalls als Quelltextklasse. Der Compilerbauer muss noch weitere mit der Hand geschriebene Klassen (z.B. für die Symbolliste oder die Codegenerierung) hinzufügen. Die einzelnen Klassen werden dann compiliert und gebunden, wodurch ein fertiger Compiler entsteht. In den meisten Fällen werden der Scannergenerator und der Parsergenerator zu einem einzigen Werkzeug zusammengefasst, das dann als Compilergenerator bezeichnet wird, obwohl es nur Teile eines Compilers erzeugt.

Es gibt zahlreiche solche Generatoren, die meist auch kostenlos erhältlich sind. Zu den ältesten zählen der Scannergenerator *Lex* und der Parsergenerator *Yacc* [LMB92], die Compilerteile in C erzeugen; es gibt aber auch Versionen für andere Sprachen. Zu den heute bekanntesten Compilergeneratoren gehören *ANTLR* [Parr13] und *JavaCC* [Cope20], die sowohl einen Scanner als auch einen Parser generieren (JavaCC in Java, ANTRL in diversen Sprachen).

Coco/R

In diesem Buch verwenden wir den Compilergenerator *Coco/R* [Coco], der Scanner und Parser in verschiedenen Sprachen erzeugen kann. »Coco« steht für »Compiler-Compiler« (ein anderer Name für Compilergenerator). Der Zusatz »R« bedeutet, dass er Parser im rekursiven Abstieg erzeugt (es gibt aber auch andere Versionen von Coco, die tabellengesteuerte Parser erzeugen). Coco/R kann LL(*)-Grammatiken verarbeiten, also Grammatiken für die Top-down-Syntaxanalyse mit beliebig weitem Vorgriff. Abb. 7.2 zeigt die von Coco/R erzeugten Teile.

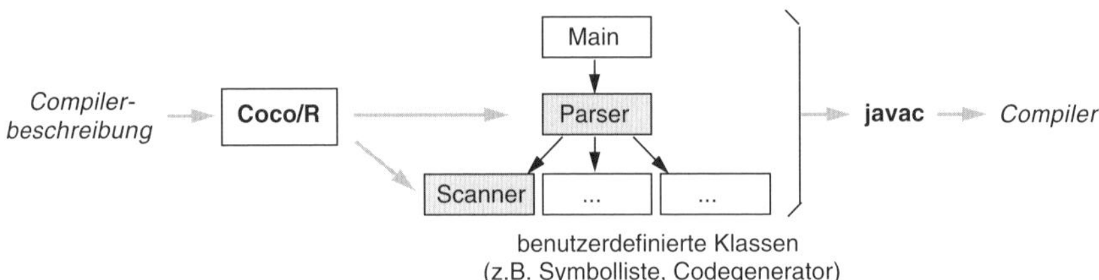

Abb. 7.2 *Von Coco/R erzeugte Compilerteile*

Coco/R erzeugt aus einer Compilerbeschreibung einen Scanner und einen Parser in Java[1]. Der Scanner ist als endlicher Automat realisiert und wird aus einer regulären Grammatik der Terminalsymbole generiert. Der Parser ist im rekursiven Abstieg implementiert und wird aus einer attributierten Grammatik erzeugt.

Scanner und Parser bilden den Kern des zu erzeugenden Compilers. Der Benutzer muss noch weitere Klassen wie eine Symbollistenverwaltung oder einen Codegenerator hinzufügen, um einen vollständigen Compiler zu erhalten.

Coco/R ist unter der Open-Source-Lizenz GPL kostenlos verfügbar und kann von *https://ssw.jku.at/Coco/* heruntergeladen werden.

1. Es gibt auch Versionen für C#, C++, VB.NET, Delphi, Modula-2 und andere Sprachen. Siehe *https://ssw.jku.at/Coco/*.

Beispiel einer Compilerbeschreibung

Um eine Vorstellung davon zu bekommen, wie eine Compilerbeschreibung für Coco/R aussieht, beginnen wir mit einem einfachen Beispiel. Wir wollen einen »Compiler« schreiben, der einen Konstantenausdruck (z.B. 2 * (3 + 5)) analysiert, seinen Wert berechnet und diesen ausgibt. Die Compilerbeschreibung dafür sieht wie folgt aus und sollte für die Leserinnen und Leser dieses Buches ohne große Schwierigkeiten verständlich sein:

```
COMPILER Calc
CHARACTERS
   digit = '0' .. '9'.
TOKENS
   number = digit {digit}.
COMMENTS FROM "/*" TO "*/" NESTED
PRODUCTIONS
   Calc                      (. int x; .)
   =  "CALC" Expr <out x>    (. System.out.println(x); .) .
   Expr <out int x>          (. int y; .)
   =  Term <out x>
      { '+' Term <out y>     (. x = x + y; .)
      } .
   Term <out int x>          (. int y; .)
   =  Factor <out x>
      { '*' Factor <out y>   (. x = x * y; .)
      } .
   Factor <out int x>
   =  number                 (. x = Integer.parseInt(t.val); .)
   |  '(' Expr <out x> ')' .
END Calc .
```

Der erste Teil der Compilerbeschreibung definiert die Zeichenmengen, Terminalsymbole und Kommentare der Sprache. Der zweite Teil ist eine attributierte Grammatik der zu übersetzenden Sprache und sollte bekannt sein.

Coco/R erzeugt aus dieser Beschreibung einen Scanner und einen Parser. Wir brauchen für dieses einfache Beispiel weder eine Symbolliste noch einen Codegenerator, sondern nur ein kleines Hauptprogramm, das im einfachsten Fall wie folgt aussehen kann:

```
class Calc {
   public static void main (String[] arg) {
      Scanner scanner = new Scanner(arg[0]);
      Parser parser = new Parser(scanner);
      parser.Parse();
      System.out.println(parser.errors.count + " errors detected");
   }
}
```

Das Hauptprogramm legt einen Scanner an und übergibt ihm den Namen der Eingabedatei (arg[0]). Dann legt es einen Parser an, verbindet ihn mit dem Scanner und startet ihn (parser.Parse()). Der Parser analysiert schließlich die Eingabe (z.B. CALC 2 * (3 + 5)), berechnet schritthaltend mit der Analyse den Wert des Ausdrucks (16) und gibt ihn aus. Beachten Sie, dass die von Coco/R erzeugten Scanner und Parser Objekte sind und keine Klassen mit statischen Methoden, wie wir das in den vorausgegangenen Kapiteln dieses Buches beschrieben haben.

Aus diesem Beispiel sollte bereits einigermaßen klar sein, wie man Coco/R benutzt. Wir sehen uns aber nun trotzdem die einzelnen Teile der Compilerbeschreibung näher an, ohne allerdings zu sehr ins Detail zu gehen. Eine ausführliche Dokumentation findet man unter [Coco].

Struktur einer Compilerbeschreibung

Eine Compilerbeschreibung für Coco/R sieht in EBNF wie folgt aus:

```
CompilerDescription
=  [ImportClauses]
   "COMPILER" ident
   [GlobalFieldsAndMethods]
   ScannerSpecification
   ParserSpecification
   "END" ident "." .
```

Sie beginnt mit dem Schlüsselwort COMPILER und einem Namen, der gleichzeitig das Startsymbol der Grammatik bezeichnet, und endet mit dem Schlüsselwort END und demselben Namen. Vor der COMPILER-Zeile können noch Java-Import-Klauseln stehen, zum Beispiel:

```
import java.util.ArrayList;
import java.io.*;
```

Nach der COMPILER-Zeile können beliebige Felder und Methoden deklariert werden, die zu Feldern und Methoden des erzeugten Parsers werden, zum Beispiel:

```
int sum;
void add (int x) {
   sum = sum + x;
}
```

Diese Felder und Methoden können in den semantischen Aktionen der attributierten Grammatik benutzt werden. Sie sind global zur gesamten Grammatik und nicht lokal zu einer bestimmten Produktion.

Die wichtigsten Teile der Compilerbeschreibung sind die Spezifikation des Scanners und des Parsers, die wir uns nun näher ansehen.

7.1 Scannerbeschreibung

Die Scannerbeschreibung spezifiziert die lexikalische Struktur der zu übersetzenden Sprache. Sie definiert vor allem die Terminalsymbole, aber auch die Zeichenmengen, aus denen die Terminalsymbole bestehen. Ferner definiert sie Kommentare und andere zu ignorierende Zeichen. Wir sehen uns nun die einzelnen Teile der Scannerbeschreibung näher an.

Zeichenmengen

Terminalsymbole bestehen aus Zeichen (z.B. aus Buchstaben oder Ziffern). Wir müssen allerdings definieren, welche Zeichen wir als Buchstaben oder Ziffern betrachten. Dazu brauchen wir eine Spezifikation der verwendeten Zeichenmengen. Sehen wir uns das anhand einiger Beispiele an:

```
CHARACTERS
    digit    = "0123456789".        // the set of all digits
    letter   = 'A' .. 'Z'.          // the set of all upper-case letters
    hexDigit = digit + "ABCDEF".    // the set of all hexadecimal digits
    eol      = '\n'.                // the end-of-line character
    noDigit  = ANY - digit;         // the set of all characters that are not digits
```

Eine Zeichenmenge kann entweder durch einen String (z.B. "0123456789"), durch einen Bereich (z.B. 'A' .. 'Z') oder durch ein Einzelzeichen (z.B. '\n') definiert werden. Zeichenmengen können außerdem mittels + und - verknüpft werden (z.B. digit + "ABCDEF"). Interessant ist das Schlüsselwort ANY, das »alle Zeichen« bedeutet und zur Definition von Komplementärmengen verwendet werden kann. ANY - digit sind zum Beispiel alle Zeichen, die keine Ziffern sind.

Coco/R unterstützt den Unicode-Zeichensatz (UTF-8) und erlaubt auch die üblichen Escape-Sequenzen wie '\n' für »newline« oder '\u03c0' für das Zeichen π.

Terminalsymbole

Terminalsymbole können Literale oder Terminalklassen sein. *Literale* wie "if", "while", '+' oder ">=" müssen nicht deklariert werden, sondern können einfach in den Produktionen der attributierten Grammatik verwendet werden. *Terminalklassen* wie ident oder number, von denen es mehrere Ausprägungen gibt, müssen im Abschnitt TOKENS der Scannerbeschreibung deklariert werden, zum Beispiel:

```
TOKENS
    ident  = letter {letter | digit | '_'}.
    number = digit {digit}
           | "0x" hexDigit hexDigit hexDigit hexDigit.
    float  = digit {digit} '.' digit {digit} ['E" ['+' | '-'] digit {digit}].
```

Jede Terminalklasse wird durch eine reguläre EBNF-Regel deklariert, wobei auf der rechten Seite lediglich Literale oder Namen von Zeichenmengen vorkommen dürfen.

Man beachte, dass die beiden Alternativen von number in unserem Beispiel mit demselben Zeichen beginnen können. Die erste Alternative beginnt mit digit (das '0' enthält) und die zweite Alternative mit '0'. Dieser Konflikt wird von Coco/R automatisch gelöst. Es entsteht zunächst ein nichtdeterministischer endlicher Automat, der dann in einen deterministischen Automaten umgewandelt wird, bei dem es in jedem Zustand nur einen einzigen Übergang mit jedem Zeichen gibt.

Coco/R bietet auch die Möglichkeit, nur einen Parser zu erzeugen und den Scanner per Hand zu schreiben. In diesem Fall werden die Terminalsymbole nur durch ihren Namen deklariert (siehe Benutzerhandbuch [Coco]).

Pragmas

Pragmas sind ein Konzept, das wir bisher noch nicht kennengelernt haben. Es sind Terminalsymbole, die vom erzeugten Scanner erkannt und semantisch verarbeitet werden, die aber nicht an den erzeugten Parser weitergegeben werden. Das kann man zum Beispiel dazu verwenden, um Compileroptionen (z.B. $ABC) zu verarbeiten, die an jeder beliebigen Stelle des Quelltexts vorkommen dürfen und gewisse Schalter im Compiler ein- oder ausschalten. Sie gehören nicht zur Syntax der Sprache und werden daher so wie Kommentare nicht an den Parser weitergeleitet. Trotzdem sollen sie verarbeitet werden. Hier ist ein Beispiel einer Pragma-Deklaration:

```
PRAGMAS
    option = '$' {letter}.    (. for (char ch: la.val.toCharArray()) {
                                   if (ch == 'A') ... set option A ...
                                   else if (ch == 'B') ... set option B ...
                                   ...
                                 } .)
```

Pragmas werden wie Terminalsymbole durch eine EBNF-Regel beschrieben, auf die eine semantische Aktion zur Verarbeitung des Pragmas folgt. In diesem Beispiel wird der Pragma-String la.val (z.B. $ABC) analysiert, wobei durch die einzelnen Buchstaben Compileroptionen eingeschaltet werden.

Neben Compileroptionen sind Pragmas auch zur Verarbeitung von Präprozessor-Kommandos (z.B. #ifdef), von Dokumentationskommentaren (z.B. wie in *javadoc*) oder von Zeilenenden nützlich. Zeilenenden werden normalerweise so wie Leerzeichen ignoriert. Es gibt aber auch Sprachen, bei denen Zeilenenden eine Bedeutung haben. In solchen Sprachen kann man Zeilenenden als Pragmas deklarieren und bei ihrem Auftreten eine bestimmte semantische Aktion ausführen.

Kommentare

Kommentare gehören nicht zur Syntax einer Sprache. Sie enthalten Erläuterungen für die Lesenden eines Programms, werden aber vom Compiler ignoriert. Daher werden Kommentare nicht wie Terminalsymbole deklariert, sondern in einem eigenen Abschnitt. Ein weiterer Grund dafür ist, dass geschachtelte Kommentare nicht durch eine reguläre Grammatik beschrieben werden können, wie das bei Terminalsymbolen der Fall ist.

Kommentare werden durch ihre Kommentarklammern deklariert. Wenn sie geschachtelt auftreten können, wird das durch den Zusatz NESTED spezifiziert. Es kann in einer Scannerbeschreibung mehrere Arten von Kommentaren geben, zum Beispiel:

```
COMMENTS FROM "/*" TO "*/" NESTED
COMMENTS FROM "//" TO "\r\n"
```

Bedeutungslose Zeichen

In den meisten Sprachen gibt es Zeichen, die zwischen Terminalsymbolen vorkommen können, aber vom Compiler ignoriert werden (*white space*). Leerzeichen werden von Coco/R immer als bedeutungslos betrachtet. Bei anderen Zeichen wie Zeilenenden oder Tabulatoren muss man das – falls gewünscht – spezifizieren. Die Angabe

```
IGNORE '\r' + '\n' + '\t'
```

spezifiziert, dass der erzeugte Compiler neben Leerzeichen auch Zeilenenden ('\r' und '\n') sowie Tabulatorzeichen ('\t') ignorieren soll.

Case-Sensitivität

Coco/R erzeugt standardmäßig Compiler, in denen Groß- und Kleinschreibung signifikant ist (d.h., Foo und foo werden als unterschiedliche Namen betrachtet). Wenn man das nicht will, kann man am Anfang der Scannerbeschreibung (noch vor der Deklaration der Zeichenmengen) das Schlüsselwort

```
IGNORECASE
```

angeben, wodurch alle Buchstaben in Terminalsymbolen sowohl als Großbuchstaben als auch als Kleinbuchstaben akzeptiert werden. In diesem Fall werden Schlüsselwörter wie while, While und WHILE oder die Zahlenkonstanten 3.14e0 und 3.14E0 als gleich betrachtet. Der Tokenwert von Terminalsymbolen wie ident oder string wird aber in der ursprünglichen Schreibweise beibehalten.

Schnittstelle des erzeugten Scanners

Coco/R erzeugt aus der Scannerbeschreibung eine Klasse Scanner mit folgender Schnittstelle:

```
public class Scanner {
    public Scanner (String fileName) { ... }
    public Scanner (InputStream s) { ... }
    public Token Scan() { ... }
    public Token Peek() { ... }
    public Token ResetPeek() { ... }
}
```

Der erste Konstruktor bekommt als Parameter den Namen einer Eingabedatei, von der der Scanner lesen soll. Der zweite Konstruktor nimmt als Parameter einen bereits geöffneten Eingabestrom des Typs InputStream.

Die wichtigste Methode ist Scan[2]. Sie wird vom Parser wiederholt aufgerufen und liefert bei jedem Aufruf das nächste erkannte Token. Die Methode Peek dient dazu, im Quelltext vorauszuschauen, ohne die gelieferten Token aus dem Eingabestrom zu entfernen. Damit können LL(1)-Konflikte beseitigt werden, indem man um mehr als 1 Symbol vorausschaut (siehe Abschnitt 7.4). ResetPeek setzt die Peek-Position zurück, sodass man mehrmals auf unterschiedliche Art vorausschauen kann.

Scan liefert bei jedem Aufruf ein Token, das wie folgt deklariert ist:

```
public class Token {
    public int    kind;   // token kind (i.e., token number)
    public String val;    // token value
    public int    pos;    // token position in the source text (starting at 0)
    public int    col;    // token column (starting at 1)
    public int    line;   // token line (starting at 1)
}
```

Das Feld val enthält den Tokenwert (bei Namen den Namenstext, bei Zahlen den Ziffernstring etc.). Die Felder col und line bezeichnen die Spalten- und Zeilennummer des Tokens und werden für Fehlermeldungen gebraucht. Zusätzlich gibt es ein Feld pos, das die Position des Tokens relativ zum Anfang des Eingabestroms angibt.

Man beachte, dass bei Zahlen in val nicht der Zahlenwert geliefert wird, sondern der Ziffernstring, der bei Bedarf in einen Zahlenwert konvertiert werden muss.

2. Scan entspricht der Methode next aus Kapitel 2.

7.2 Parserbeschreibung

Die Parserbeschreibung ist eine attributierte Grammatik der zu übersetzenden Sprache. Sie besteht aus Produktionen, semantischen Aktionen und Attributen, aus denen Coco/R einen Parser im rekursiven Abstieg erzeugt. Wir sehen uns nun wieder die einzelnen Teile der Parserbeschreibung an.

Produktionen

Die Produktionen bilden eine kontextfreie Grammatik in EBNF-Schreibweise. Sie dürfen in beliebiger Reihenfolge deklariert werden, aber für jedes Nonterminalsymbol muss es genau eine Produktion geben. Insbesondere muss es eine Produktion für das Startsymbol der Grammatik geben, dessen Name nach dem Schlüsselwort COMPILER angegeben wurde. Hier ist ein Beispiel (graue Teile gehören zur Scannerbeschreibung):

```
COMPILER Expr
CHARACTERS
   ident    = ...
   number = ...
   ...
PRODUCTIONS
   Expr     = Term {AddOp Term}.  // production of the start symbol
   Term     = Factor {MulOp Factor}.
   Factor   = ident | number | '(' Expr ')' | '-' Factor.
   AddOp    = '+' | '-'.
   MulOp    = '*' | '/' | '%'.
END Expr.
```

Semantische Aktionen

Semantische Aktionen sind beliebige Java-Codestücke, die zwischen den Klammern (. und .) angegeben und vom erzeugten Parser an der Stelle ausgeführt werden, an der sie in der Grammatik stehen. Zum Beispiel:

```
IdentList        (. int n; .)
=  ident         (. n = 1; .)
   { ',' ident   (. n++; .)
   }             (. System.out.println(n); .) .
```

Die semantischen Aktionen werden unverändert in den erzeugten Parser kopiert, ohne dass sie von Coco/R geprüft werden. Eventuelle Syntax- oder Semantikfehler im Java-Code werden erst bei der Übersetzung des erzeugten Parsers entdeckt. In diesem Fall ist es aber wichtig, dass solche Fehler in der attributierten Grammatik behoben werden und nicht im Code des erzeugten Parsers, damit die Änderungen bei einer neuerlichen Erzeugung des Parsers nicht verloren gehen.

Jede Produktion kann eigene lokale Variablen deklarieren (z.B. die Variable n in obigem Beispiel). Globale Deklarationen sowie eventuell benötigte import-Klauseln werden nach bzw. vor der Zeile mit dem Schlüsselwort COMPILER angegeben, zum Beispiel:

```
// imports
import java.io.*;
COMPILER Sample
   // global declarations
   FileWriter w;
   void open (String path) {
      w = new FileWriter(path);
   }
CHARACTERS
   ...
TOKENS
   ...
PRODUCTIONS
   Sample = ...          (. open("in.txt"); .) .
   ...
END Sample.
```

Globale Deklarationen werden zu Feldern und Methoden des erzeugten Parsers und von Coco/R ungeprüft in den Parser kopiert. Die global deklarierten Elemente können in den semantischen Aktionen der Grammatik angesprochen werden.

Attribute

Terminalsymbole haben keine expliziten Attribute, sondern ihre Werte können in semantischen Aktionen über folgende globalen Variablen des Parsers angesprochen werden:

```
public Token t;     // most recently recognized token
public Token la;    // lookahead token (not yet recognized)
```

Der Wert eines number-Tokens kann zum Beispiel wie folgt ermittelt werden:

```
Factor = number   (. int numVal = Integer.parseInt(t.val); ... .) .
```

t.val ist der Ziffernstring des vorher erkannten number-Tokens, der mit Integer.parseInt in eine Zahl konvertiert werden kann.

Nonterminalsymbole können beliebig viele Eingangsattribute, aber höchstens ein einziges Ausgangsattribut haben. Attribute werden in spitzen Klammern (<...>) nach dem betreffenden Nonterminalsymbol geschrieben. Man unterscheidet formale und aktuelle Attribute.

Formale Attribute werden bei Nonterminalsymbolen auf der linken Seite einer Produktion angegeben. Sie deklarieren die Attribute samt ihrem Typ. Ausgangsattribute werden durch das Schlüsselwort out gekennzeichnet und müssen das erste Attribut einer Attributliste sein:

```
A <int n, char c> = ... .        // formal input attributes n and c
B <out int x, int y> = ... .     // formal output attribute x, formal input attribute y
```

Aktuelle Attribute werden beim Vorkommen von Nonterminalsymbolen auf der rechten Seite einer Produktion angegeben. Hier wird kein Typ spezifiziert, aber Ausgangsattribute müssen wieder mit dem Schlüsselwort out gekennzeichnet sein:

```
... A <y, 'a'> ...               // actual input attributes y and 'a'
... B <out z, 3> ...             // actual output attribute z, actual input attribute 3
```

Aktuelle Eingangsattribute können Konstanten, Variablen oder Ausdrücke sein. Aktuelle Ausgangsattribute müssen Variablen sein, da ihnen in der Produktion des Nonterminalsymbols ein Wert zugewiesen wird. Natürlich müssen die formalen und aktuellen Attribute in Anzahl und Typ übereinstimmen.

Übersetzung in Parsermethoden

Coco/R erzeugt aus jeder Produktion der attributierten Grammatik eine Parsermethode, in der Attribute zu Parametern oder Funktionswerten werden und semantische Aktionen an der passenden Stelle eingefügt werden. Aus der Produktion

```
Expr <out int n>          (. int n1 .)
=  Term <out n>
   {  '+'
      Term <out n1>       (. n = n + n1; .)
   } .
```

erzeugt Coco/R zum Beispiel folgende Parsermethode:

```
int Expr() {
    int n; int n1;
    n = Term();
    while (la.kind == 3) {
        Get();3
        n1 = Term(); n = n + n1;
    }
    return n;
}
```

Der erzeugte Code ist absichtlich nicht besonders lesbar, um Programmierer nicht dazu zu verleiten, ihn zu editieren. Eventuelle Fehler sollten vielmehr immer in der attributierten Grammatik behoben werden.

3. Get entspricht der Methode scan aus Kapitel 3.

Das Symbol ANY

Wir haben bereits in der Scannerbeschreibung das Symbol ANY kennengelernt, wo es die Menge aller Zeichen bedeutet. ANY kann aber auch in den Produktionen der Parserbeschreibung verwendet werden und bedeutet hier alle Terminalsymbole, die keine Alternative zu diesem ANY sind.

Damit kann man »Fuzzy Parsing« implementieren, also eine Form der Syntaxanalyse, bei der nur gewisse Teile der Syntax überprüft und andere Teile durch ANY abgedeckt werden. Ein einfaches Beispiel ist ein Parser, der zählt, wie oft der Typ int vorkommt, und alle anderen einfachen Typen ignoriert. Das kann man in der Produktion Type wie folgt ausdrücken:

```
Type
=  "int"          (. intCounter++; .)
|  ANY .
```

ANY bedeutet hier alle Terminalsymbole außer int, weil nur int eine Alternative zu ANY ist. Ein etwas interessanteres Beispiel ist ein Parser, der attributierte Grammatiken analysiert und die Länge von semantischen Aktionen bestimmt. Wir zeigen hier nur die Produktion von SemAction.

```
SemAction <out int len>
=  "(."           (. int beg = t.pos + 2; .)
   {ANY}
   ".)"           (. len = t.pos - beg; .) .
```

ANY bedeutet hier alle Terminalsymbole außer ".)", weil nur ".)" eine (implizite) Alternative zu diesem ANY ist. Alle Symbole innerhalb der semantischen Aktion werden durch ANY abgedeckt und überlesen. Dadurch erspart man sich die genaue Syntaxanalyse der Java-Anweisungen in semantischen Aktionen. Dies ist auch die Technik, wie Coco/R semantische Aktionen verarbeitet.

Zum Abschluss sehen wir uns noch ein anspruchsvolleres Beispiel an: Ein Parser, der die mit Strichpunkt abgeschlossenen Anweisungen in einem Java-Programm zählt. Wir zeigen hier die Produktion von Anweisungsblöcken:

```
Block <out int statements> (. int n; .)
=  "{"                     (. statements = 0; .)
   {  ";"                  (. statements++; .)
   |  Block <out n>        (. statements += n; .)
   |  ANY
   }
   "}" .
```

Die Alternativen dieses ANY sind ";", die terminalen Anfänge von Block (also "{") und die Nachfolger der Iteration (also "}"). ANY überliest hier also alles, was kein ";", "{" oder "}" ist, und verarbeitet nur die Strichpunkte, indem es sie zählt. Geschachtelte Blöcke liefern die Anzahl der in ihnen enthaltenen Strichpunkte, die ebenfalls mitgezählt werden.

Erzeugung von Scanner und Parser

Coco/R erzeugt aus einer Compilerbeschreibung einen Scanner und einen Parser als Java-Klassen. Allerdings werden diese Klassen nicht von Grund auf erzeugt, sondern es werden nur die relevanten Teile generiert (der endliche Automat des Scanners und die Analysemethoden des Parsers) und in Rahmendateien eingefügt (Abb. 7.3).

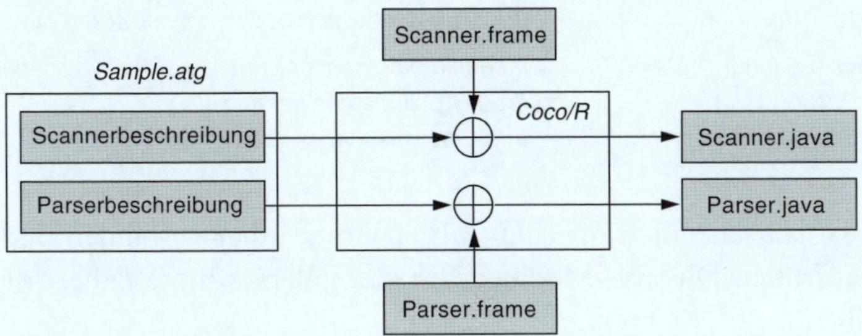

***Abb. 7.3** Erzeugung von Scanner und Parser aus Rahmendateien*

Die Rahmendateien enthalten Platzhalter, die durch "-->..." markiert sind und an deren Stelle Coco/R die erzeugten Teile einfügt. Hier ist ein Ausschnitt der Rahmendatei Scanner.frame:

```
public class Scanner {
    static final int EOL = '\n';
    static final int eofSym = 0;
-->declarations
    ...
    static {
        start = new StartStates();
        literals = new HashMap();
-->initializations
    }
    ...
}
```

An der Stelle "-->declarations" fügt Coco/R einige generierte Deklarationen ein, an der Stelle "-->initializations" einige Initialisierungsanweisungen usw.

Die Rahmendateien sind gewöhnliche Textdateien, die editiert werden können. Auf diese Weise kann man einen gewissen Einfluss auf das Aussehen des generierten Scanners und Parsers nehmen. Dabei ist allerdings Vorsicht geboten, um die Funktionsweise des Scanners und Parsers nicht zu stören. In der Regel ist es nicht nötig, die Rahmendateien abzuändern.

Die Rahmendateien müssen im gleichen Verzeichnis stehen wie die Compilerbeschreibung, die in der Regel die Endung *.atg hat.

Schnittstelle des erzeugten Parsers

Coco/R erzeugt aus der Parserbeschreibung und der Rahmendatei Parser.frame eine Klasse Parser mit folgender Schnittstelle:

```
public class Parser {
    public Scanner scanner;                          // scanner connected to this parser
    public Errors  errors;                           // error message stream

    public Token   t;                                // most recently recognized Token
    public Token   la;                               // lookahead token (not yet recognized)

    public Parser (Scanner scanner) { ... }          // constructor; connects the parser with a scanner
    public void Parse() { ... }                      // entry point; starts parsing
    public void SemErr (String msg) { ... }          // for error messages
}
```

Um den Parser zu starten, muss man ihn mit einem Scanner verbinden und die Parse-Methode aufrufen. Die main-Methode des Compilers könnte daher folgendermaßen aussehen:

```
public static void main (String[] arg) {
    Scanner scanner = new Scanner(arg[0]); // arg[0] is the input file name
    Parser parser = new Parser(scanner);
    parser.Parse();
    System.out.println(parser.errors.count + " errors detected");
}
```

Fehlermeldungen werden vom erzeugten Parser über die ebenfalls erzeugte Klasse Errors ausgegeben und gezählt (siehe Abschnitt 7.3). Über parser.errors.count kann die Anzahl der gefundenen Fehler ermittelt werden.

7.3 Fehlerbehandlung

Die Fehlerbehandlung in den erzeugten Compilern umfasst die Ausgabe von Fehlermeldungen und den Wiederaufsatz nach Syntaxfehlern. Beides ist großteils automatisiert, erfordert aber gewisse Eingriffe durch den Compilerbauer.

Syntaxfehlerbehandlung

Bei Syntaxfehlern erzeugt der Parser automatisch Fehlermeldungen mit Zeilen- und Spaltennummer.

Wenn ein erwartetes **Terminalsymbol** nicht erkannt wird, wird dies wie folgt gemeldet:

Produktion:	S = a b c.
Eingabe:	a **x** c
Fehlermeldung:	-- line ... col ...: b expected

Wenn in einer **Alternativenliste** keine der Alternativen passt, wird gemeldet, dass das Nonterminalsymbol, zu dem die Alternativenliste gehört, fehlerhaft ist:

Produktion: S = a (b | c | d) e.
Eingabe: a **x** e
Fehlermeldung: -- line ... col ...: invalid S

Um solche Fehlermeldungen etwas konkreter zu gestalten, kann man die Alternativenliste zu einem eigenen Nonterminalsymbol machen:

Produktion: S = a T e.
T = b | c | d.
Eingabe: a **x** e
Fehlermeldung: -- line ... col ...: invalid T

Wenn für T ein sprechender Name gewählt wird, erhält man auf diese Weise ausreichend gute Fehlermeldungen.

Wiederaufsatz nach Syntaxfehlern

Nach Auftreten eines Syntaxfehlers muss der fehlerhafte Eingabestrom mit der Grammatik synchronisiert werden, sodass der Parser fortfahren und eventuelle weitere Fehler finden kann. Die von Coco/R erzeugten Parser verwenden zum Wiederaufsatz die Methode der *speziellen Fangsymbole* (siehe Abschnitt 3.4.3): Der Wiederaufsatz erfolgt nur an einigen wenigen Stellen, an denen besonders »sichere« Terminalsymbole erwartet werden, die sonst nirgends in der Grammatik vorkommen. Geeignete Stellen sind der Anfang von Anweisungen (wo Schlüsselwörter wie if oder while erwartet werden) oder der Anfang von Deklarationen (wo Schlüsselwörter wie void oder public erwartet werden). Diese Stellen muss man allerdings in der Grammatik markieren, da sie sprachabhängig sind und von Coco/R nicht automatisch ermittelt werden können. Man markiert diese Stellen durch das Schlüsselwort SYNC, wie das in folgendem Beispiel gezeigt wird:

```
Statement
=  SYNC
   (  Designator ('=' Expr | '(' ActPars ')') SYNC ';'
   |  "if" '(' Expr ')' Statement ["else" Statement]
   |  "while" '(' Expr ')' Statement
   |  ...
   ) .
```

Wenn ein Syntaxfehler entdeckt wird, meldet der Parser ihn und läuft dann bis zur nächsten Synchronisationsstelle weiter (Folgefehlermeldungen werden dabei unterdrückt). An der Synchronisationsstelle überliest der Parser Terminalsymbole, bis er eines findet, das an dieser Stelle erwartet wird:

```
while (la.kind is not expected here) {
    Get(); // get next token from scanner
}
```

Semantikfehlerbehandlung

Semantikfehler werden in semantischen Aktionen entdeckt und müssen durch Aufruf der Methode SemErr gemeldet werden, zum Beispiel:

```
Expr <out Struct type>        (. Struct type1; .)
= Term <out type>
  { '+' Term <out type1>      (. if (type != type1) SemErr("incompatible types"); .)
  }.
```

SemErr ist eine Methode des erzeugten Parsers, die die Fehlermeldung mit der Zeilen- und Spaltennummer des zuletzt erkannten Tokens versieht und an die SemErr-Methode der Klasse Errors weiterleitet:

```
public void SemErr (String msg) {
    errors.SemErr(t.line, t.col, msg);
}
```

Da beim Wiederaufsatz nach Syntaxfehlern unter Umständen Terminalsymbole überlesen und gewisse semantische Aktionen nicht ausgeführt werden, muss man damit rechnen, dass Variablen eventuell einen ungültigen Wert enthalten. Dem kann man mit »konservativer« Programmierung begegnen.

Klasse Errors

Für die Verwaltung von Fehlermeldungen erzeugt Coco/R eine Klasse Errors, deren Schnittstelle wie folgt aussieht:

```
public class Errors {
    public int count = 0;                                // number of errors detected
    public PrintStream errorStream = System.out;         // error message stream
    public String errMsgFormat = "-- line {0} col {1}: {2}"; // 0 = line, 1 = column, 2 = msg

    public void SynErr (int line, int col, int n) { ... }
    public void SemErr (int line, int col, String msg) { ... }
}
```

Syntaxfehler werden vom Parser mittels SynErr gemeldet, Semantikfehler mittels SemErr. Beide Methoden geben eine Fehlermeldung auf den Ausgabestrom errorStream aus und erhöhen den Fehlerzähler count.

Der Ausgabestrom ist die Konsole, aber man kann errorStream einen anderen Wert zuweisen, sodass die Fehlermeldungen zum Beispiel auf eine Datei ausgegeben werden. Durch Änderung der Variablen errMsgFormat kann man das Format der Fehlermeldungen anpassen (z.B. auf deutschsprachige Fehlermeldungen).

7.4 LL(1)-Konflikte

Der vielleicht größte Nutzen von Coco/R besteht darin, dass er eine Grammatik auf Wohlgeformtheit überprüft. Er stellt sicher, dass alle Nonterminalsymbole deklariert und terminalisierbar sind und es keine zirkulären Beziehungen zwischen den Produktionen gibt (siehe Abschnitt 3.3). Insbesondere überprüft er die Grammatik auf eventuelle LL(1)-Konflikte und meldet diese, sodass man sie durch Umformung der Grammatik beseitigen kann.

Wenn man eine Grammatik vom Internet oder aus einer Sprachbeschreibung kopiert, ist sie meist nicht LL(1). Die Konflikte zu finden und zu beheben ist bei nichttrivialen Grammatiken kompliziert und fehleranfällig. Coco/R hilft einem dabei und stellt sicher, dass die Grammatik für den rekursiven Abstieg geeignet ist. Für folgende Grammatik

```
PRODUCTIONS
   Sample     = {Statement} .
   Statement  = Qualident '=' number ';'
              | Call
              | "if" '(' ident ')' Statement ["else" Statement] .
   Call       = ident '(' ')' ';' .
   Qualident  = [ident '.'] ident .
```

meldet Coco/R zum Beispiel folgende LL(1)-Konflikte:

```
LL1 warning in Statement: ident is start of several alternatives
LL1 warning in Statement: "else" is start & successor of deletable structure
LL1 warning in Qualident: ident is start & successor of deletable structure
```

Der erste Konflikt kommt daher, dass die beiden ersten Alternativen von Statement mit Qualident und Call beginnen und diese wiederum mit ident. Beide Alternativen können also mit ident beginnen, und der Parser kann sich nicht entscheiden, welche er wählen soll. Der Konflikt muss also durch Umformung der Grammatik beseitigt werden.

Der zweite Konflikt ist das bekannte Problem des *Dangling Else* (siehe Abschnitt 3.3). Das Schlüsselwort else kann sowohl der Anfang des optionalen else-Zweigs sein als auch ein Nachfolger der Option (und somit von Statement). Wie wir gesehen haben, kann man diesen Konflikt aber ignorieren. Der Parser wählt immer die erste passende Alternative, was in diesem Fall der optionale else-Zweig ist. Dies ist die gewünschte Interpretation.

Der dritte Konflikt tritt in der Produktion von Qualident auf, die eine Option enthält. Sowohl der Anfang als auch der Nachfolger dieser Option ist ident. Somit kann sich der Parser nicht entscheiden, ob er die Option betreten oder überspringen soll. Auch dieser Konflikt muss durch Umformung beseitigt werden.

Diese Grammatik ist nicht besonders kompliziert, sodass man die LL(1)-Konflikte vermutlich auch ohne Hilfe von Coco/R gefunden hätte. Bei großen Grammatiken ist das Entdecken solcher Konflikte aber äußerst schwierig.

LL(1)-Konflikte können meist durch Umformung der Grammatik beseitigt werden, was für den ersten und dritten Konflikt auch notwendig ist. Der zweite Konflikt kann wie gesagt ignoriert werden (er ist nur eine Warnung). Die umgeformte Grammatik sieht für dieses Beispiel wie folgt aus:

```
Sample    = {Statement} .
Statement = ident  ( ['.' ident] '=' number ';'
                   | '(' ')' ';'
                   )
          | "if" '(' ident ')' Statement ["else" Statement] .
```

Die Konflikte wurden hier durch Faktorisierung gelöst. ident wurde aus Qualident und Call herausgehoben, und erst nachher trennen sich die Alternativen. Eine solche Umformung ist aber nicht immer möglich, und selbst wenn sie so wie hier möglich ist, macht sie die Grammatik nicht gerade lesbarer. Daher bietet Coco/R noch andere Möglichkeiten der Konfliktlösung an.

Konfliktlösung durch Vorausschau

Folgende Grammatik

```
A = ident {',' ident} ':' ...
  | ident {',' ident} ';' .
```

kann zwar durch Faktorisierung umgeformt werden zu

```
A = ident {',' ident} ( ':' ... | ';' ) .
```

aber wenn in beiden Alternativen unterschiedliche semantische Aktionen ausgeführt werden sollen

```
A = ident (. x = 1; .) {',' ident (. x++; .) } ':' ...
  | ident (. foo(); .) {',' ident (. bar(); .) } ';' .
```

ist diese Faktorisierung nicht mehr möglich. Coco/R bietet hier die Möglichkeit, vor die erste der in Konflikt stehenden Alternativen einen sogenannten *Conflict Resolver* zu platzieren. Ein Conflict Resolver hat die Form

```
IF (BooleanExpr)
```

Die Alternative wird dann nur gewählt, wenn der boolesche Ausdruck wahr ist. Unsere Grammatik kann somit wie folgt geschrieben werden:

```
A = IF (followedByColon())
    ident (. x = 1; .) {',' ident (. x++; .) } ':' ...
  | ident (. foo(); .) {',' ident (. bar(); .) } ';' .
```

Die Methode followedByColon löst den Konflikt, indem sie im Quelltext vorausschaut, ob nach der Namenliste ein ':' kommt. In diesem Fall gibt sie true zurück, sonst false. Wenn sie true liefert, wird die mit dem Resolver annotierte Alternative betreten, ansonsten wird mit der nächsten Alternative fortgesetzt.

Wir implementieren die Methode followedByColon in den globalen Deklarationen der Compilerbeschreibung und verwenden zur Vorausschau die Methode Peek des Scanners, die bei jedem Aufruf das nächste Token liefert, ohne diese Token aus dem Eingabestrom zu entfernen, sodass sie später beim regulären Scannen nochmals geliefert werden. Peek erlaubt also eine Vorausschau.

```
boolean followedByColon() {
    Token x = la; // start with the lookahead token
    while (x.kind == _ident || x.kind == _comma) { // read beyond idents and commas
        x = scanner.Peek();
    }
    return x.kind == _colon;
}
```

Die Namen _ident, _comma und _colon werden von Coco/R automatisch für alle deklarierten Token generiert. Dazu müssen wir aber die Symbole ',' und ':' explizit als Token deklarieren, zusätzlich zu ihrer Verwendung als Literale in der Grammatik:

```
TOKENS
    ident   = letter {letter | digit} .
    comma = ',' .
    colon   = ':' .
    ...
```

Coco/R erzeugt dann Konstantendeklarationen für diese Token:

```
static final int
    _ident = 17,
    _comma = 18,
    _colon = 19,
    ...
```

Konfliktlösung durch semantische Informationen

Man kann Conflict Resolver nicht nur zur Vorausschau verwenden, sondern auch, um LL(1)-Konflikte mittels semantischer Informationen zu lösen. Betrachten wir dazu folgende Grammatik:

```
Factor  =  '(' ident ')' Factor     // type cast
        |  '(' Expr ')'             // nested expression
        |  ident | number .
```

Die erste Alternative beschreibt einen Type Cast, die zweite einen geklammerten Ausdruck. Beide Alternativen beginnen mit '(', daher ist die Grammatik nicht LL(1). Sie ist aber auch nicht LL(2), denn Expr kann mit ident beginnen, und somit hilft auch eine Vorschau um 2 Token nichts. Selbst wenn wir 3 Token vorausschauen, können wir den Konflikt nicht lösen, weil '(' ident ')' sowohl ein Type Cast als auch ein geklammerter Ausdruck sein kann.

Eine Vorausschau oder eine Umformung der Grammatik helfen hier also nicht, aber wir können wieder vor die erste Alternative einen Conflict Resolver setzen, der prüft, ob ident einen Typ bezeichnet. In diesem Fall muss es sich um einen Type Cast handeln; ansonsten ist es ein geklammerter Ausdruck.

```
Factor = IF (isCast())
           '(' ident ')' Factor     // type cast
       | '(' Expr ')'               // nested expression
       | ident | number .
```

Die Resolver-Methode implementieren wir wie folgt:

```
boolean isCast() { // la contains _lpar, ident or number
    Token next = scanner.Peek();
    if (la.kind == _lpar && next.kind == _ident) { // if we have ( ident
        Obj obj = Tab.find(next.val);
        return obj != Tab.noObj && obj.kind == Obj.Type;
    } else return false;
}
```

Mit Conflict Resolvern ist es also möglich, LL(1)-Konflikte durch Vorausschau oder durch semantische Informationen zu lösen. Coco/R kann somit Grammatiken verarbeiten, die LL(*) sind, also Grammatiken, bei denen Alternativen durch (beliebig weite) Vorausschau oder durch semantische Informationen unterschieden werden können. Das macht Coco/R zu einem mächtigen Werkzeug.

7.5 Beispiele

Wir wollen uns nun einige Beispiele für den Einsatz von Coco/R ansehen und wählen dazu absichtlich auch Aufgaben, die nicht dem Compilerbau im engeren Sinne entstammen. Schließlich soll dieses Buch unter anderem zeigen, dass die hier vermittelten Techniken auch außerhalb des engeren Compilerbaus nützlich sind.

7.5.1 Lesen eines Binärbaums

Wir beginnen mit einem kleinen, aber nicht ganz trivialen Beispiel. Wir wollen ein Programm entwickeln, das eine textuelle Darstellung eines Binärbaums in Klammerdarstellung liest und daraus einen Binärbaum im Hauptspeicher erzeugt. Dies ist kein Compiler im engeren Sinne, aber ein Programm, das eine syntaktisch strukturierte Eingabe verarbeitet und sie in eine andere Darstellung »übersetzt«. Dazu können wir die Techniken des Compilerbaus einsetzen.

Abb. 7.4 zeigt die textuelle Darstellung der Eingabe (in Klammernotation) und den Binärbaum, der dieser Eingabe entspricht.

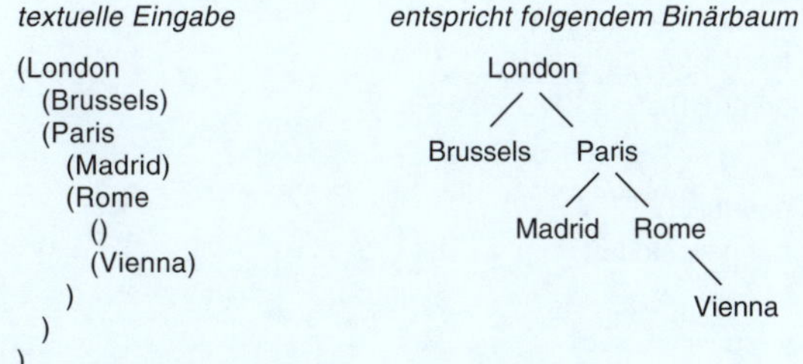

Abb. 7.4 *Binärbaum in Klammerdarstellung*

Um die Eingabe mithilfe einer attributierten Grammatik verarbeiten zu können, müssen wir zunächst eine kontextfreie Grammatik dafür aufstellen. Dabei ist es hilfreich, sich die Muster zu überlegen, die in der Eingabe vorkommen können. Ein Teilbaum kann eine der drei folgenden Formen annehmen:

```
Subtree
=  '(' ')'                               // empty subtree
|  '(' ident ')'                         // subtree with a single node
|  '(' ident Subtree Subtree ')' .       // subtree with a root and two subtrees
```

Diese drei Alternativen können durch Faktorisierung zu folgender Grammatik zusammengefasst werden, die unsere Eingabe beschreibt und LL(1) ist:

```
Subtree
=  '(' [ ident [ Subtree Subtree] ] ')' .
```

Das Nonterminalsymbol Subtree soll als Ausgangsattribut die Wurzel eines Binärbaums mit Knoten des folgenden Typs liefern:

```
class Node {
    String name;
    Node left, right;
    Node (String s) { name = s; }
}
```

Die semantischen Aktionen sollen die Knoten der Teilbäume zu neuen Teilbäumen verbinden und den gesamten Baum schließlich mittels print(root, indent) wieder in Klammernotation (siehe Abb. 7.4) ausgeben. Die Compilerbeschreibung, die in einer Datei namens TreeReader.atg gespeichert wird, sieht wie folgt aus:

```
COMPILER TreeReader
    class Node { ... } // see above
    static void print (Node n, int indent) { ... } // see below
CHARACTERS
    letter = 'A' .. 'Z' + 'a' .. 'z'.
TOKENS
    ident = letter {letter}.
IGNORE '\t' + '\r' + '\n'
```

```
PRODUCTIONS
TreeReader                      (. Node n; .)
= Subtree <out n>               (. print(n, 0); .).
Subtree <out Node n>
= '('                           (. n = null; .)
  [ ident                       (. n = new Node(t.val); .)
    [ Subtree <out n.left>
      Subtree <out n.right>
    ]
  ]
  ')' .
END TreeReader.
```

Als Terminalsymbole gibt es Namen (ident) sowie die beiden Literale '(' und ')', die nicht deklariert werden müssen, sondern direkt in der attributierten Grammatik verwendet werden können. ident wird als Folge von Buchstaben (letter) deklariert. Zeilenenden und Tabulatorzeichen sollen ignoriert werden.

Die attributierte Grammatik besteht aus Produktionen für das Startsymbol TreeReader und für das Nonterminalsymbol Subtree. Subtree liefert einen (möglicherweise leeren) Teilbaum und wird rekursiv zum Aufbau des linken und des rechten Unterbaums aufgerufen. Der Aufruf von Subtree in TreeReader liefert den gesamten Baum, den wir in diesem Beispiel zur Kontrolle mittels print ausgeben:

```
static void print (Node n, int indent) {
    for (int i = 0; i < indent; i++) System.out.print(' ');      // indent
    System.out.print('(');                                       // opening parenthesis
    if (n != null) {
        System.out.print(n.name);                                // node name
        if (n.left != null || n.right != null) {
            System.out.println();
            print(n.left, indent + 2);                           // left subtree with increased indent
            print(n.right, indent + 2);                          // right subtree with increased indent
            for (int i = 0; i < indent; i++) System.out.print(' ');
        }
    }
    System.out.println(')');                                     // closing parenthesis
}
```

Wir benötigen schließlich noch ein Hauptprogramm, das den Parser startet:

```
class TreeReader {
    public static void main (String[] arg) {
        Scanner.scanner = new Scanner(arg[0]);
        Parser parser = new Parser(scanner);
        parser.Parse();
        System.out.println(parser.errors.count + " errors detected");
    }
}
```

Die Compilerbeschreibung wird nun mit Coco/R verarbeitet:

```
java -jar Coco.jar TreeReader.atg
```

Coco/R erzeugt die Dateien Scanner.java und Parser.java, die zusammen mit dem Hauptprogramm vom Java-Compiler übersetzt werden müssen:

```
javac Scanner.java Parser.java TreeReader.java
```

Anschließend kann unser »Compiler« mit einer Eingabedatei aufgerufen werden:

```
java TreeReader input.txt
```

wobei die Datei input.txt eine textuelle Darstellung eines Binärbaums in der Form enthält, wie es in Abb. 7.4 auf der linken Seite gezeigt wurde.

7.5.2 Fragebogengenerator

Auch unser zweites Beispiel stammt nicht aus dem engeren Compilerbau, sondern behandelt eine »domänenspezifische Sprache«, also eine selbst definierte Sprache für einen ganz bestimmten Zweck. In unserem Fall wollen wir eine Sprache zur Erstellung eines Fragebogens entwerfen. Das Ergebnis soll ein Fragebogen sein, der in einem Webbrowser dargestellt wird und wie in Abb. 7.5 gezeigt aussehen könnte.

How did you like this course?
very much
much
somewhat
not so much
not at all

What is the field of your study?
Computer Science
Mathematics
Physics

What should be improved?

Abb. 7.5 *Webfragebogen*

Natürlich könnten wir die Benutzeroberfläche direkt in HTML codieren, was aber mühsam und fehleranfällig wäre. Stattdessen wollen wir eine kleine Sprache entwerfen, die Inhalt und Aufbau des Fragebogens spezifiziert. Aus einer derartigen Beschreibung generieren wir dann den Fragebogen.

Die Beschreibung des Fragbogens in unserer domänenspezifischen Sprache könnte wie folgt aussehen:

```
RADIO "How did you like this course?"
   ("very much", "much", "somewhat", "not so much", "not at all")
CHECKBOX "What is the field of your study?"
   ("Computer Science", "Mathematics", "Physics")
TEXTBOX "What should be improved?"
```

Was ist zu tun, um diese Eingabe in einen Fragebogen zu übersetzen? Zuerst müssen wir die Eingabesprache durch eine kontextfreie Grammatik beschreiben. Anschließend ist zu überlegen, welche Attribute die Symbole liefern sollen und welche Methoden wir in den semantischen Aktionen aufrufen wollen, um HTML zu generieren. Schließlich können wir damit eine attributierte Grammatik aufstellen und sie mit Coco/R verarbeiten.

Die Eingabe besteht offensichtlich aus mehreren Abfragen (*Queries*), die eine von drei Formen annehmen können (RADIO, CHECKBOX, TEXTBOX). Zu den ersten beiden Formen gehört eine Liste von Werten, die als Strings definiert sind. Die kontextfreie Grammatik sieht also wie folgt aus:

```
Queryform  = {Query}.
Query      = "RADIO" Caption Values
           | "CHECKBOX" Caption Values
           | "TEXTBOX" Caption.
Values     = '(' string {',' string} ')'.
Caption    = string.
```

Das Nonterminalsymbol Caption soll einen String liefern, das Nonterminalsymbol Values eine Liste von Strings. Zur Ausgabe von HTML-Code definieren wir folgende Methoden, die wir in einer Klasse HtmlGenerator zusammenfassen:

- printHeader() erzeugt den HTML-Header
- printFooter() erzeugt den HTML-Footer
- printRadio(caption, values) erzeugt eine Folge von Radiobuttons
- printCheckbox(caption, values) erzeugt eine Folge von Checkboxen
- printTextbox(caption) erzeugt eine Textbox

Die Terminalsymbole der Grammatik sind string sowie die Literale '(', ')' und ',', die wir nicht eigens deklarieren müssen. Somit können wir die attributierte Grammatik wie folgt implementieren:

```
import java.util.ArrayList;
COMPILER QueryForm
   HtmlGenerator html; // to emit the HTML code
CHARACTERS
   noQuote = ANY - '"'.
TOKENS
   string = '"' {noQuote} '"'.
COMMENTS FROM "//" TO "\r\n"
IGNORE '\t' + '\r' + '\n'
```

```
PROUDUCTIONS
QueryForm =                         (. html.printHeader(); .)
   { Query }                        (. html.printFooter(); .) .
//------------------------------------------------------------------------------------
Query                               (. String caption; ArrayList values; .)
=  "RADIO" Caption <out caption> Values <out values>
                                    (. html.printRadio(caption, values); .)
|  "CHECKBOX" Caption <out caption> Values <out values>
                                    (. html.printCheckbox(caption, values); .)
|  "TEXTBOX" Caption <out caption>
                                    (. html.printTextbox(caption); .) .
//------------------------------------------------------------------------------------
Caption <out String s> = StringVal<out s>.
//------------------------------------------------------------------------------------
Values <out ArrayList values>       (. String s; .)
=  '(' StringVal <out s>            (. values = new ArrayList(); values.add(s); .)
   { ',' StringVal <out s>          (. values.add(s); .)
   }
   ')'.
//------------------------------------------------------------------------------------
StringVal <out String s>
=  string                           (. s = t.val.substring(1, t.val.length()-1); .) .
END QueryForm.
```

Die Grammatik definiert ein zusätzliches Nonterminalsymbol StringVal, das den Wert eines Strings (ohne Hochkommas) als Attribut liefert. Die von Caption und Values gelieferten Attribute werden an die Ausgabemethoden des HTML-Generators übergeben, die daraus den entsprechenden HTML-Code erzeugen. Die Klasse HtmlGenerator sieht wie folgt aus:

```
import java.io.*;
import java.util.ArrayList;
class HtmlGenerator {
   PrintStream s;
   int itemNo = 0;
   public HtmlGenerator(String fileName) throws FileNotFoundException {
      s = new PrintStream(fileName);
   }
   public void printHeader() {
      s.println("<html>");
      s.println("<head><title>Query Form</title></head>");
      s.println("<body>");
      s.println("  <form>");
   }
```

```
    public void printFooter() {
        s.println("  </form>");
        s.println("</body>");
        s.println("</html>");
        s.close();
    }
    public void printRadio(String caption, ArrayList values) {
        s.println(caption + "<br>");
        for (Object val: values) {
            s.print("<input type='radio' name='Q" + itemNo + "' ");
            s.print("value='" + val + "'>" + val + "<br>");
            s.println();
        }
        itemNo++; s.println("<br>");
    }
    public void printCheckbox(String caption, ArrayList values) {
        s.println(caption + "<br>");
        for (Object val: values) {
            s.print("<input type='checkbox' name='Q" + itemNo + "' ");
            s.print("value='" + val + "'>" + val + "<br>");
            s.println();
        }
        itemNo++; s.println("<br>");
    }
    public void printTextbox(String caption) {
        s.println(caption + "<br>");
        s.println("<textarea name='Q" + itemNo + "' cols='50' rows='3'></textarea><br>");
        itemNo++; s.println("<br>");
    }
}
```

Die Methode printRadio gibt zum Beispiel für die obige Eingabe folgenden HTML-Code aus:

```
How did you like this course?<br>
<input type='radio' name='Q0' value='very much'>very much<br>
<input type='radio' name='Q0' value='much'>much<br>
<input type='radio' name='Q0' value='somewhat'>somewhat<br>
<input type='radio' name='Q0' value='not so much'>not so much<br>
<input type='radio' name='Q0' value='not at all'>not at all<br>
<br>
```

Nun fehlt noch das Hauptprogramm, das die Kommandozeilenparameter entgegennimmt, den Scanner und den Parser erzeugt und initialisiert und schließlich den Parser startet. Außerdem erzeugt es ein Objekt der Klasse HtmlGenerator und verankert es in der globalen Variablen parser.html, sodass die attributierte Grammatik darauf zugreifen kann. Das Hauptprogramm könnte wie folgt aussehen:

```
import java.io.*;

class MakeQueryForm {

    public static void main(String[] args) {
        String inFileName = args[0];
        String outFileName = args[1];
        Scanner scanner = new Scanner(inFileName);
        Parser parser = new Parser(scanner);
        try {
            parser.html = new HtmlGenerator(outFileName);
            parser.Parse();
            System.out.println(parser.errors.count + " errors detected");
        } catch (FileNotFoundException e) {
            System.out.println("-- cannot create file " + outFileName);
        }
    }
}
```

Nun verarbeiten wir wieder unsere Compilerbeschreibung mittels Coco/R:

```
java -jar Coco.jar QueryForm.atg
```

und erhalten einen Scanner und einen Parser, die wir zusammen mit den Klassen HtmlGenerator.java und MakeQueryForm.java mit dem Java-Compiler übersetzen:

```
javac Scanner.java Parser.java HtmlGenerator.java MakeQueryForm.java
```

Wenn unsere Fragebogenspezifikation in der Datei input.txt liegt und die Ausgabe auf die Datei output.html geschrieben werden soll, kann unser Fragebogengenerator wie folgt aufgerufen werden:

```
java MakeQueryForm input.txt output.html
```

7.5.3 Abstrakte Syntaxbäume

Das letzte Beispiel stammt aus dem Kerngebiet des Compilerbaus. Wir wollen einen Compiler entwickeln, der Programme einer einfachen Sprache namens *Taste* in abstrakte Syntaxbäume übersetzt. Abstrakte Syntaxbäume (siehe Abschnitt 1.5) sind eine beliebte Zwischenrepräsentation von Programmen, auf der Optimierungen durchgeführt werden können, bevor daraus Maschinencode erzeugt wird. Wir beschränken uns hier aber auf die reine Generierung von Syntaxbäumen ohne Optimierung und Codeerzeugung.

Manche Compilergeneratoren verwenden spezielle Notationen, um aus einem Quellprogramm einen abstrakten Syntaxbaum (*abstract syntax tree*; AST) zu erzeugen. Wir wollen hier aber zeigen, dass es mit gewöhnlichen attributierten Grammatiken ebenso einfach geht.

Erinnern wir uns: Ein AST ist ein Baum, dessen Blätter Operanden und dessen innere Knoten Operatoren sind. Abb. 7.6 zeigt, wie die Zuweisung x = 3 * x + 1 als

AST aussieht, wobei der Zuweisungsoperator '=' ebenfalls als Operator aufgefasst wird.

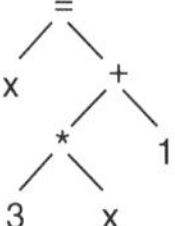

Abb. 7.6 *AST für die Zuweisung x = 3 * x + 1*

Grundidee

Die Grundidee bei der Erzeugung eines AST besteht darin, dass jedes Nonterminalsymbol als Ausgangsattribut einen Teil-AST liefert, der mit anderen Teil-ASTs zu einem neuen AST zusammengesetzt wird. Beispielhaft kann das durch folgende Produktion einer attributierten Grammatik beschrieben werden:

```
Expr<out Node e>                        (. Node e1, e2; .)
= Term <out e1> '+' Term <out e2>  (. e = new BinExpr(e1, Operator.PLUS, e2); .).
```

Daraus ergibt sich der AST aus Abb. 7.7.

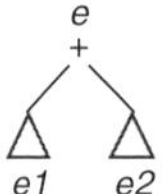

Abb. 7.7 *Aus der obigen attributierten Grammatik erzeugter AST*

Die Knoten des AST sind Objekte von Klassen wie Expr oder BinExpr, die von einer gemeinsamen Basisklasse Node abgeleitet sind.

```
abstract class Node {}                     // base class of all nodes
abstract class Expr extends Node {}        // base class of nodes that form (sub)expressions
class BinExpr extends Expr {               // class describing binary expressions
   Operator op;
   Expr left;                              // left subexpression
   Expr right;                             // right subexpression
   BinExpr (Expr e1, Operator op, Expr e2) { this.op = op; left = e1; right = e2; }
}
enum Operator {PLUS, MINUS, TIMES, DIV, ...}
```

In den folgenden Abschnitten führen wir zuerst unsere Beispielsprache *Taste* ein und zeigen dann, wie man abstrakte Syntaxbäume für Ausdrücke, Anweisungen, Deklarationen und Prozeduren aufbaut.

Die Beispielsprache Taste

Um zu zeigen, wie man aus einem Quellprogramm einen abstrakten Syntaxbaum erzeugt, führen wir eine einfache Programmiersprache namens *Taste* ein, die globale Variablen und parameterlose Prozeduren mit lokalen Variablen aufweist. Als Datentypen gibt es nur int und bool. Die Sprache wurde bewusst einfach gehalten. Leserinnen und Leser sollten aber keine Mühe haben, sie um zusätzliche Konstrukte zu erweitern. Die kontextfreie Grammatik von *Taste* sieht wie folgt aus:

```
Taste     = "program" ident "{" { VarDecl | ProcDecl } "}".
VarDecl   = Type ident { "," ident } ";".
Type      = "int" | "bool".
ProcDecl  = "void" ident "(" ")" Block.
Block     = "{" { Stat | VarDecl } "}".
Stat      = ident ( "=" Expr ";"
                  | "(" ")" ";"
                  )
          | "if" "(" Expr ")" Stat [ "else" Stat ]
          | "while" "(" Expr ")" Stat
          | "read" ident ";"
          | "write" Expr ";"
          | Block.
Expr      = SimExpr [ RelOp SimExpr ].
SimExpr   = Term { AddOp Term }.
Term      = Factor { MulOp Factor }.
Factor    = ident | number | "-" Factor | "true" | "false".
RelOp     = "==" | "<" | ">".
AddOp     = "+" | "-".
MulOp     = "*" | "/".
```

Abstrakte Syntaxbäume für Ausdrücke

Bei Ausdrücken unterscheiden wir zwischen *binären Ausdrücken*, *unären Ausdrücken* und *Blattknoten* (siehe Abb. 7.8).

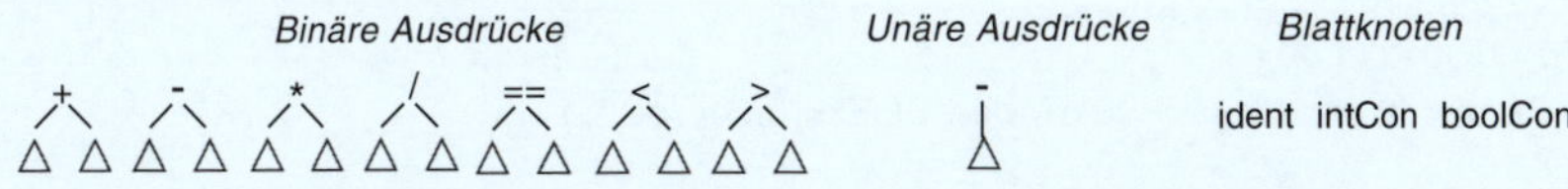

Abb. 7.8 *ASTs für binäre Ausdrücke, unäre Ausdrücke und Blattknoten*

Wie wir bereits gesehen haben, wird jeder Knoten des AST durch ein Objekt einer Klasse dargestellt, die von Node abgeleitet ist. Somit brauchen wir Klassen für binäre Ausdrücke, unäre Ausdrücke und Blattknoten sowie einen Enumerationstyp für die verschiedenen Operatoren:

```
abstract class Expr extends Node {}
class BinExpr extends Expr {
  Operator op;
  Expr left, right;
  BinExpr (Expr e1, Operator op, Expr e2) { this.op = op; left = e1; right = e2; }
}
class UnaryExpr extends Expr {
  Operator op:
  Expr e;
  UnaryExpr (Operator op, Expr e) { this.op = op; this.e = e; }
}
class Ident extends Expr {
  Obj obj;
  Ident (Obj obj) { this.obj = obj; }
}
class IntCon extends Expr {
  int val;
  IntCon (int val) { this.val = val; }
}
class BoolCon extends Expr {
  boolean val;
  BoolCon (boolean val) { this.val = val; }
}
enum Operator {EQU, LSS, GTR, ADD, SUB, MUL, DIV}
```

Mithilfe einer attributierten Grammatik bauen wir nun ASTs für Ausdrücke auf. Die Nonterminalsymbole liefern dabei Teil-ASTs, die mittels der Konstruktoren der oben beschriebenen Klassen zu neuen ASTs zusammengesetzt werden.

```
Expr <out Expr e>          (. Operator op; Expr e2; .)
= SimExpr <out e>
  [ RelOp <out op>
    SimExpr <out e2>       (. e = new BinExpr(e, op, e2); .)
  ].

SimExpr <out Expr e>       (. Operator op; Expr e2; .)
= Term <out e>
  { AddOp <out op>
    Term <out e2>          (. e = new BinExpr(e, op, e2); .)
  }.

Term <out Expr e>          (. Operator op; Expr e2; .)
= Factor <out e>
  { MulOp <out op>
    Factor <out e2>        (. e = new BinExpr(e, op, e2); .)
  }.
```

```
Factor <out Expr e>            (. String name; .)
=                              (. e = null; .)
( Ident <out name>             (. e = new Ident(curProc.find(name)); .)
| number                       (. e = new IntCon(Integer.parseInt(t.val)); .)
| "-" Factor <out e>           (. e = new UnaryExpr(Operator.SUB, e); .)
| "true"                       (. e = new BoolCon(true); .)
| "false"                      (. e = new BoolCon(false); .)
).

Ident <out String name>
= ident                        (. name = t.val; .).

AddOp <out Operator op>
=
( "+"                          (. op = Operator.ADD; .)
| "-"                          (. op = Operator.SUB; .)
).

MulOp <out Operator op>
=
( "*"                          (. op = Operator.MUL; .)
| "/"                          (. op = Operator.DIV; .)
).

RelOp <out Operator op>
=
( "=="                         (. op = Operator.EQU; .)
| "<"                          (. op = Operator.LSS; .)
| ">"                          (. op = Operator.GTR; .)
).
```

Die Grammatik sollte im Prinzip ohne Erklärungen verständlich sein. Factor liefert jeweils ein Blatt des Baums, Expr, SimExpr und Term setzen Teilbäume zu neuen Bäumen zusammen. Der Aufruf curProc.find(name) sucht einen Namen im Scope der aktuellen Prozedur und liefert einen Objektknoten vom Typ Obj, was auf Seite 202 noch genauer erklärt wird. Abb. 7.9 zeigt den AST für den Ausdruck -3 * x + y.

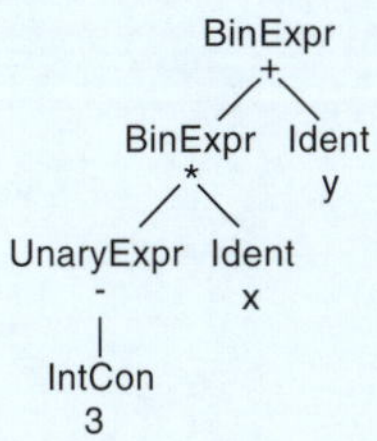

Abb. 7.9 *AST für den Ausdruck -3 * x + y*

Abstrakte Syntaxbäume für Anweisungen

Für jede Anweisungsart gibt es einen AST-Knoten, der die Wurzel eines Teilbaums für diese Anweisung darstellt. Abb. 7.10 zeigt die verschiedenen Anweisungsarten und ihre Teilbäume.

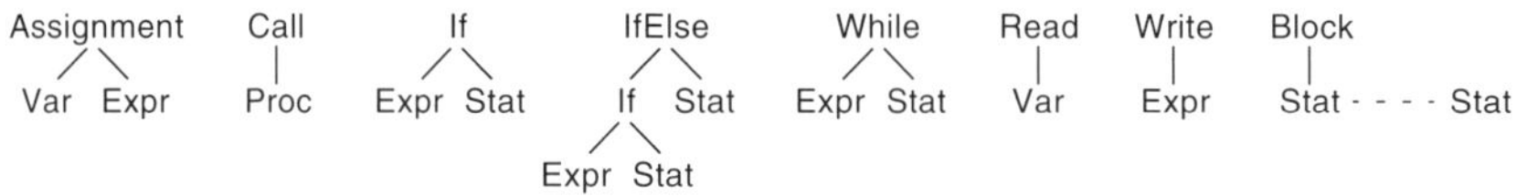

Abb. 7.10 *ASTs für Anweisungen*

Die dazu nötigen Knotenklassen deklarieren wir wie folgt (die Klassen für Var und Proc stehen auf Seite 202):

```
abstract class Stat extends Node {}
class Assignment extends Stat {
   Var left;
   Expr right;
   Assignment (Var v, Expr e) { left = v; right = e; }
}
class Call extends Stat {
   Proc proc;
   Call (Proc p) { proc = p; }
}
class If extends Stat {
   Expr cond;
   Stat stat;
   If (Expr e, Stat s) { cond = e; stat = s; }
}
class IfElse extends Stat {
   Stat ifPart;
   Stat elsePart;
   IfElse (Stat i, Stat e) { ifPart = i; elsePart = e; }
}
class While extends Stat {
   Expr cond;
   Stat stat;
   While (Expr e, Stat s) { cond = e; stat = s; }
}
class Read extends Stat {
   Var var;
   Read (Var v) { var = v; }
}
class Write extends Stat {
   Expr e;
   Write (Expr e) { this.e = e; }
}
```

```
class Block extends Stat {
   List<Stat> stats = new ArrayList<Stat>();
   void add (Stat s) { stats.add(s); }
}
```

Die folgende attributierte Grammatik baut die ASTs für Anweisungen auf:

```
Block <out Block b>              (. Stat s; .)
= "{"                            (. b = new Block(); .)
  { Stat <out s>                 (. b.add(s); .)
  | VarDecl
  }
  "}" .

Stat <out Stat s>                (. String name; Expr e; Stat s2; Block b; .)
=                                (. s = null; .)
( Ident <out name>               (. Obj obj = curProc.find(name); .)
  ( "=" Expr <out e> ";"         (. s = new Assignment((Var)obj, e); .)
  | "(" ")" ";"                  (. s = new Call((Proc)obj); .)
  )
| "if" "(" Expr <out e> ")"
  Stat <out s>                   (. s = new If(e, s); .)
  [ "else" Stat <out s2>         (. s = new IfElse(s, s2); .)
  ]
| "while" "(" Expr <out e> ")"
  Stat <out s>                   (. s = new While(e, s); .)
| "read" Ident <out name> ";" (. s = new Read((Var)curProc.find(name)); .)
| "write" Expr <out e> ";"       (. s = new Write(e); .)
| Block <out b>                  (. s = b; .)
).
```

Für folgendes *Taste*-Programmstück

```
{  if (x > y) max = x; else max = y;
   while (max > 0) { z = max / 10; write max - 10 * z; max = z; }
}
```

wird der in Abb. 7.11 dargestellte AST erzeugt.

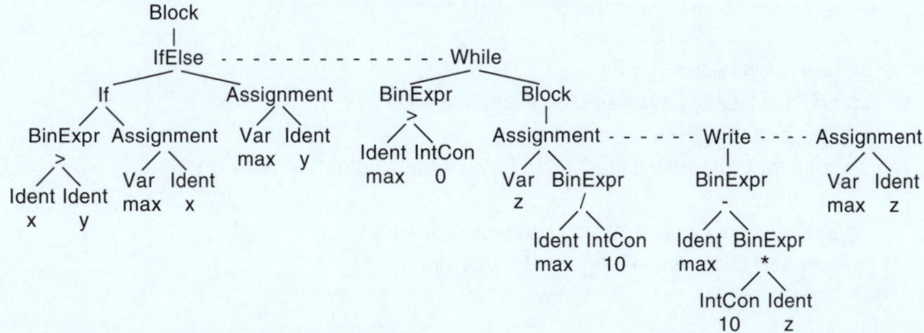

Abb. 7.11 *AST für obiges Programmstück*

Abstrakte Syntaxbäume für Deklarationen und Prozeduren

Deklarierte Namen werden normalerweise in die Symbolliste eingetragen (Kapitel 5). In unserem Beispiel integrieren wir sie aber als spezielle Knoten in den AST. In *Taste* gibt es zwei Arten von Deklarationen: Variablen und Prozeduren. Wir deklarieren also die Knotenklassen Var und Proc, die von einer allgemeinen Klasse Obj abgeleitet sind. Knoten der Art Proc verwalten eine Liste lokaler Variablen. Sie stellen gewissermaßen einen Scope der Symbolliste dar mit den Methoden insert zum Einfügen und find zum Suchen von Namen. Für Objekte wird auch ihr Typ (INT oder BOOL) gespeichert. Für Prozeduren verwenden wir den Typ VOID.

```
class Obj extends Node {   // any declared object that has a name
  String name;             // name of this object
  Type type;               // type of this object (VOID for procedures)
  Obj (String s, Type t) { name = s; type = t; }
}

class Var extends Obj {    // variable
  int adr;                 // address in memory
  Var (String name, Type type) { super(name, type); }
}

class Proc extends Obj {   // procedure (also used for the program)
  List<Obj> locals;        // objects declared in this procedure
  int nVars = 0;           // number of variables in this procedure == next free address
  Block block;             // block of this procedure (null for the program, which has no block)
  Proc program;            // link to the Proc node of the main program or null

  Proc (String name, Proc program) {
    super(name, Type.VOID);
    locals = new ArrayList<Obj>();
    this.program = program;
  }

  void insert (Obj obj) {
    for (Obj x: locals) {
      if (x.name.equals(obj.name)) SemErr(obj.name + " declared twice");
    }
    locals.add(obj);
    if (obj instanceof Var) ((Var)obj).adr = nVars++;
  }

  Obj find (String name) {
    for (Obj x: locals) { if (x.name.equals(name)) return x; }
    if (program != null) {
      for (Obj x: program.locals) { if (x.name.equals(name)) return x; }
    }
    SemErr(name + " undeclared"); // name not found
    return new Obj("_undef", Type.INT); // error object
  }
}

enum Type { VOID, INT, BOOL }
```

Folgende attributierte Grammatik verarbeitet Deklarationen und trägt deklarierte Namen in die Symbolliste ein:

```
Taste                         (. String name; .)
= "program" Ident <out name>  (. curProc = new Proc(name, null); .)
  "{"
  { VarDecl | ProcDecl }
  "}" .

VarDecl                       (. String name; Type type; .)
= Typ <out type>
  Ident <out name>            (. curProc.insert(new Var(name, type)); .)
  { "," Ident <out name>      (. curProc.insert(new Var(name, type)); .)
  }
  ";" .

Typ <out Type type>
= ( "int"                     (. type = Type.INT; .)
  | "bool"                    (. type = Type.BOOL; .)
  ) .

ProcDecl                      (. String name; .)
= "void" Ident <out name>     (. Proc program = curProc;
                                 curProc = new Proc(name, program);
                                 program.insert(curProc); .)
  "(" ")"
  Block <out curProc.block>   (. curProc = program; .) .
```

Für das Programmfragment

```
program Sample {
  int x;
  bool y;
  void foo() { int a, b; ... }
  void bar() { int c, d; ... }
}
```

wird der in Abb. 7.12 dargestellte AST erzeugt.

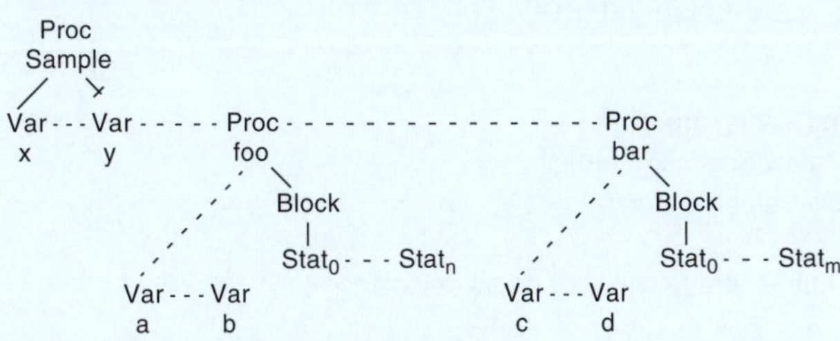

***Abb. 7.12** AST für obiges Programmstück*

Abb. 7.13 zeigt zusammenfassend die Hierarchie der Knotenklassen des AST.

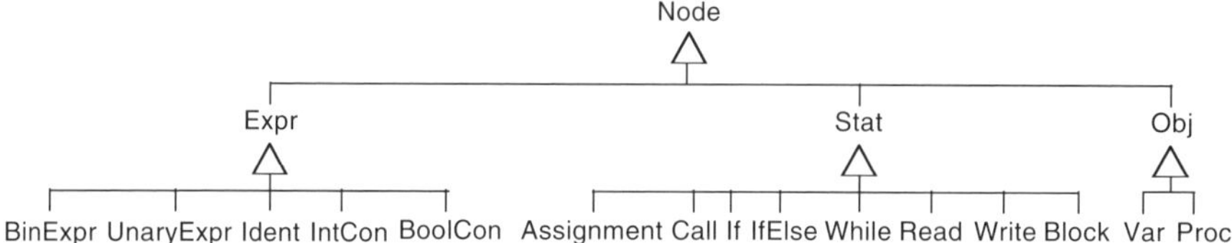

Abb. 7.13 *Knotenklassen des AST*

Wir haben nun alle Sprachteile von *Taste* behandelt und gezeigt, wie man sie in abstrakte Syntaxbäume übersetzt. Die dafür verwendeten Produktionen der attributierten Grammatik müssen wir nur noch in die Compilerbeschreibung für Coco/R einfügen. Was dann noch fehlt ist die Scannerbeschreibung. Die beiden einzigen Terminalsymbole, die wir dort deklarieren müssen, sind ident und number; alle anderen Terminalsymbole sind Literale. Die Compilerbeschreibung sieht somit wie folgt aus:

```
COMPILER Taste
   Proc curProc; // current program unit (procedure or main program)
CHARACTERS
   letter  = 'A' .. 'Z' + 'a' .. 'z'.
   digit   = '0' .. '9'.
TOKENS
   ident   = letter {letter | digit}.
   number= digit {digit}.
COMMENTS FROM "//" to "\r\n"
IGNORE '\t' + '\r' + 'n'
PRODUCTIONS
   ... // productions as described above
END Taste.
```

Die Klassen für die AST-Knoten können wir entweder direkt in den globalen semantischen Deklarationen der Compilerbeschreibung angeben oder sie in eigenen Dateien speichern. Wir brauchen noch ein Hauptprogramm, das ähnlich zum Hauptprogramm in den vorangegangenen Beispielen ist:

```
class Taste {
   public static void main (String[] arg) {
      Scanner scanner = new Scanner(arg[0]);
      Parser parser = new Parser(scanner);
      parser.Parse();
      System.out.println(parser.errors.count + " errors detected");
   }
}
```

Abschließend ist die Compilerbeschreibung wieder mit Coco/R zu verarbeiten, und der erzeugte Scanner und der Parser sind samt den Java-Dateien für die Klassen der AST-Knoten zu compilieren:

```
java -jar Coco.jar Taste.atg
javac Scanner.java Parser.java Taste.java ...
```

Der *Taste*-Compiler kann dann wie folgt aufgerufen werden:

```
java Taste inputFile.tas
```

Wer den *Taste*-Compiler ausprobieren und damit weiter experimentieren will, kann die nötigen Dateien von [Download] herunterladen.

Zusammenfassung

Wir haben in den Beispielen dieses Kapitels gesehen, dass Coco/R ein nützliches Werkzeug ist, um Compiler oder compilerähnliche Programme aus einer kompakten Compilerbeschreibung zu generieren. Coco/R und die in diesem Buch beschriebenen Techniken des Compilerbaus können immer dann eingesetzt werden, wenn eine syntaktisch strukturierte Eingabe vorliegt, die durch eine Grammatik beschrieben werden kann. Beispiele solcher Anwendungen sind (neben Compilern im engeren Sinne):

- Compiler für domänenspezifische Sprachen
- Werkzeuge für die statische Programmanalyse
- Werkzeuge für die Berechnung von Metriken aus dem Quellcode
- Werkzeuge zur Instrumentierung von Quellcode
- Werkzeuge zur Analyse von Logdateien
- Werkzeuge zur Verarbeitung von Messdatenreihen

Coco/R basiert auf attributierten Grammatiken, die die LL(*)-Eigenschaft erfüllen, bei denen also Alternativen durch einen beliebig weiten Vorgriff oder durch semantische Informationen unterschieden werden können. Das macht Coco/R zu einem mächtigen Werkzeug für viele Anwendungen auch außerhalb des eigentlichen Compilerbaus.

7.6 Übungsaufgaben

Für die Aufgaben in diesem Kapitel soll Coco/R verwendet werden. Laden Sie dazu von https://ssw.jku.at/coco/ die Dateien Coco.jar, Scanner.frame und Parser.frame (für Java) herunter und speichern Sie sie im gleichen Verzeichnis wie die Compilerbeschreibung, die Sie für die jeweilige Aufgabe erstellen.

1. *Pfadberechnung*. Gegeben sei eine Textdatei mit einer Folge von Punkten mit Koordinaten im Format (n, m), wobei n und m ganzzahlige Konstanten sind. Stellen Sie eine Grammatik dieser Punktfolge auf und schreiben Sie mittels Coco/R ein Programm, das die Länge des Pfades vom ersten bis zum letzten Punkt berechnet und ausgibt.

2. *Interpreter für boolesche Ausdrücke*. In Übungsaufgabe 7 von Kapitel 4 haben wir eine Skriptsprache für boolesche Ausdrücke spezifiziert und ihre Ausführung durch eine attributierte Grammatik beschrieben. Implementieren Sie nun mittels Coco/R einen Interpreter, der Programme dieser Skriptsprache verarbeitet und ausführt. Es soll dabei kein Code erzeugt werden, sondern die Anweisungen sollen direkt nach ihrer Erkennung ausgeführt werden.

   Als Parserbeschreibung können Sie die in Übungsaufgabe 7 von Kapitel 4 entwickelte attributierte Grammatik in Coco/R-Notation verwenden. Als Scannerbeschreibung brauchen wir lediglich eine Spezifikation des Terminalsymbols ident. Verwalten Sie die Symbolliste in einer Hashtabelle, die in den globalen semantischen Deklarationen der Compilerbeschreibung deklariert wird. Schreiben Sie ein Hauptprogramm, das wie auf Seite 204 einen Scanner und einen Parser erzeugt und die Syntaxanalyse (und damit den Interpreter) startet. Das Hauptprogramm soll den Namen der Datei mit dem Skript-Programm als Kommandozeilenparameter entgegennehmen.

   Erzeugen Sie mittels Coco/R aus der Compilerbeschreibung einen Scanner und einen Parser, und übersetzen Sie die beiden zusammen mit dem Hauptprogramm, um den lauffähigen Interpreter zu erhalten.

3. *Einlesen eines Telefonbuches*. Personen und ihre Telefonnummern seien wie folgt in einer Textdatei gespeichert:

```
Mustermann, Karl Otto
   home +49 (6221) 24684567,
   work (0151) 234567
Meier, Anna
   23456789
...
```

   Jeder Eintrag beginnt mit einem Nachnamen, einem Komma und einem oder mehreren Vornamen. Darauf folgt eine durch Kommas getrennte Liste von Telefonnummern, die eine der folgenden Formen haben kann:

+49 (6221) 24684567	Ländercode, Vorwahl in Klammern ohne 0, Nummer
(0151) 234567	Vorwahl in Klammern, Nummer
23456789	Nummer ohne Ländercode und ohne Vorwahl

   Vor jeder Telefonnummer kann die Angabe "home" oder "work" stehen. Wenn sie fehlt, wird "home" angenommen. Wenn der Ländercode fehlt, wird "+49" angenommen, wenn die Vorwahl fehlt, wird "030" angenommen.

   a) Beschreiben Sie die Struktur dieser Textdatei durch eine kontextfreie Grammatik.

   b) Attributieren Sie diese Grammatik, sodass die Namen und Telefonnummern gelesen und in einer geeigneten Datenstruktur gespeichert werden. Geben Sie diese Datenstruktur zur Kontrolle aus. Erzeugen Sie mittels

Coco/R ein Programm, das die Eingabedatei liest, daraus die besagte Datenstruktur aufbaut und diese zur Kontrolle ausgibt.

4. *Komplexitätsanalyse.* Um die Komplexität eines Programms zu ermitteln, werden oft aus seinem Quelltext Maßzahlen errechnet, die eine Einschätzung erlauben, wie schwer ein Programm zu verstehen und zu warten ist. Es gibt verschiedene Komplexitätsmaße, aber wir wollen hier eines definieren, das die Komplexität einzelner MicroJava-Methoden aus ihren Anweisungen berechnet. Dazu legen wir für jede Anweisungsart ihre Grundkomplexität fest:

   - Zuweisung 1
   - Methodenaufruf 2
   - ++ oder -- 1
   - if-Anweisung 1 + Komplexität der geschachtelten Anweisungen
   - while-Anweisung 1 + Komplexität der geschachtelten Anweisungen
   - break-Anweisung 5
   - return-Anweisung 1
   - read-Anweisung 1
   - print-Anweisung 1

   Die Komplexität einer Methode ist die Summe der Komplexitäten ihrer Anweisungen. Da Schachtelungen die Komplexität erhöhen, wird die Komplexität geschachtelter Anweisungen mit dem Faktor 2 multipliziert. Die Anweisung

   ```
   if (x > 0) val = 1; else val = 2;
   ```

   hat zum Beispiel die Gesamtkomplexität 5: Jede Zuweisung hat die Grundkomplexität 1, die hier mit dem Faktor 2 multipliziert wird, was insgesamt 4 ergibt; dazu kommt die Grundkomplexität 1 der if-Anweisung. Falls die if-Anweisung selbst eingeschachtelt ist, wird ihre Gesamtkomplexität wieder mit dem Faktor 2 multipliziert, usw.

   Implementieren Sie mittels Coco/R ein Programm, das die Komplexität aller darin enthaltenen Methoden berechnet und ausgibt. Verwenden Sie als Parserbeschreibung die MicroJava-Grammatik aus Anhang A und attributieren Sie sie so, dass die Komplexität von Methoden aus den Grundkomplexitäten ihrer Anweisungen berechnet wird. Funktionsaufrufe in Ausdrücken können Sie dabei ignorieren.

5. *Extraktion von Dokumentationskommentaren.* Für Java gibt es ein Werkzeug *javadoc*, das aus einem Java-Quellprogramm Dokumentationskommentare extrahiert. Wir wollen ein ähnliches Werkzeug für MicroJava implementieren. Ein Dokumentationskommentar beginnt mit /** und endet mit */. Dazwischen dürfen beliebige Texte stehen, aber der Kommentar darf nicht geschachtelt werden. In MicroJava sollen Dokumentationskommentare vor die Deklara-

tion von Konstanten, Variablen, Klassen und Methoden gesetzt werden können. Im Kommentar können *Tags* vorkommen, von denen wir hier nur zwei implementieren, und zwar für Dokumentationskommentare, die vor Methodendeklarationen stehen:

@param ident ... *Text* ...
@returns ... *Text* ...

Das @param-Tag beschreibt einen Parameter namens ident, das @returns-Tag die Bedeutung des Rückgabewerts einer Methode. Die Texte gehen bis zum nächsten Tag oder bis zum Ende des Dokumentationskommentars.

Implementieren Sie mittels Coco/R ein Werkzeug, das aus einem MicroJava-Programm alle Dokumentationskommentare extrahiert und zusammen mit dem Namen des so kommentierten Sprachelements (Konstante, Variable, Klasse oder Methode) ausgibt. Tags und ihre Bestandteile sollen dabei ebenfalls gelistet werden.

Sie brauchen nur die relevanten Teile eines MicroJava-Programms durch eine Grammatik beschreiben. Irrelevante Teile können durch {ANY} überlesen werden (»Fuzzy Parsing«, siehe Seite 180).

8 Exkurs: Bottom-up-Syntaxanalyse

In Abschnitt 3.2 haben wir die Top-down-Syntaxanalyse mittels rekursivem Abstieg kennengelernt. Der rekursive Abstieg ist einfach und reicht für die meisten Grammatiken aus (eventuell nach Umformung der Grammatik oder mit Vorgriff um mehrere Symbole). Außerdem ist es das einzige Syntaxanalyseverfahren, das manuell (d.h. ohne Werkzeuge) implementierbar ist.

Wir wollen uns nun aber noch ein alternatives Syntaxanalyseverfahren ansehen, das *bottom-up* vorgeht und den Vorteil hat, dass damit eine größere Menge von Grammatiken (ohne Umformung) analysierbar ist. Allerdings hat es den Nachteil, dass man zur Generierung der dafür nötigen Parsertabellen Werkzeuge (Parsergeneratoren) braucht und der Semantikanschluss komplizierter und weniger mächtig ist.

8.1 Arbeitsweise eines Bottom-up-Parsers

Im Gegensatz zu einem Top-down-Parser baut ein Bottom-up-Parser den Syntaxbaum eines Programms von unten nach oben auf. Außerdem werden hier Grammatiken in reiner BNF (eventuell mit Alternativen) verarbeitet und keine Grammatiken in EBNF. Sehen wir uns das anhand eines Beispiels an. Die folgende Grammatik

```
S = X Y | S X Y.
X = a | a a b.
Y = b | b b a.
```

ist nicht LL(1), weil die erste Produktion linksrekursiv ist und die weiteren Produktionen Alternativen mit gleichen terminalen Anfängen haben. Um diese Grammatik mit dem rekursiven Abstieg analysieren zu können, müsste man sie umformen. Für einen Bottom-up-Parser stellt sie allerdings kein Problem dar und kann ohne Umformung analysiert werden. Zur Analyse des Eingabesatzes

```
a b b a a b
```

wird der Syntaxbaum schrittweise wie in Abb. 8.1 gezeigt von unten nach oben aufgebaut, wobei mit Reduktionen statt mit Ableitungen gearbeitet wird.

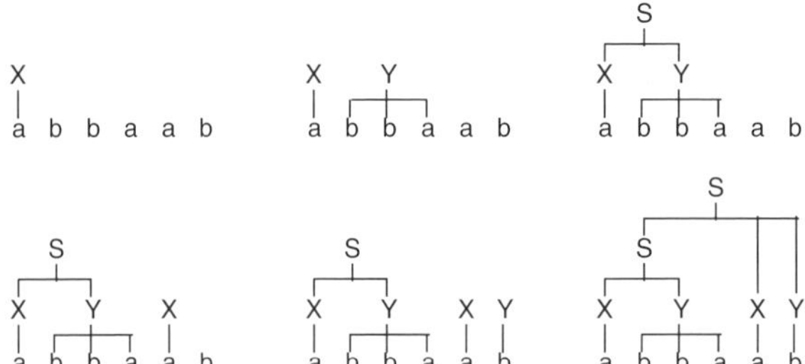

Abb. 8.1 *Aufbau eines Syntaxbaums von unten nach oben*

Zuerst wird a zu X reduziert, dann b b a zu Y und schließlich X Y zu S. Anschließend wird das nächste a zu X reduziert, dann b zu Y und schließlich S X Y zu S. Der Eingabesatz ist somit erkannt, und der Syntaxbaum wurde bottom-up aufgebaut.

Wie geht der Parser vor, um zu entscheiden, welche Teile des Eingabesatzes er reduzieren soll? Er folgt dabei der Arbeitsweise eines Kellerautomaten, die wir in Abschnitt 3.1 kennengelernt haben. Für den Eingabesatz

a b b a a b #

(wobei # das eof-Symbol darstellt) führt der Parser folgende Aktionen aus und benutzt dazu einen Keller, um darin Teile der bereits gelesenen Eingabe zu speichern:

Keller	*Eingabe*	*Aktion*
	a b b a a b #	lies
a	b b a a b #	reduziere *a* zu *X*
X	b b a a b #	lies
X b	b a a b #	lies (nicht reduzieren, weil der Parser sonst in eine Sackgasse läuft)
X b b	a a b #	lies
X b b a	a b #	reduziere *b b a* zu *Y*
X Y	a b #	reduziere *X Y* zu *S*
S	a b #	lies
S a	b #	reduziere *a* zu *X*
S X	b #	lies
S X b	#	reduziere *b* zu *Y*
S X Y	#	reduziere *S X Y* zu *S*
S	#	Satz erkannt (Keller enthält Startsymbol, Eingabe leer)

Die Aktion »lies« schiebt das nächste Eingabesymbol in den Keller, die Aktion »reduziere« reduziert einen Teil des Kellerendes (den sogenannten *Ansatz*) zu einem Nonterminalsymbol. Welcher Teil des Kellerendes als Ansatz betrachtet werden soll, ergibt sich aus den Parsertabellen (siehe Abschnitt 8.3). In der vierten Zeile wäre es zwar möglich, b zu Y zu reduzieren, aber der Parser würde dadurch in eine Sackgasse geraten. Auch hier wird durch die später noch näher beschriebenen Parsertabellen festgelegt, dass in dieser Situation gelesen und nicht reduziert werden soll.

Wie man sieht, verarbeitet ein Bottom-up-Parser die Eingabe durch wiederholte Ausführung von Lies- und Reduzier-Aktionen. Solche Parser werden daher auch *Shift-Reduce-Parser* genannt. Es gibt noch eine weitere Aktion, die ausgeführt wird, wenn die Eingabe vollständig erkannt ist, sowie eine Aktion, die im Fehlerfall ausgeführt wird. Insgesamt gibt es somit folgende vier Aktionen:

- *shift* lies und kellere das nächste Eingabesymbol
- *reduce* reduziere das Kellerende zu einem Nonterminalsymbol
- *accept* Satz erkannt (nur bei S . #)
- *error* keine andere Aktion möglich (es erfolgt eine Fehlerbehandlung)

Wie sehen aber nun die Parsertabellen aus? Betrachten wir dazu nochmals die oben verwendete Beispielgrammatik:

```
1 S = X Y.
2 S = S X Y.
3 X = a.
4 X = a a b.
5 Y = b.
6 Y = b b a.
```

Aus dieser Grammatik kann, wie in Abschnitt 3.1 gezeigt, ein Kellerautomat abgeleitet werden, und aus dem Automaten wiederum eine Zustandsübergangstabelle (Abb. 8.2). Diese Tabelle wird vom Parser für die Syntaxanalyse verwendet.

Kellerautomat

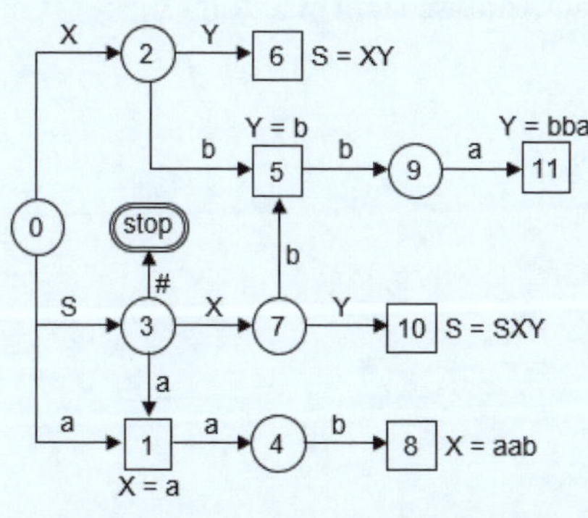

Zustandsübergänge (Parsertabelle)

	T-Symbole			*NT-Symbole*		
	a	b	#	S	X	Y
0	s1	-	-	s3	s2	-
1	s4	r3	-	-	-	-
2	-	s5	-	-	-	s6
3	s1	-	acc	-	s7	-
4	-	s8	-	-	-	-
5	r5	s9	r5	-	-	-
6	r1	-	r1	-	-	-
7	-	s5	-	-	-	s10
8	-	r4	-	-	-	-
9	s11	-	-	-	-	-
10	r2	-	r2	-	-	-
11	r6	-	r6	-	-	-

Abb. 8.2 *Kellerautomat und daraus resultierende Parsertabelle*

Die Tabelle enthält für jeden Zustand (Zeile) und für jedes Symbol (Spalte) die auszuführende Aktion, die eine der folgenden Formen annehmen kann:

- sn *shift n* konsumiere das Symbol und gehe in den Zustand *n* über
- rp *reduce p* reduziere nach Produktion *p*
- acc *accept* der Satz wurde erfolgreich erkannt
- \- *error* das aktuelle Symbol kann nicht erkannt werden

Sehen wir uns nun an, wie der Parser mithilfe dieser Tabelle den Satz a b b a a b # erkennt. Er speichert dazu in seinem Keller die durchlaufenen Zustände (nicht die bereits verarbeiteten Symbole, wie oben vereinfachend beschrieben) und beginnt im Zustand 0 mit der noch unverarbeiteten Eingabe:

Keller	*Eingabe*	*Aktion*
0	**a** b b a a b #	s1

Er schlägt mit dem aktuellen Zustand 0 und dem nächsten Eingabesymbol a in der Tabelle nach und findet dort die Aktion s1. Das Symbol a wird daher konsumiert und der Parser geht in den Zustand 1 über, den er an den Keller anfügt:

0 **1**	**b** b a a b #	r3 (X = a)

Im Zustand 1 mit dem Symbol b lautet die Aktion r3 ; es soll also nach der Produktion 3 (X = a) reduziert werden. Dazu kellert der Parser so viele Zustände aus, wie die rechte Seite der Produktion lang ist (also 1 Zustand) und fügt dann das Nonterminalsymbol, zu dem reduziert wurde, vorne in den Eingabestrom ein:

0	**X** b b a a b #	s2

Im Zustand 0 findet mit X laut Tabelle die Aktion s2 statt, d.h., X wird konsumiert und der Automat geht in den Zustand 2 über (nach einer Reduktion findet übrigens immer ein Shift mit dem erkannten Nonterminalsymbol statt):

0 **2**	b b a a b #	...

Auf diese Weise wird die gesamte Eingabe verarbeitet, wobei der Parser mithilfe der Tabelle gesteuert wird. Die vollständige Analyse sieht wie folgt aus:

Keller		*Eingabe*	*Aktion*
0		**a** b b a a b #	s1
0 **1**		**b** b a a b #	r3 (X = a)
0	**X**	b b a a b #	s2
0 **2**		**b** b a a b #	s5
0 2 **5**		**b** a a b #	s9
0 2 5 **9**		**a** a b #	s11
0 2 5 9 **11**		**a** b #	r6 (Y = bba)
0 **2**	**Y**	a b #	s6
0 2 **6**		**a** b #	r1 (S = XY)
0	**S**	a b #	s3
0 **3**		**a** b #	s1
0 3 **1**		**b** #	r3 (X = a)
0 **3**	**X**	b #	s7
0 3 **7**		**b** #	s5
0 3 7 **5**		**#**	r5 (Y = b)
0 3 **7**	**Y**	#	s10
0 3 7 **10**		**#**	r2 (S = SXY)
0	**S**	#	s3
0 **3**		**#**	acc

Die letzte Aktion ist ein *Accept* (acc), wodurch signalisiert wird, dass die Eingabe erkannt wurde. Man kann die Aktionen des Parsers im Kellerautomaten aus Abb. 8.2 nachverfolgen, um zu verstehen, wie sich der Parser durch den Automaten bewegt. Bei jeder Reduktion baut er einen Teil des Syntaxbaums auf (siehe Abb. 8.1), wobei dies wie beim rekursiven Abstieg nur ein gedachter Vorgang ist – ein Syntaxbaum als Datenstruktur entsteht dadurch nicht.

Wenden wir uns nun dem Parser als Programm zu. Er wird durch drei Tabellen gesteuert: die Tabelle action mit den Parseraktionen (siehe Abb. 8.2), die Tabelle length, in der für jede Produktion die Länge der rechten Seite codiert ist, sowie die Tabelle leftSide, in der für jede Produktion das Nonterminalsymbol der linken Seite steht. Die Produktionen und die Nonterminalsymbole werden dazu fortlaufend durchnummeriert. Die Parseraktionen werden hier aus Platzgründen in short-Einträgen gespeichert, bei denen das erste Byte die Art der Aktion (shift, reduce, accept, error) und das zweite Byte den Operanden der Aktion enthält.

```
void parse() {
    short[][] action = { {...}, {...}, ...}; // state transition table
    byte[]  length = { ... };                // production lengths
    byte[]  leftSide = { ... };              // left side NTS of every production
    int     state;                           // current state
    int     sym;                             // next input symbol
    int     op, n, a;
    clearStack();
    state = 0; sym = next(); // get next symbol from scanner
    for (;;) {
        push(state);
        a = action[state][sym]; op = a / 256; n = a % 256;
        switch (op) {
            case shift:     // shift n
                state = n; sym = next(); break;
            case reduce:    // reduce n
                for (int i = 0; i < length[n]; i++) pop();
                a = action[top()][leftSide[n]]; n = a % 256; // shift n
                state = n; break;
            case accept:
                return;
            case error:
                System.exit(1); // error handling see later
        }
    }
}
```

Das Kernstück des Parsers ist eine Schleife, in der bei jedem Durchlauf aus dem aktuellen Zustand state und dem nächsten Eingabesymbol sym mithilfe der Tabelle action die nächste Parseraktion ermittelt wird. Diese Aktion wird in die Aktionsart op (erstes Byte) und den Operanden n (zweites Byte) aufgespalten. Mithilfe einer switch-Anweisung werden dann die vier Aktionen behandelt, und die Schleife beginnt von vorne. Sie wird entweder durch eine accept- oder durch eine error-Aktion verlassen.

Der Parser führt die durchlaufenen Zustände am Keller mit (push(state)) und geht bei einer reduce-Aktion ein Stück des Weges zurück, um mit dem reduzierten Nonterminalsymbol fortzusetzen. Dazu kellert er so viele Zustände aus, wie die Produktion, nach der reduziert wurde, lang ist, und ermittelt dann mit dem obersten Kellerzustand (top()) und dem Nonterminalsymbol, zu dem reduziert wurde (leftSide[n]), den Zustand, in dem fortgefahren werden soll.

Ein Bottom-up-Parser ist also ein tabellengesteuertes Programm, das für alle Grammatiken gleich ist. Die spezifische Grammatik steckt in den Tabellen, mit denen der Parser parametrisiert wird.

8.2 LR-Grammatiken

Bottom-up-Parser werden auch *LR-Parser* genannt. Der Name leitet sich ab von »Erkennung von links nach rechts mit rechtskanonischen Ableitungen«. Solche Parser arbeiten zwar gar nicht mit Ableitungen, sondern mit Reduktionen. Allerdings entsprechen rechtskanonische Ableitungen, bei denen das am weitesten rechts stehende Nonterminalsymbol zuerst abgeleitet wird

S ⇒ S X **Y** ⇒ S **X** b ⇒ S a b ⇒ X **Y** a b ⇒ **X** b b a a b ⇒ a b b a a b

in der Gegenrichtung linkskanonischen Reduktionen, bei denen der am weitesten links stehende Ansatz zuerst reduziert wird, daher ist der Name zwar nicht besonders glücklich gewählt, aber nicht falsch.

Je nachdem, wie weit der Parser bei Reduktionen vorausschaut, unterscheidet man zwischen LR(0)- und LR(1)-Grammatiken.

LR(0)-Grammatiken

Hier benutzt der Parser bei Reduktionen kein Vorgriffssymbol – er reduziert unabhängig vom nächsten Eingabesymbol. Eine Grammatik heißt LR(0),

- wenn es keinen Reduzierzustand gibt, in dem auch ein Shift möglich ist;
- wenn in jedem Reduzierzustand nur nach einer einzigen Produktion reduziert werden kann.

Unsere Beispielgrammatik ist nicht LR(0), weil der Kellerautomat in Abb. 8.2 zwei Zustände (1 und 5) besitzt, in denen sowohl reduziert werden kann als auch ein Shift möglich ist. Man kann also ohne Vorgriffssymbol nicht zwischen Reduce und Shift unterscheiden. LR(0)-Grammatiken haben in der Praxis wenig Bedeutung.

LR(1)-Grammatiken

Hier benutzt der Parser ein Vorgriffssymbol, um zwischen reduce- und shift-Aktionen zu entscheiden. Eine Grammatik heißt LR(1), wenn in jedem Zustand mit 1 Vorgriffssymbol entscheidbar ist,

- ob eine shift- oder eine reduce-Aktion ausgeführt werden soll;
- zu welchem Nonterminalsymbol reduziert werden soll.

Unsere Beispielgrammatik ist LR(1), weil der Kellerautomat aus Abb. 8.2 in den Zuständen 1 und 5 mithilfe eines Vorgriffssymbols entscheiden kann, ob eine shift- oder eine reduce-Aktion erfolgen soll. Ist das Vorgriffssymbol im Zustand 1 ein a, erfolgt ein Shift in den Zustand 4, ansonsten wird reduziert. Ist das Vorgriffssymbol im Zustand 5 ein b, erfolgt ein Shift in den Zustand 9, ansonsten wird reduziert.

LALR(1)-Grammatiken

LR(1)-Grammatiken sind zwar mächtig, führen aber zu großen Parsertabellen. Daher wird in der Praxis eine Variante davon verwendet, die man LALR(1)-Grammatiken (*Lookahead-LR(1)-Grammatiken*) nennt.

LALR(1)-Grammatiken sind eine Teilmenge der LR(1)-Grammatiken. Sie sind nur geringfügig weniger mächtig, haben aber wesentlich kleinere Parsertabellen, weil Zustände mit gleichen Aktionen, aber unterschiedlichen Vorgriffssymbolen verschmolzen werden. Sehen wir uns das anhand der folgenden kleinen Beispielgrammatik an:

```
E = v | E "+" v | "(" E ")".
```

Abb. 8.3 zeigt links den Kellerautomaten, der auf LR(1)-Tabellen basiert, sowie rechts den Kellerautomaten, der LALR(1)-Tabellen benutzt und in dem gewisse Zustände verschmolzen wurden.

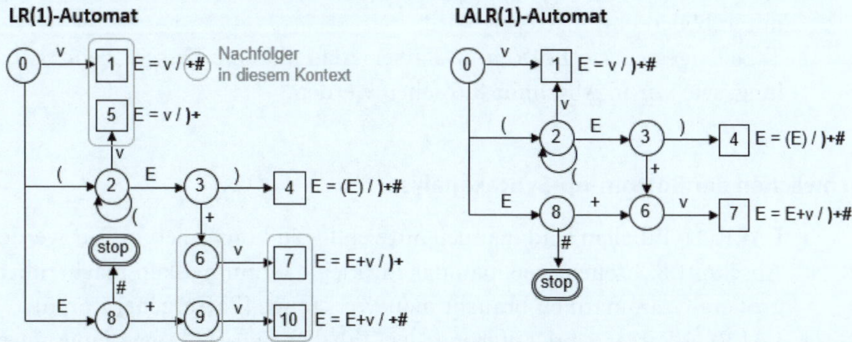

Abb. 8.3 *Kellerautomat nach dem LR(1)- und LALR(1)-Verfahren*

Zunächst einmal sieht man im Zustand 1 des linken Automaten, dass hier nach der Produktion E = v reduziert wird. Man sieht aber auch, dass diese Reduktion nur dann erfolgen kann, wenn im Eingabestrom eines der Symbole + oder # folgt. In Zustand 5 wird ebenfalls nach der Produktion E = v reduziert, allerdings nur dann, wenn) oder + folgt. Man kann die beiden Zustände daher zum Zustand 1 des rechten Automaten verschmelzen, wobei die Nachfolger die Vereinigungsmenge), + und # sind. In ähnlicher Weise kann man die Zustände 6 und 9 sowie die Zustände 7 und 10 des linken Automaten verschmelzen. Wenn durch diese Verschmelzung ein Automat entsteht, bei dem nach wie vor in jedem Zustand durch 1 Vorgriffssymbol entschieden werden kann, ob eine shift- oder eine reduce-Aktion ausgeführt werden soll, ist die Grammatik LALR(1), was hier der Fall ist. Man sieht auch, dass durch die Verschmelzung drei Zustände weggefallen sind und die Parsertabellen dadurch kleiner werden.

Darf man aber die Nachfolgermengen beim Verschmelzen von Reduzierzuständen einfach vereinigen? Was ist, wenn der rechte Automat vom Zustand 0 mit v in den Zustand 1 übergeht und dann ein) folgt? Durch die Reduktion nach E = v geht der Automat in den Zustand 0 zurück und von dort mit E in den Zustand 8, wo aber nur die Symbole + und # erlaubt sind. Wenn dort ein) folgt, wird ein Fehler gemeldet. Der Fehler geht also nicht verloren; er wird lediglich anstatt beim Reduzieren erst beim anschließenden Shift gemeldet.

Stärken der Bottom-up-Syntaxanalyse

- LALR(1)-Grammatiken sind mächtiger als LL(1)-Grammatiken, die beim rekursiven Abstieg verwendet werden. Sie erlauben linksrekursive Produktionen sowie Alternativen mit gleichen terminalen Anfängen. Man kann solche Grammatiken daher für die Bottom-up-Syntaxanalyse verwenden, ohne sie vorher umformen zu müssen.
- LALR(1)-Parser sind kompakter als Parser im rekursiven Abstieg. Die Tabellen benötigen allerdings viel Speicherplatz.
- Der oben gezeigte Bottom-up-Parser ist ein universeller Algorithmus, der mit Tabellen parametrisiert wird.
- Tabellengesteuerte Bottom-up-Parser erlauben eine bessere Fehlerbehandlung, wie wir in Abschnitt 8.6 sehen werden.

Schwächen der Bottom-up-Syntaxanalyse

- LALR(1)-Tabellen sind manuell aufwendig zu konstruieren. Wir werden in Abschnitt 8.3 sehen, wie man das für kleine Grammatiken macht, aber für größere Grammatiken braucht man Werkzeuge (Parsergeneratoren).
- LALR(1)-Parser sind aufgrund des Tabellenzugriffs etwas langsamer als Parser im rekursiven Abstieg.

- Der Semantikanschluss ist bei Bottom-up-Parsern komplizierter und weniger mächtig als bei Parsern im rekursiven Abstieg (siehe Abschnitt 8.5).
- Die Analyse ist bei Bottom-up-Parsern umständlich zu verfolgen. Der Parser durchläuft eine Reihe von Zuständen, die aber nur schwer auf die ursprüngliche Grammatik abgebildet werden können.
- LALR(1)-Parser benötigen BNF-Grammatiken, die schwerer lesbar sind als EBNF-Grammatiken, die beim rekursiven Abstieg verwendet werden.

Aus diesen Gründen lohnt sich die Bottom-up-Syntaxanalyse nur bei wirklich komplexen Sprachen, deren Grammatik nur schwer in LL(*)-Form zu bringen ist. Für kleinere Sprachen wie Java oder MicroJava (aber auch für selbst definierte Kommandosprachen) ist der rekursive Abstieg wesentlich einfacher und hat den Vorteil, dass er manuell implementiert werden kann.

8.3 LR-Tabellenerzeugung

Wir haben in Abschnitt 8.2 gesehen, wie der Parser die Zustandsübergangstabelle aus Abb. 8.2 benutzt, um einen Eingabesatz zu analysieren. Aber wie entsteht diese Tabelle? Das sehen wir uns nun in diesem Abschnitt an. Die Parsertabelle kann aus der Grammatik abgeleitet werden, was allerdings ziemlich aufwendig ist und nur für kleine Grammatiken per Hand erfolgen kann. Für größere Grammatiken benötigt man Werkzeuge (Parsergeneratoren).

Nehmen wir an, dass der Parser ein Programm anhand folgender Grammatik analysieren soll:

```
S = a X b
X = c
```

Simulieren wir einmal den Ablauf der Analyse, bei der sich der Parser durch die Grammatik bewegt. Ein Punkt zeigt die momentane Position des Parsers an:

```
S = . a X b
S = a . X b
X = . c      / b
X = c .      / b
S = a X . b
S = a X b .
```

Der Parser beginnt mit der ersten Produktion; der Punkt steht an ihrem Anfang. Nachdem er a erkannt hat, wird der Punkt über a hinwegbewegt und der Parser steht vor X. Wenn er vor einem Nonterminalsymbol steht, steht er aber gleichzeitig auch am Anfang seiner Produktion, hier also vor c, wobei der Nachfolger der Produktion in diesem Kontext b ist. Nun erkennt er c und steht dann am Ende der X-Produktion und somit auch nach X in der übergeordneten Produktion. Schließlich erkennt er noch b, womit die Analyse abgeschlossen ist.

Greifen wir nun so einen Schnappschuss der Analyse heraus und nennen ihn *LR-Item*. Abb. 8.4 zeigt den generellen Aufbau eines LR-Items.

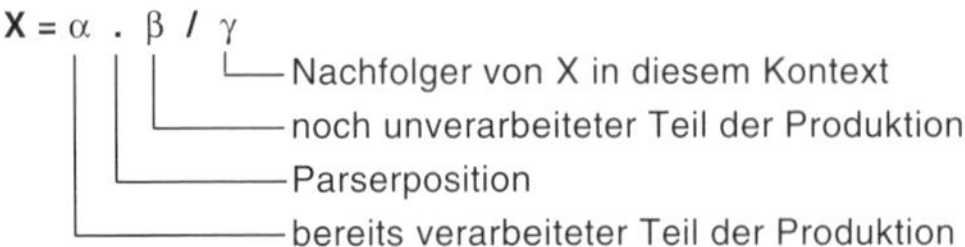

Abb. 8.4 *Bestandteile eines LR-Items*

Es gibt zwei Arten von LR-Items: solche, bei denen der Punkt am Ende der Produktion steht (*Reduce-Items*), und solche, bei denen er nicht am Ende steht (*Shift-Items*). Das Symbol, das unmittelbar auf den Punkt folgt, nennen wir das *Steuersymbol*. Im Shift-Item

X = a . **a** b / c

ist das Steuersymbol a, im Reduce-Item

X = a a b . / **c**

ist das Steuersymbol c (im Prinzip ein beliebiges Symbol aus der Menge der Nachfolger).

Der Parser befindet sich zu jeder Zeit in einem bestimmten *Zustand*, in dem er gleichzeitig an mehreren Items arbeiten kann, zum Beispiel:

```
S = X . Y c   / #
Y = . b       / c
Y = . b b a   / c
```

Ein Zustand wird also durch eine Menge von Items repräsentiert, an denen der Parser gerade arbeitet. Da der Parser im ersten Item vor dem Nonterminalsymbol Y steht, arbeitet er gleichzeitig auch an allen Produktionen von Y, wobei dort der Punkt am Anfang steht und ihre Nachfolger die Nachfolger von Y in diesem Kontext sind (hier also c).

An diesem Beispiel erkennt man bereits die Mächtigkeit der LR-Analyse. Ein Top-down-Parser arbeitet immer nur an einer einzigen Produktion, während ein Bottom-up-Parser mehrere Produktionen parallel verfolgen kann. Abb. 8.5 zeigt, wie ein Bottom-up-Parser zwei Produktionen, die mit den gleichen Terminalsymbolen beginnen, parallel analysieren kann, bis er sich schließlich für eine der beiden entscheiden muss.

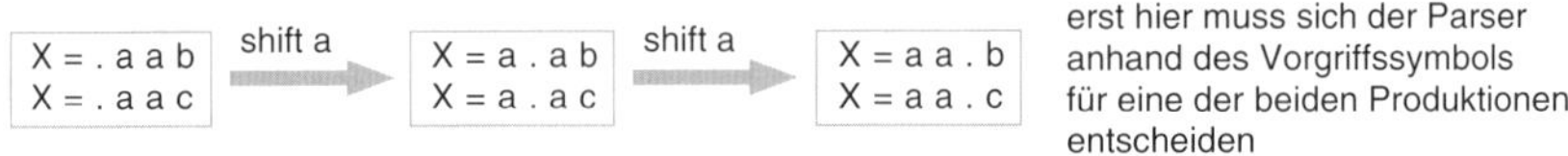

Abb. 8.5 *Parallele Verfolgung von Produktionen durch einen Bottom-up-Parser*

Begriffe

Alle Items eines Zustands, die nicht mit einem Punkt beginnen, nennt man den *Kern* des Zustands. Im obigen Beispiel ist also

```
S = X . Y c / #
```

der Kern. Aus dem Kern kann die *Hülle* (engl. *closure*) des Zustands gebildet werden, indem für alle Items, in denen der Punkt vor einem Nonterminalsymbol steht, die Produktionen dieses Nonterminalsymbols als Items zum Zustand hinzugefügt werden. Wenn die vollständige Grammatik wie folgt aussieht:

```
S = X Y c
X = a
X = a a b
Y = b
Y = b b a
```

dann wird der obige Kern durch Hinzufügen der Y-Produktionen zur Hülle:

```
S = X . Y c   / #
Y = . b       / c
Y = . b b a   / c
```

Der Algorithmus zur Bildung der Hülle aus dem Kern eines Zustands lautet in Pseudocode:

```
foreach (item in state) {
    if (item is of the kind X = α . Y β / γ) {
        add all productions Y = . ω / First(βγ) as new items to state;
    }
}
```

Die Hülle eines Zustands beschreibt nun alle Items, an denen der Parser in diesem Zustand arbeitet. Wenn wir die Hülle eines Zustands gebildet haben, können wir für jedes Steuersymbol s den *Folgezustand* Succ(state, s) ermitteln, in den man aus dem Zustand state mit s gelangt (Abb. 8.6).

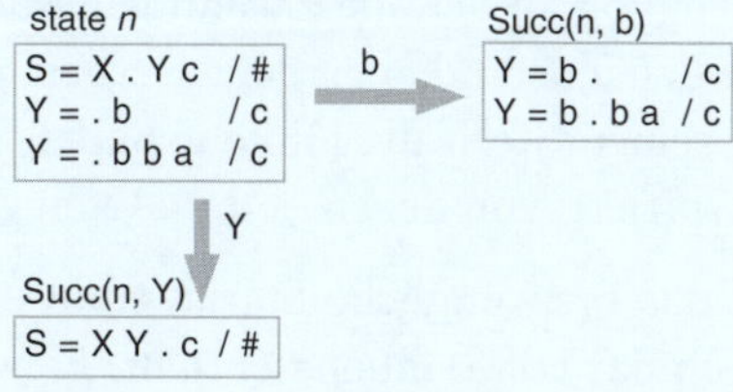

Abb. 8.6 *Ermittlung der Folgezustände und ihrer Item-Mengen*

Die Steuersymbole im Zustand n sind Y und b (die Symbole nach dem Punkt). Der Folgezustand Succ(n, b) enthält alle Items von n mit dem Steuersymbol b, wobei der Punkt über b hinweg bewegt wurde. Der Folgezustand Succ(n, Y) enthält alle Items von n mit dem Steuersymbol Y, wobei der Punkt über Y hinweg bewegt wurde. Die Produktionen in den Folgezuständen werden anschließend parallel weiterverfolgt, wobei ein so gebildeter Folgezustand nur die Kern-Items darstellt, die eventuell noch zur Hülle erweitert werden müssen, was in diesem Beispiel allerdings nicht nötig ist.

Tabellenerzeugungsalgorithmus

Wir sehen uns nun den Algorithmus zur LALR(1)-Tabellenerzeugung an, den wir anschließend auf ein Beispiel anwenden. Der Algorithmus lautet in Pseudocode:

```
Extend the grammar with a pseudo-production S' = S #
Generate state 0 with the kernel S' = . S #
while (not all states visited) {
   s = next unvisited state;
   Build closure of s;
   for (all Items of s) {
      switch (item kind) {
         case S' = S . # :      Generate accept #; break;
         case X = α . y β / γ : Generate auxiliary state s1 = Succ(s, y);
                                if (∃ s2: kernel(s1) == kernel(s2)) {
                                   Merge successors of s1 to s2;
                                   s1 = s2;
                                } else Add s1 as a new state;
                                Generate shift y, s1; break;
         case X = α . / γ :     Generate reduce γ, (X = α); break;
      }
   }
   // all undefined transitions are error actions
}
```

Der Algorithmus erweitert zuerst die Grammatik mit Startsymbol S um eine Pseudoproduktion S' = S #, wobei # das eof-Symbol darstellt. Anschließend wird der Zustand 0 mit dem Kern S' = . S # erzeugt (dies ist eine Ausnahme; normalerweise enthält ein Kern nur Items, bei denen der Punkt nicht am Anfang steht).

Nun beginnt die Schleife der Tabellenerzeugung, in der alle Zustände besucht, neue Zustände gebildet und die Aktionen in den Zuständen erzeugt werden. Für jeden besuchten Zustand wird zunächst aus seinem Kern die Hülle gebildet. Anschließend werden alle Items des Zustands inspiziert, von denen es drei Arten gibt:

- Das Item S' = S . # ist jenes, bei dem das ursprüngliche Startsymbol S erkannt wurde und die Eingabe nur noch das eof-Symbol # enthält. Es wird also im aktuellen Zustand eine accept-Aktion erzeugt.
- In Shift-Items der Art X = α . y β / γ steht der Punkt vor einem Symbol y (das ein Terminalsymbol oder ein Nonterminalsymbol sein kann). Es wird also zu einer shift-Aktion mit y kommen. Der Algorithmus erzeugt zunächst mittels Succ(s, y) einen Hilfszustand s1. Anschließend sieht er nach, ob es bereits

einen anderen Zustand s2 mit dem gleichen Kern wie s1 gibt (die Nachfolgersymbole dürfen unterschiedlich sein). Wenn das der Fall ist, werden die Nachfolger der Items in s1 zu den Nachfolgern der gleichen Items in s2 dazugemischt. Wenn nicht, wird s1 als neuer Zustand aufgenommen. Abschließend wird eine shift-Aktion mit dem Symbol y in den Zustand s1 erzeugt (shift y, s1).

- In Reduce-Items der Art X = α . / γ steht der Punkt am Ende der Produktion. Es wird daher eine reduce-Aktion mit der Symbolmenge γ erzeugt.

Sehen wir uns nun die Tabellenerzeugung an einem Beispiel an. Die Grammatik, für die wir Tabellen erzeugen wollen, lautet (samt Pseudoproduktion für S'):

```
0 S' = S #
1 S = X Y
2 S = S X Y
3 X = a
4 X = a a b
5 Y = b
6 Y = b b a
```

Wir beginnen mit dem Zustand 0, der folgendes Kern-Item enthält:

```
S' = . S #
```

Um die Hülle dieses Zustands zu bilden, müssen wir alle S-Produktionen als Items hinzufügen, mit dem Punkt am Anfang und dem Nachfolger #:

```
S' = . S #
S = . X Y     / #
S = . S X Y   / #
```

In den hinzugefügten Items steht der Punkt wieder vor einem Nonterminalsymbol, weshalb wir die X- und S-Produktionen als neue Items hinzufügen müssen. Die Nachfolger von X sind die terminalen Anfänge von Y, also b. Die Nachfolger von S im dritten Item sind die terminalen Anfänge von X, also a. Wir fügen daher die neuen Nachfolger von S zu den Nachfolgern der bisherigen S-Items hinzu:

```
S' = . S #
S = . X Y     / #a
S = . S X Y   / #a
X = . a       / b
X = . a a b   / b
```

Die Bildung der Hülle ist somit abgeschlossen, da es keine weiteren Items mit dem Punkt vor einem Nonterminalsymbol gibt. Wir können nun die Folgezustände berechnen, in die wir mit den Steuersymbolen a, X und S kommen. Mit dem Steuersymbol a gelangen wir in einen neuen Zustand 1 mit den Items

```
X = a .       / b
X = a . a b   / b
```

Mit dem Steuersymbol X gelangen wir in einen neuen Zustand 2 mit dem Item

```
S = X . Y     / #a
```

Mit dem Steuersymbol S gelangen wir in einen neuen Zustand 3 mit den Items

```
S' = S . #
S  = S . X Y  / #a
```

Die Items der neuen Zustände 2 und 3 bilden nur den Kern, der später beim Besuch dieser Zustände zur Hülle erweitert werden muss. Die erzeugten Aktionen im Zustand 0 lauten

```
shift a, 1   // shift with a to state 1
shift X, 2   // shift with X to state 2
shift S, 3   // shift with S to state 3
```

Die nach diesem Algorithmus erzeugten Zustände mit ihren Items sowie den daraus erzeugten Aktionen sehen wie folgt aus:

0	**S' = . S #**		shift	a	1
	S = . X Y	/ #a	shift	X	2
	S = . S X Y	/ #a	shift	S	3
	X = . a	/ b			
	X = . a a b	/ b			
1	**X = a .**	/ b	red	b	3 (X = a)
	X = a . a b	/ b	shift	a	4
2	**S = X . Y**	/ #a	shift	b	5
	Y = . b	/ #a	shift	Y	6
	Y = . b b a	/ #a			
3	**S' = S . #**		acc	#	
	S = S . X Y	/ #a	shift	a	1 (!)
	X = . a	/ b	shift	X	7
	X = . a a b	/ b			
4	**X = a a . b**	/ b	shift	b	8
5	**Y = b .**	/ #a	red	#,a	5 (Y = b)
	Y = b . b a	/ #a	shift	b	9
6	**S = X Y .**	/ #a	red	#,a	1 (S = X Y)
7	**S = S X . Y**	/ #a	shift	b	5 (!)
	Y = . b	/ #a	shift	Y	10
	Y = . b b a	/ #a			
8	**X = a a b .**	/ b	red	b	4 (X = a a b)
9	**Y = b b . a**	/ #a	shift	a	11
10	**S = S X Y .**	/ #a	red	#,a	2 (S = S X Y)
11	**Y = b b a .**	/ #a	red	#,a	6 (Y = b b a)

Beachten Sie, dass im Zustand 3 mit a in den bereits existierenden Zustand 1 übergegangen wird. Ebenso wird im Zustand 7 mit b in den bereits existierenden

Zustand 5 übergegangen. Die Zustände und die für sie erzeugten Aktionen ergeben die Parsertabelle (Abb. 8.7).

	a	b	#	S	X	Y
0	s1	-	-	s3	s2	-
1	s4	r3	-	-	-	-
2	-	s5	-	-	-	s6
3	s1	-	acc	-	s7	-
4	-	s8	-	-	-	-
5	r5	s9	r5	-	-	-
6	r1	-	r1	-	-	-
7	-	s5	-	-	-	s10
8	-	r4	-	-	-	-
9	s11	-	-	-	-	-
10	r2	-	r2	-	-	-
11	r6	-	r6	-	-	-

Abb. 8.7 *Parsertabelle für die Beispiel-Grammatik*

Alle Tabelleneinträge, für die keine Aktion definiert ist, sind Fehlereinträge. Der Parser würde also in Zustand 0 mit dem Symbol b einen Fehler melden und einen Wiederaufsatz starten, was wir uns in Abschnitt 8.6 ansehen werden.

Wie man sieht, ist diese Tabelle dünn besetzt, was bei großen Grammatiken mit vielen Symbolen noch stärker der Fall ist. Daher wird die Tabelle manchmal in Listenform gespeichert, wobei für jeden Zustand das Steuersymbol und die Aktion angegeben wird.

	T-Aktionen		*NT-Aktionen*	
0	a	s1	S	s3
	*	error	X	s2
1	a	s4		
	*	r3		
2	b	s5	Y	s6
	*	error		
3	a	s1	X	s7
	#	acc		
	*	error		
4	b	s8		
	*	error		
5	b	s9		
	*	r5		
6	*	r1		
7	b	s5	Y	s10
	*	error		
8	*	r4		
9	a	s11		
	*	error		
10	*	r2		
11	*	r6		

Wenn im Zustand 0 das Symbol a auftritt, wird die Aktion s1 (Shift in den Zustand 1) ausgeführt, ansonsten (durch einen Stern ausgedrückt) wird ein Fehler gemeldet. Die Aktionen eines Zustands werden sequenziell auf ihr Steuersymbol geprüft. Die letzte Aktion jedes Zustands ist immer eine »otherwise-Aktion« mit einem Stern. Wie man sieht, kann mit einer otherwise-Aktion auch reduziert werden. Sollte mit einem falschen Vorgriffssymbol reduziert werden, wird der Fehler beim nächsten Shift bemerkt und gemeldet.

Da der Tabellenteil für Nonterminalsymbole noch dünner besetzt ist als jener für Terminalsymbole, verwendet man separate Listen für Terminal- und Nonterminalsymbole. Im Nonterminalsymbolteil gibt es keine Fehleraktionen, weil nach einer Reduktion immer ein Shift mit dem reduzierten Nonterminalsymbol erfolgt.

Die Listenform ist speichersparender als die Tabellenform, allerdings auch langsamer im Zugriff, da die Aktionen sequenziell geprüft werden müssen. Daher verwenden wir in der Folge die Tabellenform.

LR(1)-Konflikte

Bei der Top-down-Syntaxanalyse können LL(1)-Konflikte auftreten, die meist beseitigt werden müssen (Abschnitt 3.3). In ähnlicher Weise können bei der Bottom-up-Syntaxanalyse LR(1)-Konflikte auftreten, die eine Grammatik für diese Form der Syntaxanalyse ungeeignet machen. Es gibt zwei Arten dieser Konflikte:

- Ein *Shift-Reduce-Konflikt* tritt auf, wenn sich der Parser mit dem Vorgriffssymbol nicht entscheiden kann, ob er lesen oder reduzieren soll:

  ```
  shift a, ...
  reduce a, ...
  ```

- Ein *Reduce-Reduce-Konflikt* tritt auf, wenn sich der Parser mit dem Vorgriffssymbol nicht entscheiden kann, nach welcher Produktion er reduzieren soll:

  ```
  reduce a, n
  reduce a, m
  ```

Wenn solche Konflikte auftreten, müssen sie beseitigt werden, bevor die Grammatik für die Bottom-up-Syntaxanalyse verwendet werden kann. Leider ist die Beseitigung von LR(1)-Konflikten wesentlich schwerer als die Beseitigung von LL(1)-Konflikten, und es kann keine allgemeine Vorgehensweise dafür angegeben werden. Man muss herausfinden, wodurch dieser Konflikt entsteht, und muss die Grammatik dann so umformen, dass der Konflikt verschwindet.

LALR(1)-Tabellen sind anfälliger für Konflikte als LR(1)-Tabellen, weil bei ihnen Zustände und Nachfolgermengen verschmolzen werden, während sie in LR(1)-Tabellen getrennt bleiben. Allerdings können durch das Verschmelzen lediglich neue Reduce-Reduce-Konflikte entstehen und keine neuen Shift-Reduce-Konflikte, da diese auch bereits in den LR(1)-Tabellen auftreten müssten.

8.4 LR-Tabellenverkleinerung

LALR(1)-Tabellen können für realistische Programmiersprachen sehr groß werden. Wenn eine Grammatik zum Beispiel 80 Terminalsymbole und 200 Nonterminalsymbole besitzt und daraus eine Tabelle mit geschätzten 2500 Zuständen entsteht, so hat diese Tabelle 280 × 2500 = 700000 Elemente. Wenn jedes Tabellenelement in 4 Bytes gespeichert wird, benötigt die Tabelle 2,8 Megabyte. Das stellt zwar bei heutigen Speichergrößen kein ernstes Problem dar, aber es gibt Techniken, mit denen man solche Tabellen um bis zu 90% komprimieren kann. Wir sehen uns nun zwei dieser Techniken an.

Zusammenfassen von shift- und reduce-Aktionen

Manchmal führt eine shift-Aktion in einen Zustand, in dem nur noch reduziert werden kann. In Abb. 8.8 findet zum Beispiel im Zustand 4 mit dem Symbol b ein Shift in den Zustand 8 statt, in dem kein weiteres Shift mehr erfolgen kann, sondern nur noch eine Reduktion nach Produktion 4 (Fehlereinträge werden dabei ignoriert, weil nach einem voreiligen Reduzieren ein eventueller Fehler beim nächsten Shift bemerkt wird).

	a	b	#
...	...	...	...
4	-	s8	-
...	...	...	...
8	-	r4	-
...	...	...	...

→

	a	b	#
...	...	...	...
4	-	sr4	-
...	...	...	...
...	...	...	...

Abb. 8.8 *Zusammenfassen von shift- und reduce-Aktionen*

Die Aktion s8 kann daher mit der Aktion r4 zur Aktion sr4 (shift-reduce nach Produktion 4) zusammengefasst werden, wodurch die gesamte Tabellenzeile des Zustands 8 entfallen kann. Dieses Zusammenfassen bremst den Parser nicht, sondern macht ihn im Gegenteil schneller, weil statt zwei Aktionen nur noch eine einzige interpretiert werden muss. Allerdings muss der Parser (siehe Seite 213) modifiziert werden, weil es jetzt eine neue shiftred-Aktion gibt:

```
switch (op) {
    ...
    case shiftred: // shiftred n
        sym = next();
        do {
            for (int i = 0; i < length[n] - 1; i++) pop(); // pop one state less
            a = action[top()][leftSide[n]];
            op = a / 256; n = a % 256;
        } while (op == shiftred);
        state = n; break; // op == shift
```

```
        case reduce: // reduce n
            for (int i = 0; i < length[n]; i++) pop();
            a = action[top()][leftSide[n]];
            op = a / 256; n = a % 256;
            while (op == shiftred) {
                for (int i = 0; i < length[n] - 1; i++) pop(); // pop one state less
                a = action[top()][leftSide[n]];
                op = a / 256; n = a % 256;
            }
            state = n; break; // op == shift
    }
```

Die Aktion shiftred n liest zwar das nächste Symbol, führt aber kein Shift aus, sondern reduziert sofort nach Produktion n, wobei ein Zustand weniger ausgekellert wird, als die Produktion lang ist, weil eben das Shift nicht ausgeführt wurde. Mit dem Nonterminalsymbol, zu dem reduziert wurde (leftside[n]), könnte es nun wieder zu einem shiftred kommen, weshalb hier eine Schleife durchlaufen wird, bis zu einem Nonterminalsymbol reduziert wurde, mit dem ein shift erfolgt.

Ähnliches ist bei der reduce-Aktion zu berücksichtigen. Auch hier könnte nach der Reduktion ein shiftred mit dem reduzierten Nonterminalsymbol erfolgen, weshalb auch hier eine Schleife durchlaufen wird, bis ein shift folgt.

Zeilenverschmelzung

Wie wir gesehen haben, sind die Parsertabellen dünn besetzt. Es liegt daher nahe, Zeilen, deren Aktionen nicht in Konflikt zueinander stehen, zu verschmelzen und die Tabelle dadurch zu komprimieren. In Abb. 8.9 stehen zum Beispiel die Zeilen 0, 3 und 4 nicht in Konflikt (sie enthalten die gleichen Aktionen oder Fehlereinträge) und können daher verschmolzen werden.

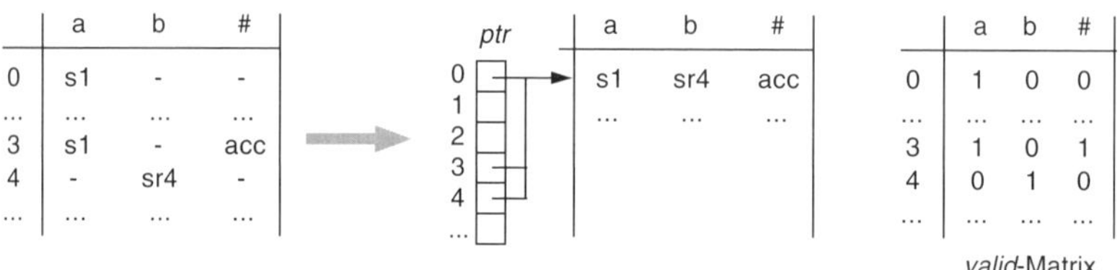

Abb. 8.9 *Zeilenverschmelzung*

Durch das Verschmelzen fallen einige Zeilen der Tabelle weg. Allerdings brauchen wir ein Zeigerarray ptr, um die Zeilen 0, 3 und 4 auf die Zeile 0 abzubilden. Außerdem benötigen wir eine Bitmatrix valid, die sagt, welche Aktionen in den einzelnen Zuständen gültig sind. Wenn der Parser (siehe Seite 213) mit solchen komprimierten Tabellen arbeiten soll, sind dort einige Änderungen nötig (fett gedruckt):

```
BitSet[] valid;
short[]  ptr;
...
a = action[ptr[state]][sym];
op = a / 256; n = a % 256;
if (!valid[state].get(sym)) op = error;
switch (op) {
    ...
```

Beim Nachschlagen in der Tabelle muss die Indirektion über ptr berücksichtigt werden. Außerdem muss geprüft werden, ob sym in state überhaupt gültig ist. Dies verlangsamt die Syntaxanalyse geringfügig.

Es ist ratsam, die Tabellenteile für Terminal- und Nonterminalsymbole separat zu verschmelzen, da der Tabellenteil für Nonterminalsymbole noch wesentlich dünner besetzt ist und hier eine größere Komprimierung möglich ist.

Die gleiche Technik kann im Prinzip auch zur Verschmelzung von Spalten eingesetzt werden, allerdings wird die Syntaxanalyse dadurch noch langsamer. Bei den heutigen großen Hauptspeichern ist es besser, einen Kompromiss zwischen der Größe der Tabellen und der Geschwindigkeit des Parsers zu finden.

Beispiel

Sehen wir uns als Beispiel die Parsertabelle aus Abschnitt 8.3 an und fassen wir zunächst shift- und reduce-Aktionen zu shiftred-Aktionen zusammen (Abb. 8.10).

	a	b	#	S	X	Y
0	s1	-	-	s3	s2	-
1	s4	r3	-	-	-	-
2	-	s5	-	-	-	s6
3	s1	-	acc	-	s7	-
4	-	s8	-	-	-	-
5	r5	s9	r5	-	-	-
6	r1	-	r1	-	-	-
7	-	s5	-	-	-	s10
8	-	r4	-	-	-	-
9	s11	-	-	-	-	-
10	r2	-	r2	-	-	-
11	r6	-	r6	-	-	-

	a	b	#	S	X	Y
0	s1	-	-	s3	s2	-
1	s4	r3	-	-	-	-
2	-	s5	-	-	-	**sr1**
3	s1	-	acc	-	s7	-
4	-	**sr4**	-	-	-	-
5	r5	s9	r5	-	-	-
7	-	s5	-	-	-	**sr2**
9	**sr6**	-	-	-	-	-

Abb. 8.10 *Beispiel: Zusammenfassung von shift- und reduce-Aktionen*

Die Aktionen s6, s8, s10 und s11 können zu sr1, sr4, sr2 und sr6 zusammengefasst werden, wodurch die Zeilen 6, 8, 10 und 11 wegfallen. Hatte die ursprüngliche Tabelle 12 Zeilen zu 6 Spalten zu 2 Bytes, also 144 Bytes, so hat die neue Tabelle 8 Zeilen zu 6 Spalten zu 2 Bytes, also 96 Bytes – eine Einsparung von 33%, ohne Geschwindigkeit im Parser einzubüßen.

Führen wir nun eine Zeilenverschmelzung durch. Im Terminalsymbolteil können die Zeilen 0, 3 und 4 sowie die Zeilen 2, 7 und 9 zusammengefasst werden, im Nonterminalsymbolteil die Zeilen 0 und 2 sowie die Zeilen 3 und 7 (Abb. 8.11).

T-Aktionen

	a	b	#
0,3,4	s1	sr4	acc
1	s4	r3	-
2,7,9	sr6	s5	-
5	r5	s9	r5

NT-Aktionen

	S	X	Y
0,2	s3	s2	sr1
3,7	-	s7	sr2

valid

	a	b	#
0	1	0	0
1	1	1	0
2	0	1	0
3	1	0	1
4	0	1	0
5	1	1	1
7	0	1	0
9	1	0	0

Abb. 8.11 *Beispiel: Zeilenverschmelzung*

Wir benötigen nun für die Aktionen 6 Zeilen zu 3 Spalten zu 2 Bytes (36 Bytes), für die ptr-Tabellen 2 x 8 Zeilen zu 2 Bytes (32 Bytes) und für die valid-Matrix (unter der Annahme, dass jede Zeile als Bitarray in einem Byte gespeichert werden kann) 8 Bitarrays zu 1 Byte (8 Bytes), zusammen also 76 Bytes. Das entspricht einer Einsparung von 47% im Vergleich zur ursprünglichen Tabelle, die 144 Bytes benötigte. Für größere Grammatiken, die in der Regel wesentlich dünner besetzte Tabellen haben, kann die Einsparung allerdings bis zu 90% betragen.

8.5 Semantikanschluss

Wir haben bisher nur über die Syntaxanalyse gesprochen. Ein Compiler muss aber ein Programm nicht nur analysieren, sondern auch übersetzen, wofür semantische Aktionen und Attribute nötig sind. Wie können diese in die Bottom-up-Syntaxanalyse integriert werden?

Semantische Aktionen

Ein Bottom-up-Parser kann, wie wir gesehen haben, mehrere Produktionen parallel verfolgen. Im Extremfall weiß er erst bei einer Reduktion, welche Produktion vorliegt. Daher können semantische Aktionen nur bei Reduktionen durchgeführt werden. Würde man eine semantische Aktion inmitten einer Produktion erlauben

X = a (. *semantic action* .) b.

müsste man ein leeres Hilfs-Nonterminalsymbol einfügen, bei dessen Reduktion die semantische Aktion ausgeführt werden kann:

X = a Y b.
Y = (. *semantic action* .).

Das könnte aber die LR(1)-Eigenschaft zerstören. In folgendem Beispiel

```
X = a b c.
X = a (. semantic action .) b d.
```

wäre die kontextfreie Grammatik LR(1). Wenn man sie aber umformt zu

```
X = a b c.
X = a Y b d.
Y = (. semantic action .).
```

entsteht ein Shift-Reduce-Konflikt:

```
i   X = a . b c    / #     shift b    i+1
    X = a . Y b d  / #     red   b    p (Y = )
    Y = .          / b     shift Y    i+2
```

Der Parser kann sich mit dem Vorgriffssymbol b nicht entscheiden, ob er ein shift oder ein reduce durchführen (und dabei die semantische Aktion ausführen) soll. Er kann die beiden Produktionen von X also nicht mehr parallel verfolgen, weil in der zweiten X-Produktion eine semantische Aktion ansteht. Die semantische Aktion inmitten der Produktion zerstört hier also die LR(1)-Eigenschaft der Grammatik. Daher dürfen semantische Aktionen in der Regel nur am Ende einer Produktion ausgeführt werden, wenn klar ist, welche von mehreren parallel verfolgten Produktionen vorliegt.

Attribute

Eingangsattribute führen bei der Bottom-up-Syntaxanalyse zu einem ähnlichen Problem wie semantische Aktionen. Bei der attributierten Grammatik

```
X = a Y<↓v> b.
Y<↓w> = ... .
```

kann die Übergabe des Attributs v an w wie eine Zuweisung in einer semantischen Aktion betrachtet werden:

```
X = a (. w = v; .) Y b.
Y = ... .
```

was wieder die LR(1)-Eigenschaft zerstören kann. Daher werden bei der Bottom-up-Syntaxanalyse in der Regel keine Eingangsattribute verwendet.

Ausgangsattribute stellen hingegen kein Problem dar. Allerdings wird meist davon ausgegangen, dass ein Nonterminalsymbol nur ein einziges Ausgangsattribut hat und dieses auf einem *Attributkeller* hinterlässt, von wo es abgerufen und verarbeitet werden kann, zum Beispiel:

```
X<↑x> = A<↑a>  B<↑b>  C<↑c>   (. c = popAttr(); b = popAttr(); a = popAttr();
                                 x = f(a, b, c);
                                 pushAttr(x); .) .
```

Die Nonterminalsymbole A, B und C hinterlassen jeweils ein Attribut am Attributkeller. In der Produktion von X werden diese Attribute dann mittels popAttr() vom Keller geholt und zu einem Wert x verarbeitet, der dann mit pushAttr(x) als Ausgangsattribut von X wieder auf den Attributkeller gelegt wird. Dies kann alles in einer semantischen Aktion ganz am Ende der Produktion erfolgen, die bei der Reduktion von A B C zu X ausgeführt wird.

Sehen wir uns nun ein konkretes Beispiel für diese Art der Attributauswertung an, nämlich die Berechnung einfacher Konstantenausdrücke, die durch folgende attributierte Grammatik beschrieben wird:

```
Expr<↑x>   = Term<↑x>                      ~~(. pushAttr(popAttr()); .)~~ .
Expr<↑x>   = Expr<↑x> "+" Term<↑y>         (. pushAttr(popAttr() + popAttr()); .) .
Term<↑x>   = Factor<↑x>                    ~~(. pushAttr(popAttr()); .)~~ .
Term<↑x>   = Term<↑x> "*" Factor<↑x>       (. pushAttr(popAttr() * popAttr()); .) .
Factor<↑x> = number                        (. pushAttr(t.numVal); .) .
Factor<↑x> = "(" Expr<↑x> ")"              ~~(. pushAttr(popAttr()); .)~~ .
```

Alle semantischen Aktionen erfolgen am Ende der Produktionen. In der ersten Produktion kann das von Term gelieferte Attribut einfach als Ausgangsattribut von Expr weiterverwendet werden und kann daher auf dem Attributkeller liegen bleiben. Ähnlich ist es bei der dritten und bei der letzten Produktion.

Die verbleibenden semantischen Aktionen werden durchnummeriert, wodurch sich folgende Grammatik ergibt:

```
Expr   = Term .
Expr   = Expr "+" Term     (. 1 .) .
Term   = Factor .
Term   = Term "*" Factor   (. 2 .) .
Factor = number            (. 3 .) .
Factor = "(" Expr ")" .
```

Alle semantischen Aktionen werden nun in einer Methode semAction zusammengefasst und über ihre Nummer in einer switch-Anweisung aufgerufen:

```
void semAction (int n) {
    switch (n) {
        case 1: pushAttr(popAttr() + popAttr()); break;
        case 2: pushAttr(popAttr() * popAttr()); break;
        case 3: pushAttr(t.numVal); break;
    }
}
```

Schließlich müssen wir noch dafür sorgen, dass die semantischen Aktionen an der richtigen Stelle ausgeführt werden. Dazu legen wir eine Tabelle sem an, in der für jede Produktion verzeichnet ist, welche semantische Aktion bei ihrer Reduktion ausgeführt werden soll. Wenn keine Aktion ausgeführt werden soll, ist der entsprechende Eintrag 0. Abb. 8.12 zeigt die Tabellen leftSide, length und sem für die obige Grammatik.

	leftSide	length	sem
0	Expr	1	0
1	Expr	3	1
2	Term	1	0
3	Term	3	2
4	Factor	1	3
5	Factor	3	0

Abb. 8.12 *Parsertabellen leftSide, length und sem*

Nun müssen wir noch den Parser (siehe Seite 213) so erweitern, dass bei jeder Reduktion eine semantische Aktion ausgeführt wird, wenn sem eine vorsieht:

```
switch (op) {
    ...
    case reduce: // red n
        if (sem[n] != 0) semAction(sem[n]);
        for (int i = 0; i < length[n], i++) pop();
        a = action[top()][leftSide[n]]; n = a % 256; // shift n
        state = n; break;
}
```

Eine ähnliche Anpassung ist nötig, wenn der Parser auch shiftred-Aktionen unterstützt.

Bewertung

Wie man sieht, ist der Semantikanschluss bei der Bottom-up-Syntaxanalyse umständlicher und weniger mächtig als beim rekursiven Abstieg. Man kann nur Ausgangsattribute und keine Eingangsattribute verwenden und semantische Aktionen sind nur am Ende von Produktionen möglich. Dazu kommt noch, dass alle semantischen Aktionen in einer einzigen Methode semAction zusammengefasst werden und daher nur mit globalen Variablen arbeiten können. Bei rekursiven Produktionen müssen solche Variablen gerettet und später wieder restauriert werden.

Daher bauen Bottom-up-Parser in ihren semantischen Aktionen oft lediglich einen (echten) Syntaxbaum auf, der anschließend durchlaufen werden kann, um Kontextbedingungen zu prüfen und Übersetzungsaktionen durchzuführen. Der Aufbau eines Syntaxbaums kann sehr einfach mit semantischen Aktionen am Ende von Produktionen erfolgen. Jedes Nonterminalsymbol liefert dabei als Ausgangsattribut einen Teilbaum. Die semantischen Aktionen bauen dann aus diesen Teilbäumen einen neuen Teilbaum auf, zum Beispiel:

```
A<↑tree3> = B<↑tree1> C<↑tree2>   (. tree2 = popAttr(); tree1 = popAttr();
                                      tree3 = new NodeA(tree1, tree2);
                                      pushAttr(tree3); .) .
```

8.6 LR-Fehlerbehandlung

Ein Syntaxfehler tritt auf, wenn in einem Zustand mit dem nächsten Eingabesymbol keine Aktion möglich ist. Der Parser muss den Fehler dann melden und einen Wiederaufsatz versuchen, d.h., er muss seinen Zustand so mit der restlichen Eingabe synchronisieren, dass die Syntaxanalyse fortgesetzt werden kann. Das ist bei der Bottom-up-Analyse besser möglich als beim rekursiven Abstieg, weil die Grammatik hier implizit in den Parsertabellen codiert ist, die im Fehlerfall analysiert werden können, um einen Wiederaufsatzpunkt zu suchen.

Wenn ein Syntaxfehler auftritt, liegt am Keller eine Folge von Zuständen $s_0...s_n$, und die restliche Eingabe ist $t_0...t_m$ #:

$s_0...s_n$. $t_0...t_m$ #

Das Ziel ist es nun, den Keller und die Eingabe so zu synchronisieren, dass am Kellerende ein Zustand s_i liegt und das nächste Eingabesymbol t_j ist, sodass t_j in s_i akzeptiert wird und die Analyse fortgesetzt werden kann:

$s_0...\mathbf{s_i}$. $\mathbf{t_j}...t_m$ #

Dazu werden Zustände ein- und/oder ausgekellert sowie Token eingefügt und/oder gelöscht, bis die gewünschte Konfiguration vorliegt (Abb. 8.13).

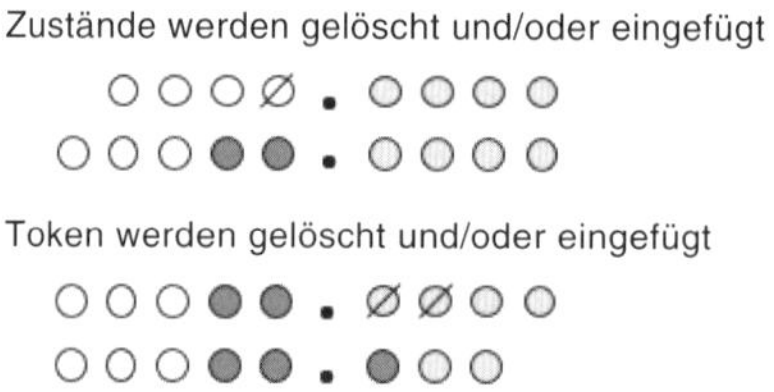

Zustände werden gelöscht und/oder eingefügt

Token werden gelöscht und/oder eingefügt

Abb. 8.13 *Ein-/Auskellern von Zuständen, Einfügen/Löschen von Token*

Algorithmus zum Wiederaufsatz

Sehen wir uns nun den Algorithmus zum Wiederaufsatz nach Syntaxfehlern an [Röhr80]. Er besteht aus folgenden drei Schritten:

1. **Suche Fluchtweg**
   Die Eingabe $t_0...t_m$ wird durch eine virtuelle (fiktive) Eingabe $v_0...v_k$ ersetzt, die den Parser vom Fehlerzustand s_n auf schnellstem Weg in den Endzustand steuert (d.h. entlang eines »Fluchtwegs«).

   $s_0...s_n$. ~~$t_0...t_m$ #~~
   $v_0...v_k$ #

   Entlang des Fluchtwegs werden alle Token, die in den durchlaufenen Zuständen gültig sind, als *Anker* gesammelt.

2. **Lösche fehlerhafte Token**
   Es werden so lange Token aus der ursprünglichen Eingabe $t_0...t_m$ gelöscht, bis ein Token t_j auftritt, das in der Menge der Anker enthalten ist.

   $s_0...s_n$. ~~$t_0...t_{j-1}$~~ $t_j...t_m$ #

3. **Füge fehlende Token ein**
   Der Parser wird nun vom Fehlerzustand s_n aus nochmals mit der virtuellen Eingabe $v_0...v_k$ gesteuert, bis er in einen Zustand s_i kommt, in dem der Anker t_j gültig ist. Ein solcher Zustand muss existieren, weil die Anker ja entlang des Fluchtwegs gesammelt wurden. Es entsteht dadurch folgende Konfiguration, mit der die Syntaxanalyse fortgesetzt werden kann:

   $s_0...\mathbf{s_i}$. $\mathbf{t_j}...t_m$ #

   In diesem Schritt werden alle »gelesenen« Token der virtuellen Eingabe $v_0...v_k$ in den Quelltext vor t_j eingefügt. Dies entspricht einer »Korrektur« der fehlerhaften Eingabe. Wären die eingefügten Token von Anfang an in der Eingabe gewesen, wäre der Fehler nicht aufgetreten.

Beispiel

Bevor wir auf die Implementierung des Wiederaufsatzalgorithmus eingehen, sehen wir uns seine Arbeitsweise anhand eines Beispiels an. Angenommen, der Parser ist durch den Kellerautomaten in Abb. 8.14 repräsentiert und soll die Eingabe a b b # analysieren.

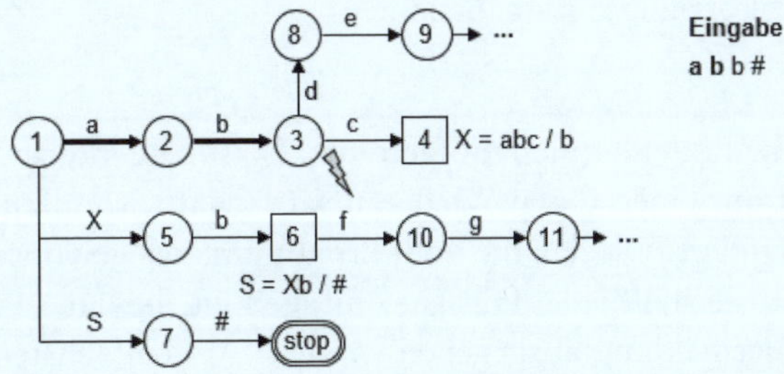

Abb. 8.14 Fehlerbehandlung anhand eines Kellerautomaten

Der Automat beginnt im Zustand 1 und geht mit a nach 2 und mit b nach 3. Das nächste Eingabesymbol b passt aber im Zustand 3 nicht, was einen Syntaxfehler darstellt. Nun beginnt der Wiederaufsatz.

Es muss nun ein möglichst kurzer Fluchtweg vom Zustand 3 in den Endzustand stop gesucht werden, wobei der Parser allerdings keine Kanten zurücklaufen darf. Er kann aber mit einem fiktiven Eingabesymbol c in den Zustand 4 gehen, wo er a b c zu X reduzieren, drei Kanten zurück in den Zustand 1 und von dort mit

X in den Zustand 5 gehen kann. Vom Zustand 5 kann er mit dem fiktiven Eingabesymbol b in den Zustand 6 gelangen, wo er X b zu S reduzieren, zwei Kanten zurück in den Zustand 1 und von dort mit S in den Zustand 7 gehen kann. Vom Zustand 7 gelangt er mit dem fiktiven Eingabesymbol # in den Endzustand. Die virtuelle Eingabe, die den Parser vom Fehlerzustand 3 in den Endzustand steuert, lautet also c b #. Entlang des Fluchtwegs durchläuft der Parser folgende Zustände und sammelt dabei die dort gültigen Symbole als Anker.

Zustände	*Anker*
3	c, d
4	b
5	b
6	f, #
7	#

Die Menge der Anker, also der Symbole, mit denen der Parser in irgendeinem Zustand entlang des Fluchtwegs wieder fortfahren kann, lautet also b, c, d, f, #.

Nun werden im nächsten Schritt Symbole aus der restlichen Eingabe b # gelöscht, bis ein Anker auftritt. In diesem Fall muss nichts gelöscht werden, weil b bereits ein Anker ist.

Im dritten Schritt durchläuft der Parser nochmals den Fluchtweg vom Fehlerzustand 3 aus mit der virtuellen Eingabe c b #, bis er in einen Zustand kommt, in dem der Anker b gültig ist. Im Zustand 3 ist b noch nicht gültig, also geht der Parser mit dem fiktiven Eingabesymbol c in den Zustand 4 und fügt c als »Korrektur« in die Eingabe ein. Im Zustand 4 ist der Anker b aber gültig, und der Wiederaufsatz ist somit geglückt. Die korrigierte Eingabe lautet

a b **c** b #

Mit dieser Eingabe wäre der Syntaxfehler nicht aufgetreten. Es ist bemerkenswert, dass dieser Algorithmus nicht nur einen guten Wiederaufsatz schafft, sondern die fehlerhafte Eingabe sogar korrigiert. Ob das die vom Programmierer gewünschte Korrektur ist, sei dahingestellt, sie stellt jedenfalls eine gültige Eingabe dar.

Was soll aber nun als Fehlermeldung ausgegeben werden? Am einfachsten ist es, die vorgenommene Korrektur zu beschreiben. Wenn zum Beispiel die Symbole a, b und c aus der restlichen Eingabe gelöscht wurden, lautet die Fehlermeldung:

```
line ... col ...: "a b c" deleted
```

Wenn die Symbole x und y vor der restlichen Eingabe eingefügt wurden, lautet die Fehlermeldung:

```
line ... col ...: "x y" inserted
```

Wenn schließlich die Symbole a, b und c aus der restlichen Eingabe gelöscht und die Symbole x und y eingefügt wurden, lautet die Fehlermeldung:

```
line ... col ...: "a b c " replaced by "x y"
```

Wegweiser zum Suchen des Fluchtwegs

Wie findet der Parser eigentlich den Fluchtweg? Wie weiß er im obigen Beispiel, dass er vom Zustand 3 in den Zustand 4 gehen und dort reduzieren soll? Dazu benutzt er *Wegweisersymbole*, die ihm in jedem Zustand den Fluchtweg weisen. Abb. 8.15 zeigt nochmals die Parsertabelle für unsere Beispiel-Grammatik aus Abschnitt 8.3. Die Spalte *guide* enthält für jeden Zustand das entsprechende Wegweisersymbol.

Grammatik		a	b	#	S	X	Y	guide
0 S' = S #	0	**s1**	-	-	s3	s2	-	**a**
1 S = X Y	1	s4	**r3**	-	-	-	-	**b**
2 S = S X Y	2	-	**s5**	-	-	-	s6	**b**
3 X = a	3	s1	-	**acc**	-	s7	-	**#**
4 X = a a b	4	-	**s8**	-	-	-	-	**b**
5 Y = b	5	r5	s9	**r5**	-	-	-	**#**
6 Y = b b a	6	r1	-	**r1**	-	-	-	**#**
	7	-	**s5**	-	-	-	s10	**b**
	8	-	**r4**	-	-	-	-	**b**
	9	**s11**	-	-	-	-	-	**a**
	10	r2	-	**r2**	-	-	-	**#**
	11	r6	-	**r6**	-	-	-	**#**

Abb. 8.15 *Parsertabelle mit Wegweisersymbolen*

Wie man zu diesen Wegweisersymbolen kommt, sehen wir uns auf Seite 237 an. Verfolgen wir zunächst, wie der Parser mit dieser Tabelle die fehlerhafte Eingabe

a a a b #

analysiert. Die ersten Schritte der Analyse lauten:

Stack	*Input*	*Aktion*
0	a a a b #	s1
0 1	a a b #	s4
0 1 4	a b #	-- error!

Im Zustand 4 tritt ein Syntaxfehler auf, weil dort das Symbol a nicht erlaubt ist. Nun beginnt der Wiederaufsatz. Der Parser wird vom Fehlerzustand 4 aus mit den Wegweisern entlang des Fluchtwegs in den Endzustand gesteuert. Dabei werden in allen durchlaufenen Zuständen die Anker gesammelt.

Stack	*guide*	*Aktion*	*Anker*
0 1 4	b	s8	b
0 1 4 8	b	r4, s2	b
0 2	b	s5	b
0 2 5	#	r5, s6	a, b, #
0 2 6	#	r1, s3	a, #
0 3	#	acc	a, #

Im Zustand 4 ist das Wegweisersymbol b; die Aktion für b lautet s8. Das einzige gültige Terminalsymbol im Zustand 4 ist b, daher wird b als Anker aufgenommen. Der Parser gelangt in den Zustand 8, wo das Wegweisersymbol wieder b ist. Daher wird mit diesem Symbol die Aktion r4 ausgeführt, also nach Produktion 4 reduziert und vom Zustand 0 mit dem erkannten Nonterminalsymbol X in den Zustand 2 gegangen (s2). Im Zustand 8 ist das einzige gültige Terminalsymbol b, daher wird b als Anker betrachtet. So setzt sich der Fluchtweg fort, bis schließlich im Zustand 3 das Symbol # akzeptiert wird und man in den Endzustand gelangt. Die Menge der gesammelten Anker ist a, b und #.

Nun werden aus der im Fehlerzustand 4 verbliebenen Eingabe a b # Symbole gelöscht, bis ein Anker auftritt. Da aber a bereits ein Anker ist, wird nichts gelöscht.

Im letzten Schritt durchläuft der Parser vom Fehlerzustand 4 aus mithilfe der Wegweiser nochmals den Fluchtweg, bis er in einen Zustand kommt, in dem der Anker a gültig ist. Für jede dabei ausgeführte shift-Aktion mit einem Wegweiser wird dieser als Korrektur in die Eingabe eingefügt.

Stack	*guide*	*Aktion*	*eingefügt*
0 1 4	b	s8	b *// nur shift mit einem Wegweiser führt zu einer Einfügung*
0 1 4 8	b	r4, s2	
0 2	b	s5	b
0 2 5			

Im Zustand 5 ist nun a gültig, und die Analyse kann fortgesetzt werden:

Stack	*Input*	*Aktion*
0 2 5	a b #	r5, s6
0 2 6	a b #	r1, s3
0 3	a b #	s1
0 3 1	b #	r3, s7
0 3 7	b #	s5
0 3 7 5	#	r5, s10
0 3 7 10	#	r2, s3
0 3	#	acc

Die Analyse ist somit erfolgreich abgeschlossen. Die korrigierte Eingabe lautet

a a **b b** a b #

und die Fehlermeldung

line ... col ...: "b b" inserted

Berechnung der Wegweiser

Wie berechnet man aber nun für jeden Zustand das Wegweisersymbol? Das ist ganz einfach und fällt als Nebenprodukt bei der Erzeugung der Parsertabellen an. Zuerst muss man allerdings die Produktionen der Grammatik so umordnen, dass die erste Produktion jedes Nonterminalsymbols die kürzeste ist. Außerdem sollte sie nicht (links-)rekursiv sein. Hier ist unsere Beispielgrammatik mit der korrekten Anordnung ihrer Produktionen:

```
0 S' = S #
1 S = X Y
2 S = S X Y
3 X = a
4 X = a a b
5 Y = b
6 Y = b b a
```

Aus dieser Grammatik kann man nun die LALR(1)-Tabellen erzeugen, wobei man allerdings bei der Bildung der Hülle darauf achten muss, neue Items unmittelbar nach dem Item einzufügen, das ihre Einfügung ausgelöst hat. Wenn wir also zum Beispiel den Zustand

```
S' = . S #
S = . X Y     / #
S = . S X Y   / #
```

haben und die Produktionen von X als Items hinzufügen, so müssen wir sie unmittelbar nach dem Item einfügen, in dem der Punkt vor X steht, also:

```
S' = . S #
S = . X Y     / #
X = . a       / b
X = . a a b   / b
S = . S X Y   / #
```

Wenn wir nun den Tabellenerzeugungsalgorithmus anwenden, gibt die erste Terminalsymbolaktion jedes Zustands den Wegweiser an (rechteste Spalte).

```
0  S' = . S #            shift a   1           a
   S = . X Y     / #a    shift X   2
   X = . a       / b     shift S   3
   X = . a a b   / b
   S = . S X Y   / #a
1  X = a .       / b     red b     3 (X = a)   b
   X = a . a b   / b     shift a   4
2  S = X . Y     / #a    shift b   5           b
   Y = . b       / #a    shift Y   6
   Y = . b b a   / #a
```

3	S' = S . #		acc	#		#
	S = S . X Y	/ #a	shift	a	1 (!)	
	X = . a	/ b	shift	X	7	
	X = . a a b	/ b				
4	X = a a . b	/ b	shift	**b**	8	**b**
5	Y = b .	/ #a	red	#,a	5 (Y = b)	#
	Y = b . b a	/ #a	shift	b	9	
6	X = X Y .	/ #a	red	#,a	1 (S = X Y)	#
7	S = S X . Y	/ #a	shift	**b**	5 (!)	**b**
	Y = . b	/ #a	shift	Y	10	
	Y = . b b a	/ #a				
8	X = a a b .	/ b	red	**b**	4 (X = a a b)	**b**
9	Y = b b . a	/ #a	shift	**a**	11	**a**
10	S = S X Y .	/ #a	red	#,a	2 (S = S X Y)	#
11	Y = b b a .	/ #a	red	#,a	6 (Y = b b a)	#

Ist die erste Terminalsymbolaktion eines Zustands eine reduce-Aktion mit mehreren Vorgriffssymbolen (wie zum Beispiel im Zustand 5), so kann jedes davon als Wegweiser gewählt werden.

Bewertung

Die hier beschriebene Fehlerbehandlungstechnik ist zwar nicht ganz trivial, aber erstaunlich leistungsfähig. Sie behindert die fehlerfreie Analyse nicht, sondern beginnt erst zu arbeiten, wenn ein Syntaxfehler auftritt. Dann wird zwar einiger Aufwand für den Wiederaufsatz betrieben, aber das ist im Fehlerfall durchaus gerechtfertigt.

Der Wiederaufsatz terminiert immer. Da der letzte Zustandsübergang auf dem Fluchtweg mit dem eof-Symbol # erfolgt, ist dieses Symbol immer ein Anker. Im schlimmsten Fall muss die gesamte Eingabe überlesen werden, aber die Synchronisation gelingt spätestens mit #.

Die hier beschriebene Technik führt nicht nur zu einem Wiederaufsatz nach Syntaxfehlern, sondern »korrigiert« solche Fehler sogar, obwohl diese Korrektur nicht immer das ist, was der Programmierer wollte. Immerhin führt die korrigierte Eingabe zu einer konsistenten Semantikverarbeitung, was beim rekursiven Abstieg nicht immer der Fall ist.

Nicht zuletzt ermöglicht diese Fehlerbehandlungstechnik auch gute Fehlermeldungen, die einfach die Korrektur der fehlerhaften Eingabe beschreiben, was in den meisten Fällen die Fehler gut erklärt.

Insgesamt ist die Fehlerbehandlung bei der Bottom-up-Syntaxanalyse mächtiger als beim rekursiven Abstieg, was daran liegt, dass hier die Grammatik der Eingabe in Tabellenform vorliegt und im Fehlerfall analysiert werden kann, um Anker zu sammeln und einen guten Wiederaufsatz zu ermöglichen.

8.7 Übungsaufgaben

1. *Tabellenerzeugung (1).* Erstellen Sie für folgende Grammatik Parsertabellen für die Bottom-up-Syntaxanalyse.

   ```
   A = A B c.
   A = a.
   B = b.
   ```

   Ist diese Grammatik LR(0), LR(1) oder LALR(1)? Begründen Sie Ihre Antwort.

2. *Tabellenerzeugung (2).* Erstellen Sie für folgende Grammatik Parsertabellen für die Bottom-up-Syntaxanalyse und bestimmen Sie dabei die Wegweisersymbole für die Fehlerbehandlung.

   ```
   S = a.
   S = S X.
   X = c.
   X = b X b.
   ```

   Ist diese Grammatik LR(0), LR(1) oder LALR(1)? Begründen Sie Ihre Antwort.

3. *Tabellenerzeugung (3).* Folgende Grammatik ist LR(1), aber nicht LALR(1):

   ```
   S = d X b.
   S = d Y a.
   S = X a.
   S = Y b.
   X = c.
   Y = c.
   ```

   Erstellen Sie die Parsertabellen sowohl für die LR(1)-Analyse als auch für die LALR(1)-Analyse und zeigen Sie, wo der Konflikt auftritt. Zeichnen Sie auch die Kellerautomaten für die LR(1)- und die LALR(1)-Analyse und erklären Sie, warum der Konflikt bei den LALR(1)-Tabellen auftritt, nicht aber bei den LR(1)-Tabellen.

4. *LR-Fehlerbehandlung (1).* Gegeben sei die Grammatik aus Abb. 8.15 mit den dazugehörigen Parsertabellen und Wegweisersymbolen. Zeigen Sie die Analyse der fehlerhaften Eingabe

   ```
   a b b b a #
   ```

   samt Wiederaufsatz, wie das in Abschnitt 8.6 an einem Beispiel gezeigt wurde.

5. *LR-Fehlerbehandlung (2).* Zeigen Sie, dass der Wiederaufsatz auch dann funktioniert, wenn shift- und reduce-Aktionen zu shiftred-Aktionen zusammengefasst werden. Benutzen Sie wie in der letzten Aufgabe die Grammatik aus Abb. 8.15 sowie ihre komprimierte Form aus Abb. 8.10, in der shift- und reduce-Aktionen

zu shiftred-Aktionen zusammengefasst wurden. Zeigen Sie damit die Analyse der fehlerhaften Eingabe

```
b a b #
```

samt Wiederaufsatz.

A Die Sprache MicroJava

A.1 Lexikalische Struktur

Zeichenklassen:

```
letter     = 'a' .. 'z' | 'A' .. 'Z'.
digit      = '0' .. '9'.
whiteSpace = ' ' | '\t' | '\r' | '\n'.
```

Terminalklassen:

```
ident      = letter {letter | digit | '_'}.
number     = digit {digit}.
charCon    = "'" char "'".
```

kann auch '\r', '\n' und '\t' enthalten

Schlüsselwörter:

```
program  class
if       else    while   read    print   return  break
void     final   new
```

Operatoren:

```
+    -    *    /    %    ++   --
==   !=   >    >=   <    <=
&&   ||
(    )    [    ]    {    }
=    ;    ,    .
```

Kommentare: // ... bis Zeilenende

A.2 Syntax

```
Program    = "program" ident {ConstDecl | VarDecl | ClassDecl} "{" {MethodDecl} "}".
ConstDecl  = "final" Type ident "=" (number | charCon) ";".
VarDecl    = Type ident {"," ident } ";".
ClassDecl  = "class" ident "{" {VarDecl} "}".
MethodDecl = (Type | "void") ident "(" [FormPars] ")" {VarDecl} Block.
FormPars   = Type ident {"," Type ident}.
Type       = ident ["[" "]"].
Block      = "{" {Statement} "}".
```

```
Statement   = Designator ("=" Expr | ActPars | "++" | "--") ";"
            | "if" "(" Condition ")" Statement ["else" Statement]
            | "while" "(" Condition ")" Statement
            | "break" ";"
            | "return" [Expr] ";"
            | "read" "(" Designator ")" ";"
            | "print" "(" Expr ["," number] ")" ";"
            | Block
            | ";".
ActPars     = "(" [ Expr {"," Expr}] ")".
Condition   = CondTerm {"||" CondTerm}.
CondTerm    = CondFact {"&&" CondFact}.
CondFact    = Expr RelOp Expr.
RelOp       = "==" | "!=" | ">" | ">=" | "<" | "<=".
Expr        = ["-"] Term {AddOp Term}.
Term        = Factor {MulOp Factor}.
Factor      = Designator [ActPars]
            | number
            | charCon
            | "new" ident ["[" Expr "]"]
            | "(" Expr ")".
Designator  = ident {"." ident | "[" Expr "]"}.
AddOp       = "+" | "-".
MulOp       = "*" | "/" | "%".
```

A.3 Semantik

Alle nachfolgenden Begriffe, zu denen es eine Definition gibt oder die als Definition gelten, sind unterstrichen, um ihre besondere Bedeutung auszudrücken.

Referenztypen
Arrays und Klassen sind Referenztypen.

Typen von Konstanten

- Der Typ einer Zahlenkonstante ist int.
- Der Typ einer Zeichenkonstante ist char.

Typgleichheit
Zwei Typen sind gleich,

- wenn sie durch denselben Typnamen bezeichnet werden oder
- wenn beide Typen Arrays und ihre Elementtypen gleich sind.

Typkompatibilität
Zwei Typen sind kompatibel,

- wenn sie gleich sind oder
- wenn einer ein Referenztyp ist und der andere der Typ von null.

Zuweisungskompatibilität

Ein Typ *src* ist mit einem Typ *dst* zuweisungskompatibel,

- wenn *src* und *dst* gleich sind oder
- wenn *dst* ein Referenztyp ist und *src* der Typ von null.

Vordeklarierte Namen

int	Standardtyp
char	Standardtyp
null	Nullwert einer Klassen- oder Arrayvariablen
chr	Standardmethode; chr(i) wandelt den int-Ausdruck i in einen char-Wert um
ord	Standardmethode; ord(ch) wandelt den char-Wert ch in einen int-Wert um
len	Standardmethode; len(a) liefert die Anzahl der Elemente des Arrays a

Scope

Ein Scope ist der textuelle Bereich einer Methode oder Klasse. Er erstreckt sich vom Punkt nach dem Methoden- oder Klassennamen bis zur schließenden geschwungenen Klammer (}). Ein Scope schließt die in ihn eingeschachtelten Scopes aus. Wir nehmen an, dass es einen (künstlichen) äußersten Scope gibt (das »Universum«), in den die Hauptklasse eingeschachtelt ist und alle vordeklarierten Namen deklariert sind. Die Deklaration eines Namens in einem inneren Scope *S* überdeckt in *S* eine eventuelle Deklaration des gleichen Namens in einem äußeren Scope.

Hinweise

- ❑ Indirekte Rekursion ist nicht erlaubt, da jeder Name vor seiner Verwendung deklariert werden muss, was bei indirekter Rekursion nicht möglich ist.
- ❑ Ein vordeklarierter Name (z.B. int, char) kann durch eine neuerliche Deklaration in einem inneren Scope überschrieben werden (was aber nicht zu empfehlen ist).

A.4 Kontextbedingungen

Allgemeine Kontextbedingungen

- Jeder Name muss vor seiner Verwendung deklariert worden sein.
- Kein Name darf im gleichen Scope mehr als einmal deklariert werden.
- Das Programm muss eine Methode namens main enthalten. Diese muss als void deklariert sein und darf keine Parameter haben.

Kontextbedingungen für Standardmethoden

chr(e)	e muss ein Ausdruck vom Typ int sein.
ord(c)	c muss vom Typ char sein.
len(a)	a muss ein Array sein.

Kontextbedingungen für die einzelnen Produktionen

Im Folgenden werden für jede Produktion der MicroJava-Grammatik die Kontextbedingungen angegeben, die vom Compiler überprüft werden müssen. Man beachte, dass es für einige Produktionen keine Kontextbedingungen gibt.

Program = "program" ident {ConstDecl | VarDecl | ClassDecl} "{" {MethodDecl} "}".

ConstDecl = "final" Type ident "=" (number | charCon) ";".

- Der Typ von number oder charCon muss gleich sein wie der durch Type beschriebene Typ.

VarDecl = Type ident {"," ident} ";".

ClassDecl = "class" ident "{" {VarDecl} "}".

MethodDecl = (Type | "void") ident "(" [FormPars] ")" {VarDecl} Block.

- Type muss int oder char sein.
- Die main-Methode muss parameterlos und void sein.
- Funktionsmethoden müssen über eine return-Anweisung verlassen werden (wird zur Laufzeit geprüft).

FormPars = Type ident {"," Type ident}.

Type = ident ["[" "]"].

- ident muss einen Typ bezeichnen.

Block = "{" {Statement} "}".

Statement = Designator "=" Expr ";".

- Designator muss eine Variable, ein Arrayelement oder ein Objektfeld bezeichnen.
- Der Typ von Expr muss mit dem Typ von Designator zuweisungskompatibel sein.

Statement = Designator ("++" | "--") ";".

- Designator muss eine Variable, ein Arrayelement oder ein Objektfeld bezeichnen.
- Designator muss vom Typ int sein.

Statement = Designator ActPars ";".

- Designator muss eine Methode bezeichnen.

Statement = "break" ";".

- Die break-Anweisung muss in einer Schleife vorkommen.

Statement = "read" "(" Designator ")" ";".

- Designator muss eine Variable, ein Arrayelement oder ein Objektfeld bezeichnen.
- Designator muss vom Typ int oder char sein.

Statement = "print" "(" Expr ["," number] ")" ";".

- Expr muss vom Typ int oder char sein.

Statement = "return" [Expr] ";".

- Der Typ von Expr muss mit dem Funktionstyp der aktuellen Methode zuweisungskompatibel sein.
- Falls die aktuelle Methode eine Funktionsmethode ist, darf Expr nicht fehlen.
- Falls Expr fehlt, muss die aktuelle Methode als void deklariert sein.

Statement = "if" "(" Condition ")" Statement ["else" Statement]
| "while" "(" Condition ")" Statement
| Block
| ";".

ActPars = "(" [Expr {"," Expr}] ")".

- Die Anzahl aktueller und formaler Parameter muss übereinstimmen.
- Der Typ jedes aktuellen Parameters muss mit dem Typ seines entsprechenden formalen Parameters zuweisungskompatibel sein.

Condition = CondTerm {"||" CondTerm}.

CondTerm = CondFact {"&&" CondFact}.

CondFact = Expr RelOp Expr.

- Die Typen beider Ausdrücke müssen kompatibel sein.
- Klassen und Arrays dürfen nur auf Gleichheit und Ungleichheit geprüft werden.

Expr = Term.

Expr = "-"Term.

- Term muss vom Typ int sein.

$Expr_0$ = $Expr_1$ AddOp Term.

- $Expr_1$ und Term müssen beide vom Typ int sein.

Term = Factor.

$Term_0$ = $Term_1$ MulOp Factor.

- $Term_1$ und Factor müssen beide vom Typ int sein.

Factor = Designator | number | charCon | "(" Expr ")".

Factor = Designator ActPars.

- Designator muss eine Methode bezeichnen.
- Der Typ der durch Designator bezeichneten Methode darf nicht void sein.

Factor = "new" ident.

- ident muss eine Klasse bezeichnen.

Factor = "new" ident "[" Expr "]".

- ident muss einen Typ bezeichnen.
- Der Typ von Expr muss int sein.

Designator = ident.

$Designator_0$ = $Designator_1$ "." ident.

- Der Typ von $Designator_1$ muss eine Klasse sein.
- ident muss ein Feld von $Designator_1$ sein.

$Designator_0$ = $Designator_1$ "[" Expr "]".

- Der Typ von $Designator_1$ muss ein Array sein.
- Der Typ von Expr muss int sein.

RelOp = "==" | "!=" | ">" | ">=" | "<" | "<=".

AddOp = "+" | "-".

MulOp = "*" | "/" | "%".

A.5 Implementierungsbeschränkungen

- Es darf nicht mehr als 128 lokale Variablen geben.
- Es darf nicht mehr als 32768 globale Variablen geben.
- Eine Klasse darf nicht mehr als 32768 Felder haben.

B Der MicroJava-Compiler

B.1 Überblick

Wenn man die in diesem Buch beschriebenen Compilerbau-Techniken auf die Sprache MicroJava anwendet, wie wir das in den Beispielen dieses Buches getan haben, entsteht der MicroJava-Compiler. Leserinnen und Leser können diesen Compiler als Quellcode herunterladen und studieren [Download]. Dieser Anhang dient als Überblick über seine Architektur und die Schnittstellen seiner Klassen.

Der MicroJava-Compiler besteht aus 12 Java-Klassen, die in drei Paketen gruppiert sind (Abb. B.1).

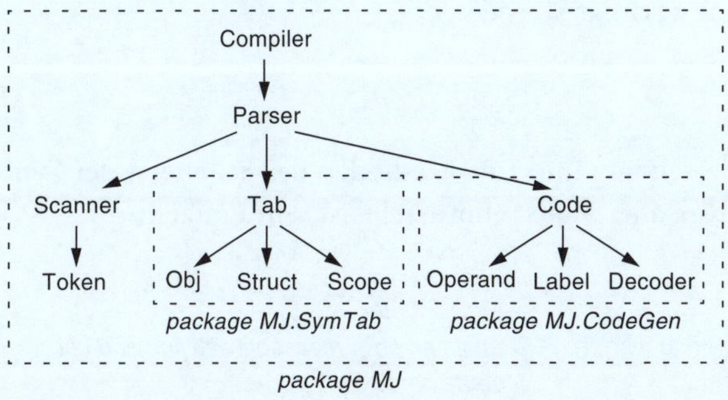

Abb. B.1 *Architektur des MicroJava-Compilers*

Tab ist die Symbolliste mit Klassen für Objektknoten (Obj), Strukturknoten (Struct) und Scopeknoten (Scope). Code ist der Codegenerator mit Klassen für die Operanden der Codeerzeugung (Operand), für Sprungmarken (Label) und für die Decodierung des erzeugten Bytecodes (Decoder). Der Parser steuert die Übersetzung und ruft dazu den Scanner auf, der Terminalsymbole als Token-Objekte liefert. Ferner ruft er Methoden der Symbolliste auf, die Namen in Scopes eintragen und suchen, sowie Methoden des Codegenerators, der den Zielcode erzeugt.

B.2 Schnittstellen der Compilerklassen

Zum Zweck des raschen Nachschlagens beschreiben wir hier die Schnittstellen der einzelnen Compilerklassen. Ihre Implementierung ist dem Quellcode zu entnehmen.

Compiler

Die Klasse Compiler ist die Hauptklasse des MicroJava-Compilers und besitzt lediglich eine main-Methode, die den Namen der zu übersetzenden MicroJava-Quelldatei von der Kommandozeile übernimmt, den Scanner damit initialisiert und den Parser aufruft. Der Compiler wird wie folgt gestartet:

```
java MJ.Compiler sourceFileName.mj
```

Wenn bei der Übersetzung kein Fehler entdeckt wurde, erzeugt der Compiler eine Datei *sourceFileName*.obj, die von der MicroJava-VM (die ebenfalls unter [Download] verfügbar ist) wie folgt ausgeführt werden kann:

```
java MJ.Run sourceFileName.obj [-debug]
```

Durch Angabe der Option -debug kann die Interpretation des Bytecodes samt Inhalt des Expression Stack verfolgt werden.

Parser

Der Parser steuert die Übersetzung und ruft Methoden des Scanners, der Symbolliste und des Codegenerators auf. Seine Schnittstelle ist sehr einfach:

```
public class Parser {
  public static int errors;                        // error counter
  public static void error (String msg) {...}     // prints an error message with line and col
  public static void parse() {...}                // starts parsing
}
```

Scanner

Der Scanner liest das Quellprogramm und liefert die darin enthaltenen Terminalsymbole als Token an den Parser. Bedeutungslose Zeichen und Kommentare werden ignoriert. Die Schnittstelle des Scanners ist ebenfalls sehr einfach:

```
public class Scanner {
  public static void init (Reader r) {...}      // initializes the scanner with the input stream
  public static Token next() {...}               // returns the next token from the input stream
}
```

Token

Token werden vom Scanner geliefert und beschreiben die Art, den Wert und die Position von Terminalsymbolen im Quellprogramm.

```
public class Token {
    public int kind;        // token kind
    public int line;        // token line
    public int col;         // token column
    public String val;      // token value
    public int numVal;      // numeric token value (for number and charCon)
}
```

Der MicroJava-Compiler benutzt folgende Tokencodes:

```
static final int
    //--- error token
    none = 0,
    //--- token classes
    ident = 1, number = 2, charCon = 3,
    //--- operators and special characters
    plus = 4,        minus = 5,       times = 6,      slash = 7,      rem = 8,
    eql = 9,         neq = 10,        lss = 11,       leq = 12,       gtr = 13,
    geq = 14,        and = 15,        or = 16,        assign = 17,    pplus = 18,
    mminus = 19,     semicolon = 20,  comma = 21,     period = 22,    lpar = 23,
    rpar = 24,       lbrack = 25,     rbrack = 26,    lbrace = 27,    rbrace = 28,
    //--- keywords
    break_ = 29,     class_ = 30,     else_ = 31,     final_ = 32,    if_ = 33,
    new_ = 34,       print_ = 35,     program_ = 36,  read_ = 37,     return_ = 38,
    void_ = 39,      while_ = 40,
    //--- end of file token
    eof = 41;
```

Tab

Die Klasse Tab implementiert die Symbolliste des MicroJava-Compilers. insert trägt einen deklarierten Namen in den aktuellen Scope ein, find sucht einen Namen in allen offenen Scopes, und findField sucht einen Feldnamen in einer Klasse.

```
public class Tab {
    public static Scope  curScope;          // current scope
    public static int    curLevel;          // nesting level of current scope
    public static Struct intType, charType, nullType, noType;   // predeclared types
    public static Obj chrObj, ordObj, lenObj, noObj;            // predeclared objects

    public static void openScope() {...}    // opens a new scope
    public static void closeScope() {...}   // closes the current scope
    public static Obj insert (int kind, String name, Struct type) {...}
    public static Obj find (String name) {...}
    public static Obj findField (String name, Struct type) {...}
}
```

Obj

Obj speichert Informationen über einen deklarierten Namen.

```
public class Obj {
  public static final int Con = 0, Var = 1, Type = 2, Meth = 3, Prog = 4; // object kinds

  public int      kind;    // Con, Var, Type, Meth, Prog
  public String   name;    // object name
  public Struct   type;    // object type
  public Obj      next;    // next local object in this scope
  public int      val;     // for Con: constant value
  public int      adr;     // for Var, Meth: address
  public int      level;   // for Var: declaration level
  public int      nPars;   // for Meth: number of parameters
  public Obj      locals;  // for Meth: parameters and local objects

  public Obj (int kind, String name, Struct type) {...}
}
```

Struct

Struct speichert Informationen über die Art und Struktur eines Typs. Für jeden Typ gibt es in der Symbolliste nur einen einzigen Strukturknoten.

```
public class Struct {
  public static final int None = 0, Int = 1, Char = 2, Arr = 3, Class = 4; // structure kinds

  public int      kind;       // None, Int, Char, Arr, Class
  public Struct   elemType;   // for Arr: element type
  public int      nFields;    // for Class: number of fields
  public Obj      fields;     // for Class: field list

  public Struct (int kind) {...}
  public Struct (int kind, Struct elemType) {...}

  public boolean isRefType() {...}                    // true for arrays and classes
  public boolean equals (Struct other) {...}          // true if "this" and other are the same
  public boolean compatibleWith (Struct other) {...}  // true if "this" is comparable with other
  public boolean assignableTo (Struct dest) {...}     // true if dest is assignable to "this"
}
```

Scope

Scope ist der Kopfknoten eines Scopes, an dem die Objektknoten hängen, die zu diesem Scope gehören.

```
public class Scope {
  public Scope   outer;   // to next outer scope
  public Obj     locals;  // to local objects of this scope
  public int     nVars;   // number of variables in this scope
}
```

Code

Die Klasse Code implementiert den Codegenerator des MicroJava-Compilers. Sie hat Methoden zur Ausgabe von Instruktionen und zur Erzeugung von Sprüngen.

```
public class Code {
  public static final int  // instruction codes
    load = 1,        load0 = 2,        load1 = 3,     load2 = 4,     load3 = 5,
    store = 6,       store0 = 7,       store1 = 8,    store2 = 9,    store3 = 10,
    getstatic = 11,  putstatic = 12,   getfield = 13, putfield = 14, const0 = 15,
    const1 = 16,     const2 = 17,      const3 = 18,   const4 = 19,   const5 = 20,
    const_m1 = 21,   const_ = 22,      add = 23,      sub = 24,      mul = 25,
    div = 26,        rem = 27,         neg = 28,      shl = 29,      shr = 30,
    new_ = 31,       newarray = 32,    aload = 33,    astore = 34,   baload = 35,
    bastore = 36,    arraylength = 37, pop = 38,      jmp = 39,      jeq = 40,
    jne = 41,        jlt = 42,         jle = 43,      jgt = 44,      jge = 45,
    call = 46,       return_ = 47,     enter = 48,    exit = 49,     read = 50,
    print = 51,      bread = 52,       bprint = 53,   trap = 54;
  public static final int eq = 0, ne = 1, lt = 2, le = 3, gt = 4, ge = 5;  // compare operators

  public static int pc;        // next free address in the code buffer
  public static int mainPc;    // pc of main method (set by the parser)
  public static int dataSize;  // length of the static data area in words (set by the parser)

  public static void put (int x) {...}              // appends 1 byte to the code buffer
  public static void put2 (int x) {...}             // appends 2 bytes to the code buffer
  public static void put2 (int pos, int x) {...}    // patches 2 bytes at pos in the code buffer
  public static void put4 (int x) {...}             // appends 4 bytes to the code buffer

  public static void load (Operand x) {...}                // loads x to the expression stack
  public static void assignTo (Operand x) {...}            // assigns the top element of expr. stack to x
  public static void callMethod (Operand m) {...}          // calls method m
  public static void inc (Operand x, int val) {...}        // increments x by val (which is +/- 1)
  public static void jump (Label lab) {...}                // unconditional jump
  public static void tJump (int op, Label label) {...}     // true-jump depending on op
  public static void fJump (int op, Label label) {...}     // false-jump depending on op
  public static void write (OutputStream s) {...}          // writes the code buffer to the object file
}
```

Operand

Der Codegenerator benutzt folgende Operandendeskriptoren, um darin die Art und den Speicherort von Operanden während der Codeerzeugung zu speichern.

```
public class Operand {
  public static final int  // operand kinds
    Con = 0, Local = 1, Static = 2, Stack = 3, Fld = 4, Elem = 5, Meth = 6, Cond = 7;

  public int    kind;  // Con, Local, Static, Stack, Fld, Elem, Meth, Cond
  public Struct type;  // operand type
  public int    val;   // for Con: value
  public int    adr;   // for Local, Static, Fld, Meth: address
```

```
    public Obj    obj;    // for Meth: method object
    public int    op;     // for Cond: most recent compare operator
    public Label  tLabel; // for Cond: target for true-jumps in condition
    public Label  fLabel; // for Cond: target for false-jumps in condition

    public Operand (Obj obj) {...}
    public Operand (int val) {...}
    public Operand (int kind, int val, Struct type) {...}
}
```

Label

Die Klasse Label verwaltet Sprungmarken. Sprungadressen zu noch undefinierten Marken werden automatisch nachgetragen, wenn die Marke definiert wird.

```
public class Label {
    public Label() {...}         // creates a yet undefined label
    public void here() {...}     // defines the label at the current code position
    public void putAdr() {...}   // writes the jump distance to this label into the code
}
```

Decoder

Um die Korrektheit des erzeugten Bytecodes zu überprüfen, kann man einen Decoder benutzen, der die Instruktionen in lesbarer Form ausgibt.

```
public class Decoder {
    public static void decode (byte[] code, int beg, int end) {...}
}
```

Die Methode decode decodiert den Inhalt des Codespeichers im Bereich [beg .. end] und gibt ihn auf der Konsole aus. Sie wird vom Codegenerator am Ende der Codeerzeugung aufgerufen, um den erzeugten Code anzuzeigen.

Es gibt aber auch ein eigenständiges Programm Decode, das man zur Decodierung einer MicroJava-Objektdatei verwenden kann. Es wird wie folgt aufgerufen:

```
java MJ.Decode fileName.obj
```

Die Ausgabe erscheint auf der Konsole.

Literatur

[AGH00] Arnold, K.; Gosling, J.; Holmes, D.: *The Java Programming Language*. Addison-Wesley, 2000.

[ALSU08] Aho, A. V.; Lam, M.; Sethi, R.; Ullman, J. D.: *Compiler – Prinzipien, Techniken und Werkzeuge*. Pearson Studium, 2008.

[Appe02] Appel, A. W.: *Modern Compiler Implementation in Java*. 2nd ed., Cambridge University Press, 2002.

[Back56] Backus, J. et al.: *Programmer's Reference Manual Fortran*. IBM, 1956. *http://bitsavers.informatik.uni-stuttgart.de/pdf/ibm/704/704_FortranProgRefMan_Oct56.pdf*.

[Coco] *The Compiler Generator Coco/R – User Manual*. *https://ssw.jku.at/Coco/*.

[Coop22] Cooper, K. D.: *Engineering a Compiler*. 3rd ed., Morgan Kaufmann, 2022.

[Cope20] Copeland, T.: *Generating Parsers with JavaCC*, 2020. *https://javacc.github.io/javacc/*.

[Download] Ergänzende Unterlagen zu diesem Buch (Folien, Quellcode, Musterlösungen). *https://ssw.jku.at/CompilerBuch/*.

[FCL09] Fisher, C. N.; Cytron, R. K.; LeBlanc, R. J.: *Crafting a Compiler*. Pearson Education, 2009.

[GTWW77] Goguen, J. A.; Thatcher, J. W.; Wagner, E. W.; Wright, J. B.: *Initial Algebra Semantics and Continuous Algebras*. Journal of the ACM, 24 (1): 68–95, 1977.

[HOPL-I] Wexelblat, R. L.: *History of Programming Languages*. Academic Press, 2014, First ACM SIGPLAN conference on History of Programming Languages, 1978.

[HOPL-II] *Second ACM SIGPLAN conference on History of Programming Languages*, 1993. *https://dl.acm.org/doi/proceedings/10.1145/154766.*

[HOPL-III] *Third ACM SIGPLAN conference on History of Programming Languages*, 2007. *https://dl.acm.org/doi/proceedings/10.1145/1238844.*

[JW75] Jensen, K.; Wirth, N.: *Pascal User Manual and Report*. Springer, 1975.

[Knut68] Knuth, D. E.: *Semantics of Context-free Languages*. Mathematical Systems Theory, vol. 2, no. 2, 1968, 127-145.

[LMB92] Levine, J. R.; Mason, T.; Brown, D.: *lex & yacc*. O'Reilly, 1992.

[Much97] Muchnick, S.: *Advanced Compiler Design and Implementation*. Morgan Kaufmann, 1997.

[Naur64] Naur, P.: *Revised Report on the Algorithmic Language Algol60. http://algol60.org/reports/algol60_rr.pdf.*

[Oder08] Odersky, M.: *Programming in Scala*. artima, 2008.

[Röhr80] Röhrich, J.: *Methods for the Automatic Construction of Error-correcting Parsers*. Acta Informatica 13, 115-139, 1980.

[Schm86] Schmidt, D. A.: *Denotational Semantics: A Methodology for Language Development*. William C. Brown Publishers, 1986.

[Stro85] Stroustrup, B.: *The C++ Programming Language*. Addison-Wesley, 1985.

[Parr13] Parr, T.: *The Definitive ANTLR 4 Reference*. Pragmatic Bookshelf, 2013. Siehe auch: *https://github.com/antlr/antlr4/blob/master/doc/index.md.*

[Wirt77] Wirth, N.: *What can we do about the unnecessary diversity of notation for syntactic definitions?*, Communications of the ACM, vol. 20, no. 11, November 1977, 822–823.

Index

D

E

F

G

H

I

J

K

S

T

U

V

W

Z

Sonderzeichen